W0336447

Secrets d'Histoire 6

© Editions Albin Michel, 2015
22, rue Huyghens
75014 Paris
www.albin-michel.fr

Stéphane
Bern

Secrets d'Histoire 6

Albin Michel

SOMMAIRE

PRÉFACE

Le débat passionné qui a agité les esprits cette année autour de la réforme des collèges prouve une nouvelle fois que l'enseignement de l'Histoire est un véritable enjeu de société. Interrogés, les Français se prononcent massivement pour un renforcement de l'Histoire à l'école et réclament aussi bien le retour à la chronologie qu'une meilleure cohérence des programmes, pour une vision plus juste du passé. L'Histoire nous est d'autant plus précieuse qu'elle est un outil essentiel contribuant au progrès de notre civilisation. Car si l'on en croit Nietzsche : « *L'homme de l'avenir est celui qui aura la mémoire la plus longue.* »

Les terribles drames qui ont bouleversé la nation française et endeuillé des familles victimes, du terrorisme le plus barbare, nous ont ramenés au long combat de notre société pour la tolérance, la liberté d'expression et le droit de critique. Rabelais, Voltaire et Beaumarchais ont été convoqués dans le débat pour retracer ce chemin de plusieurs siècles qui nous a permis de sortir des guerres religieuses d'antan et de bâtir une nation égalitaire en droits, démocratique dans ses institutions. Pour autant, rien n'est jamais acquis. L'Histoire est là, toujours présente, pour nous le rappeler et pour que, forts des enseignements de notre passé, nous puissions avancer plus sereinement vers l'avenir sans rien renier de ce qui nous a constitués. Plus que jamais, l'Histoire doit éclairer notre route pour que la nation française ne sombre pas dans les errements du passé ou les solutions radicales les plus illusoires. Pour cela, nous avons besoin de nous appuyer sur des figures symboliques qui nous rassemblent, sur des héros qui nous fédèrent et nous montrent la voie.

Comme vous, j'ai été meurtri et révolté par les exactions commises au Proche-Orient par ceux qui se réclament d'une foi religieuse. Dans un même élan, ils s'en sont pris à des victimes innocentes et aux témoignages millénaires de civilisations qui nous ont précédés. S'attaquer lâchement aux fondements de notre civilisation et à la mémoire universelle, c'est profaner un passé qui nous dépasse et que l'on ne peut ignorer, dont nous sommes tous, qu'on le veuille ou non, les héritiers et les dépositaires. Apprendre et défendre l'Histoire, c'est aussi faire acte de résistance. La connaissance et sa transmission sont les derniers remparts contre la barbarie.

Depuis quelques années, vous le savez, si vous êtes fidèles au magazine « Secrets d'Histoire » sur France 2, je me suis assigné la noble mission de rendre l'Histoire accessible à tous – une Histoire sans exclusive, gourmande dans son approche culturelle et divertissante – en m'appuyant sur la conviction que si le passé nous fascine autant, c'est en raison des passions humaines et intemporelles qui l'animent. Certes, les idées ont souvent servi de moteur à l'Histoire, mais je reste convaincu que ce qui nous exalte, c'est le récit des hauts faits qui l'ont accélérée, autant que le génie des héros qui en ont écrit quelques pages glorieuses. Dans ce sixième tome de « Secrets d'Histoire », je me suis attaché à rendre ce passé encore plus vivant en vous faisant découvrir la vraie personnalité de ces héros, en vous faisant pénétrer dans les coulisses de leur destin pour mieux comprendre leurs actions et leurs motivations.

Au lendemain d'une émouvante cérémonie qui a vu l'entrée au Panthéon de quatre grandes figures de la Résistance française, une question demeure. À quoi reconnaît-on un héros, une héroïne ? Voilà peut-être le fil conducteur de cette nouvelle édition de « Secrets d'Histoire ». Ce statut est-il lié à la notion de vertu ou simplement d'action mémorable ? En vérité, ce n'est pas à l'Histoire de juger la valeur de ses protagonistes. Elle est amorale par définition et nous laisse seuls juges de l'exemplarité d'un comportement donné. Sa mission est de répondre par des faits – et la mienne est de vous faire partager des aspects moins connus de ses nombreux rebondissements. Voici les questions auxquelles j'ai choisi de répondre dans ce nouveau volume, un rendez-vous annuel auquel vous êtes comme moi attachés.

Le général carthaginois Hannibal, qui n'hésita pas à traverser la Gaule et les Alpes avec ses mercenaires et ses éléphants pour affronter l'ennemi romain sur son propre terrain, fut-il pour autant le plus grand tacticien de l'Histoire ? Quel sort l'empereur Charlemagne réserva-t-il à ses filles ? Pourquoi l'abbaye de Fontevraud fut-elle placée sous le règne des femmes ? François Rabelais, l'écrivain sans tabou, serait-il censuré aujourd'hui ? Que recelait le cabinet secret de Rodolphe II de Habsbourg, l'alchimiste ? Lord protecteur d'Angleterre, d'Écosse et d'Irlande, Cromwell fut-il un artisan de la liberté ou un tyran régicide ? Comment la correspondance privée de Mme de Sévigné devint-elle un chef-d'œuvre littéraire ? Pierre Ier de Russie était-il aussi grand que son empire ? Louis XIV, qui mourut il y a trois cents ans entouré de ses 79 médecins, fut-il le véritable modèle du « malade imaginaire » de Molière ? Pourquoi la Grande Mademoiselle, cousine du roi Louis XIV, fut-elle contrainte de se marier en secret ? Comment Mirabeau parvint-il à devenir « l'Orateur du peuple » ? Quelles relations la princesse de Lamballe entretenait-elle avec la reine Marie-Antoinette ?

Comment Thérésa Cabarrus, plus connue sous le nom de Madame Tallien, femme d'esprit tenant un salon d'artistes, devint-elle successivement « Notre-Dame de Thermidor » puis « reine du Directoire » ? Par quel caprice du hasard Désirée Clary, le premier amour de Napoléon, qu'il quitta pour épouser Joséphine, finit-elle reine de Suède et de Norvège ? Napoléon Ier pouvait-il gagner à Waterloo ? Charles X fut-il le fossoyeur de la monarchie française ? Par quelle suite d'événements Victor-Emmanuel II devint-il le premier roi d'Italie ? Pourquoi Dom Pedro II du Brésil renonça-t-il au pouvoir ? Quel scandale faillit coûter son second prix Nobel à Marie Curie ? L'empereur Hirohito fut-il le témoin passif des exactions commises en Asie par l'armée japonaise ? Pourquoi Lord Mountbatten, le tigre des Indes, fut-il assassiné par l'IRA en

1979 ? Que peut-on encore révéler sur de Gaulle, le dernier des géants ? Et enfin, comment les rois et les présidents passent-ils leurs vacances royales ?

L'Histoire est une perpétuelle source d'étonnement et de découverte. Le goût du pouvoir, la recherche des plaisirs ou la soif de fortune ont souvent habité nos héros, même si nombre d'entre eux ont été aussi guidés par une ambition qui les dépassait, mise au service de leur pays. L'Histoire, vous en conviendrez, est le plus fantastique des romans d'aventures !

Heureux d'avoir initié avec les téléspectateurs de *Secrets d'Histoire* une relation quasi amicale, en tout cas fidèle, je m'efforce chaque année de l'entretenir et de la prolonger en publiant un nouveau volume. Ensemble, réunis par cette même passion de l'Histoire, nous sommes d'une certaine manière des gardiens vigilants de la mémoire. Par ce biais, nous nous élancerons plus sereinement sur les chemins de cette aventure exaltante qu'est l'avenir.

Stéphane Bern

HANNIBAL

ÉTAIT-IL LE PLUS GRAND STRATÈGE MILITAIRE DE L'HISTOIRE ?

Depuis des siècles, cette question divise les historiens spécialisés. Car la concurrence est rude en la matière. On trouve bien sûr les incontournables conquérants parvenus à bâtir les plus grands empires : Alexandre le Grand, Jules César, Attila, Gengis Khan ou Napoléon. Il existe aussi des chefs militaires, certes moins célèbres, mais auteurs de faits d'armes extraordinaires et demeurés invaincus : Alexandre Souvorov, Khalid ibn al-Walid, le prince Eugène de Savoie-Carignan, Erwin Rommel, le duc de Marlborough ou encore le général vietnamien Vo Nguyen Giap.

Cependant, un nom semble remporter l'unanimité : celui d'Hannibal. Ce chef militaire carthaginois alliait toutes les qualités requises : autorité, charisme, courage physique, intelligence politique et diplomatique. En outre, c'était un stratège militaire hors du commun, maîtrisant à la fois la logistique et l'organisation, la concentration des moyens, l'effet de surprise, le sens de l'opportunité, les techniques de manœuvre, et doué d'une inépuisable imagination. À lui seul, Hannibal a tenu entre ses mains le destin du monde antique. Sans ses exploits militaires, on aurait peut-être tout simplement oublié Carthage et son peuple.

*Hannibal alliait toutes les qualités requises :
autorité, charisme, courage physique, intelligence politique et diplomatique.*

Andaluces, Asalto, 24.
M. Campi

Comment ce Carthaginois réalisa-t-il l'exploit de combattre l'Empire romain au cœur même de l'Italie ? En quoi consista sa stratégie militaire, reprise ensuite par ses propres ennemis et même par l'armée allemande durant la Première Guerre mondiale ? Et pourquoi refusa-t-il de forcer son avantage, se condamnant aux pires représailles ?

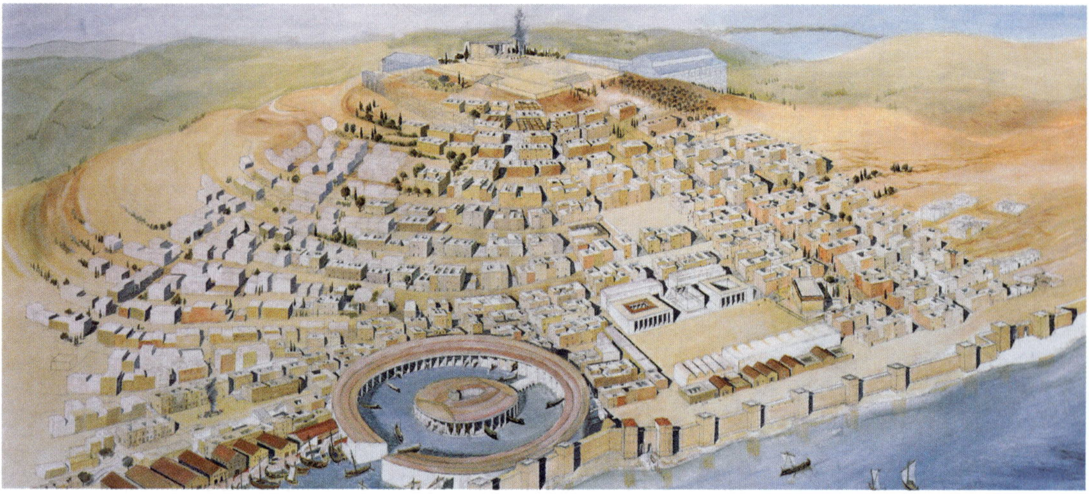

Située au nord-est de l'actuelle ville de Tunis, sur une presqu'île entourée de lagunes, Carthage a été fondée en - 814.

Située au nord-est de l'actuelle ville de Tunis, sur une presqu'île entourée de lagunes, Carthage a été fondée en – 814 par des colons phéniciens originaires de Tyr. Après un lent développement, la cité s'est constitué un véritable empire en Afrique du Nord, depuis la Libye jusqu'à Tanger. À son apogée, entre le Ve et le IIIe siècle avant notre ère, elle contrôle toutes les îles de Méditerranée occidentale (ouest de la Sicile, Sardaigne, Corse, Baléares), ainsi que l'extrême sud de l'Espagne. Même si l'agriculture carthaginoise est très performante, notamment l'arboriculture, la cité prospère surtout dans le domaine commercial, contrôlant l'essentiel des échanges maritimes entre l'Europe, l'Afrique et l'Orient. Bien qu'ils soient plus proches culturellement des

Phéniciens, les Carthaginois ont, au fil des siècles, subi l'influence grecque, en particulier en termes de religion. D'un point de vue politique, Carthage est, à l'image de Rome, une république aristocratique dominée par quelques grandes familles gouvernant au sein d'un conseil. C'est à partir de la fin du IIIe siècle avant J.-C., alors que Rome commence à imposer sa domination sur l'Italie du Sud, que les deux États entrent en rivalité.

Les hostilités sont déclenchées au sujet du détroit de Messine, situé entre la Calabre et la Sicile. Pour empêcher Carthage de s'emparer de cette ville stratégique, Rome lance une première attaque contre sa rivale. Cette guerre dite « punique » (d'après le nom que les Romains donnaient aux Carthaginois) va durer vingt-trois ans, elle s'achève en – 241 par la victoire de Rome à l'issue de la bataille navale des îles Égates. Carthage doit céder au vainqueur la Sicile, la Sardaigne et la Corse, et s'acquitter en outre d'un lourd tribut, destiné à l'affaiblir durablement. Privés de leurs colonies insulaires, les Carthaginois cherchent alors une nouvelle base extérieure, éloignée des intérêts de leurs rivaux. C'est ainsi qu'ils se lancent à la conquête de l'Espagne, où l'exploitation des mines d'Andalousie va leur permettre de financer les indemnités de guerre. La

La conquête du sud-est de la péninsule Ibérique est l'œuvre du général Hamilcar Barca.

Hannibal jure, à l'âge de 9 ans, de consacrer sa vie à la destruction de Rome.

conquête du sud-est de la péninsule Ibérique est l'œuvre du général Hamilcar Barca. L'homme appartient à l'une des plus importantes familles carthaginoises, les Barcides. Particulièrement hostiles aux Romains, ces derniers lui ont donné bien du fil à retordre durant la première guerre punique. Hamilcar a plusieurs fils, dont l'aîné Hannibal est formé très tôt à la science militaire. Il lui fait jurer, à l'âge de 9 ans, de consacrer sa vie à la destruction de Rome. Aussi, dès qu'il en a la possibilité, le jeune garçon combat dans l'armée de son père. À la mort d'Hamilcar, en – 229, c'est d'abord son gendre, Hasdrubal le Beau, qui hérite du commandement. Le nouveau dirigeant accroît les possessions carthaginoises dans le sud de l'Espagne, de l'océan Atlantique jusqu'à la ville d'Alicante. Dans l'actuelle province de Murcie, il fonde sa capitale espagnole, qu'il baptise Carthagène (soit « la Nouvelle Carthage »).

Mais, en – 221, le général carthaginois meurt assassiné par un esclave gaulois. Le fils d'Hamilcar est alors choisi pour le remplacer.

Hannibal a 25 ans. Dès sa prise de pouvoir, il est animé par son désir de revanche contre Rome. Ainsi va-t-il achever la conquête de l'est de la péninsule, jusqu'à l'Èbre. Carthage n'étant plus en mesure d'armer une flotte assez puissante, il sait que, pour obtenir la victoire, il devra affronter ses ennemis sur leur territoire, par voie de terre et en frappant vite, afin de les prendre au dépourvu. Pour mieux préparer son expédition, il envoie des émissaires nouer des alliances avec les tribus celtes vivant en Gaule. Bien au fait des tensions internes qui secouent la république romaine, il entame des tractations avec des peuples d'Italie du Sud, notamment à Capoue : ceux-ci supportent mal la tutelle de Rome et espèrent reprendre les territoires que la République leur a annexés. Avec habileté, Hannibal se présente à eux comme un ennemi non pas des Latins, mais uniquement de Rome, dont il assure vouloir les libérer. Puis, en – 219, il accomplit un acte qui est considéré comme une véritable déclaration de guerre : il tient le siège devant la ville de Sagonte, une des plus importantes forteresses espagnoles, mais alliée de Rome. Après huit mois de résistance, la ville est complètement rasée.

Tandis que le sénat romain tarde à réagir, le sénat carthaginois est partagé quant aux volontés belliqueuses d'Hannibal. Huit ans plus tôt, Carthage a signé avec Rome un traité de paix, dans lequel elle s'engageait à ne pas franchir l'Èbre (fleuve situé au nord de l'Espagne). Qu'à cela ne tienne, Hannibal va forcer le destin : il rassemble sa troupe à Carthagène, confie le gouvernement de l'Espagne à son frère Hasdrubal et, à la fin du printemps – 218, traverse l'Èbre. La deuxième guerre punique vient de commencer !

À la fin du printemps - 218, Hannibal traverse l'Èbre.
La deuxième guerre punique vient de commencer !

Hannibal s'avance avec une armée colossale de 90 000 fantassins, 12 000 cavaliers et un troupeau d'éléphants. À la différence de l'armée romaine, celle de Carthage est essentiellement composée de mercenaires – ibères, celtes, numides et libyens. Ayant franchi les Pyrénées par le Perthus (Pyrénées-Orientales), les Carthaginois atteignent le Rhône à la fin de l'été. Dès lors, le plus difficile reste à faire : traverser les Alpes ! Deux solutions s'offrent à Hannibal : longer la côte via la Provence et la Ligurie, ou bien couper par la montagne. Il renonce vite au premier itinéraire, qui imposerait de passer par Marseille, fidèle alliée de Rome, et de risquer les attaques des tribus ligures. C'est donc par la haute montagne que l'Italie doit être atteinte. L'itinéraire emprunté par les Carthaginois, fort bien renseignés par leurs alliés gaulois, demeure encore mystérieux aujourd'hui.

Le passage des Alpes avec des éléphants constitue en soi un exploit considérable.

Toujours est-il que cette traversée, effectuée en fin d'année, a dû poser de nombreux problèmes matériels à l'armée punique. Le passage des Alpes, avec des éléphants de surcroît, constitue en soi un exploit considérable. Aussi, lorsque les Carthaginois débouchent dans la plaine du Pô, la moitié des hommes manquent à l'appel... Mais, comme Hannibal l'avait prévu, les Romains sont pris au dépourvu. Lors de la première confrontation entre les deux cavaleries, en novembre, à la bataille du Tessin (en Lombardie), les pertes qui sont infligées à certaines tribus celtes d'Italie du Nord (qu'on appelle alors la Gaule cisalpine), notamment les Insubres et les Boïens, sont suffisantes pour qu'ils décident de se ranger aux côtés des Carthaginois ! Un mois plus tard, les Romains subissent une nouvelle défaite à la bataille de la Trébie (actuelle Émilie-Romagne). Véritables chars d'assaut de l'époque, les 37 éléphants de l'armée carthaginoise ont tétanisé l'ennemi, lui infligeant d'énormes pertes. En revanche, l'équipée est fatale aux pachydermes qui, ne supportant pas les rigueurs de l'hiver, tombent malades les uns après les autres. Un seul survivra. La traversée des marais du Pô coûtera aussi un œil à Hannibal.

À Rome, l'inquiétude commence à poindre. Le Sénat décide enfin de tout mettre en œuvre pour arrêter l'avancée des Puniques. Mais le 21 juin – 217 au matin, installés sur les flancs des collines, les hommes d'Hannibal surprennent encore leur ennemi dans une terrible embuscade, au lac de Trasimène (Ombrie). L'ensemble de l'avant-garde italienne, dont les haut gradés, est anéanti. Les fantassins sont taillés en pièces ou se noient dans le lac en tentant de fuir : on dénombre pas moins de 15 000 morts du côté romain, parmi lesquels le consul Caius Flaminius Nepos, décapité. Après cette écrasante victoire, Hannibal peut se diriger vers le sud de la péninsule.

À Rome, règne la consternation. Cunctator, le nouveau dictateur, préférerait temporiser et mener une guerre d'usure contre l'ennemi, pariant sur ses problèmes d'approvisionnement. Mais les consuls Varron et Paul Émile prennent le parti de mobiliser une gigantesque armée pour engager la bataille de la dernière chance. Le 2 août – 216, les deux armées se retrouvent face à face à Cannes (dans les Pouilles), à quelques kilomètres de l'Adriatique. Les deux consuls sont parvenus à réunir plus de 80 000 hommes, ce qui offre aux Romains une nette supériorité numérique. Les soldats sont disposés en trois lignes de 25 000 hommes chacune. Face à ce rempart humain, Hannibal choisit d'opposer une seule ligne de fantassins, mais beaucoup plus longue que celle de ses adversaires. Une tactique qui relève du génie : lorsque les deux lignes ennemies viennent au contact, Hannibal fait volontairement reculer le centre de ses forces. S'avançant dans cette nasse, les Romains se retrouvent peu à peu pris en tenaille par les fantassins carthaginois. Répartie sur les côtés, la redoutable cavalerie ibéro-gauloise charge l'armée romaine par-derrière, provoquant un carnage sans précédent. C'est un véritable bain de sang ! Aujourd'hui encore, la tactique utilisée par Hannibal à Cannes sert de référence et est enseignée dans les écoles militaires. Elle sera d'ailleurs utilisée par l'armée allemande face aux Russes durant la Première Guerre mondiale, lors de la bataille de Tannenberg.

Pour l'armée romaine, le bilan est apocalyptique : au moins 50 000 morts et 15 000 prisonniers. Jamais, dans son histoire, Rome n'avait subi de telles pertes. L'aristocratie romaine est décimée. Parmi les victimes, on dénombre 29 tribuns militaires, 80 sénateurs et de nombreux anciens consuls. Le consul Varron est parvenu à s'échapper, mais

Les Romains se retrouvent pris en tenaille par les fantassins carthaginois. C'est un véritable bain de sang !

Paul Émile a été tué. Du côté carthaginois, on ne compte que 6 000 morts, principalement des Celtes disposés au centre de la ligne et qui avaient pour mission de contenir le gros de l'armée romaine. Plus rien, désormais, n'empêche Hannibal de marcher sur Rome et de s'en emparer.

Or, contre toute attente, Hannibal ne fait rien ! Au contraire, il laisse son armée stationner paisiblement en Italie du Sud. Nombre d'historiens se sont interrogés sur les raisons de cette inaction, qui paraît incompréhensible au regard du naturel belliqueux d'Hannibal. Deux explications ont été apportées. La première est que l'armée carthaginoise était spécialisée dans les batailles rangées en plaine et non dans les guerres de siège, qui impliquent du matériel particulier et un ravitaillement permanent. Et Rome n'est pas n'importe quelle ville : protégée par une redoutable enceinte défensive de 3,6 mètres de large et 11 kilomètres de périmètre, elle fait figure de forteresse imprenable. Il semblerait aussi que le but d'Hannibal n'était pas la destruction de la république romaine, mais plutôt l'annexion du sud de la botte et des îles méditerranéennes autrefois contrôlées par Carthage. D'ailleurs, comme il l'avait espéré, une partie des alliés latins de Rome choisissent de se ranger de son côté, à commencer par les villes de Syracuse (Sicile), Tarente (Pouilles) ou encore Capoue (Campanie). Le roi de Macédoine, Philippe V, s'engage aux côtés de Carthage, permettant l'ouverture d'un second front anti-romain en mer Égée et dans les Balkans.

Toutefois, le ralliement général de l'Italie sur lequel comptait Hannibal ne se produit pas. Beaucoup d'alliés de la république romaine lui restent fidèles. Quant à la cité elle-même, si elle apparaît affaiblie, elle demeure intacte. Le Sénat reprend sa tactique de temporisation, qui lui

L'armée de Scipion vainc les Puniques à la bataille de Baecula.

permet de réorganiser et de reconstituer ses forces, dans l'espoir de reconquérir le terrain perdu. Hannibal, quant à lui, demeure à Capoue, se complaisant dans les délices de la ville, en attendant des renforts d'Afrique promis par l'aristocratie carthaginoise. Mais cette dernière rechigne à tenir sa promesse, craignant que la gloire du héros ne lui porte ombrage. Ces quelques années d'atermoiement vont suffire pour que l'initiative change de camp.

En – 212, Rome reprend Syracuse. Pour la petite histoire, c'est durant le siège de la ville qu'un soldat romain tuera le scientifique Archimède. L'année suivante, c'est Capoue qui tombe aux mains des Romains. Mais Rome ne se cantonne pas à la reconquête du sud de la péninsule et cherche à porter le combat sur les terres espagnoles de Carthage, dans le but de priver Hannibal de toute possibilité de renfort et de repli.

Entre alors en scène un jeune proconsul de 25 ans, sans expérience politique ni militaire, portant le nom de Scipion. En – 209, apprenant que les trois armées carthaginoises stationnées en Espagne sont à plus de dix jours de marche de Carthagène, il attaque sans tarder la ville, la transformant bientôt en tête de pont pour la conquête romaine du sud de l'Espagne. L'année suivante, son armée vainc les Puniques à la bataille de Baecula. Une partie des Ibères se range alors du côté des Romains, permettant au proconsul d'accélérer la conquête de l'Espagne. Mais Hasdrubal est parvenu à s'enfuir vers la Gaule avec une armée forte de 80 000 hommes. Comme son frère dix ans plus tôt, il franchit les Alpes pour tenter de rejoindre Hannibal. Désireux d'empêcher coûte que coûte leur jonction, les Romains se portent à la rencontre d'Hasdrubal. Le choc a lieu en – 207 lors de la bataille du Métaure : les Carthaginois sont défaits et Hasdrubal tué. Hannibal se retrouve ainsi isolé dans l'extrême sud de l'Italie.

Le sort semble s'acharner contre les Carthaginois qui subissent l'année suivante une ultime défaite en Espagne, à Ilipa, et se voient rejetés en Afrique. Au même moment, Philippe V de Macédoine, dernier soutien d'Hannibal, conclut un accord de paix avec Rome. Aussi, en – 203, les Romains peuvent-ils passer à l'attaque en Afrique du Nord. Ralliés au roi de Numidie, ces derniers écrasent à deux reprises les Puniques en Tunisie, dans les batailles d'Utique, puis des Grandes Plaines. Devant la menace, Carthage rappelle Hannibal. Forcé de quitter l'Italie, le chef carthaginois affronte Scipion et son allié numide en octobre – 202 à Zama. En dépit d'une supériorité numérique et de leurs 80 éléphants – dont beaucoup s'éparpillent, affolés par le bruit des clairons romains – les Carthaginois s'inclinent. C'est la première défaite d'Hannibal. Ironie du sort, pour

Forcé de quitter l'Italie, Hannibal affronte Scipion en octobre - 202 à Zama.

vaincre son ennemi, Scipion a utilisé la même tactique que celle imaginée par Hannibal lors de la bataille de Cannes ! Celui-ci a cependant réussi à échapper aux Romains. Il se retire à Hadrumète, abandonnant le reste de son armée. La défaite de Zama met fin à la deuxième guerre punique. Contrainte de signer un traité de paix avec Rome, Carthage perd l'Espagne et une grande partie de son territoire africain. Elle doit aussi livrer sa flotte et ses éléphants de combat. Enfin, elle est condamnée à verser une indemnité de 10 000 talents sur cinquante ans.

Malgré sa défaite, Hannibal n'est pas voué aux gémonies. Quelques années plus tard, il parvient même à se faire élire « suffète » – une magistrature civile similaire à celle de consul. À ce poste, il réorganise les finances et tente de reconstruire la puissance de sa cité. Mais il est rapidement éliminé par l'opposition aristocratique carthaginoise, favorable à Rome. Son heure est révolue.

En - 183, Hannibal préfère se suicider plutôt que de tomber dans les mains de ses éternels ennemis.

Banni, il rejoint l'Orient, où il se met au service du roi séleucide Antiochos III (qui règne sur l'actuelle Syrie), à son tour en guerre contre Rome. Après la défaite de ce dernier en – 188, Hannibal se réfugie en Arménie, puis en Bithynie (nord de l'actuelle Turquie) où il assiste le roi Prusias en lutte avec Pergame, alliée de Rome. Pourchassé à nouveau par les Romains, il préfère se suicider plutôt que de tomber aux mains de ses éternels ennemis. En – 183, il absorbe le poison qu'il portait toujours sur lui, dit-on. Rome a vaincu son plus grand ennemi – et peut-être le plus grand stratège de l'histoire du monde.

LE SECRET DES ÉLÉPHANTS D'HANNIBAL

L'examen des vestiges antiques (bas-reliefs, mosaïques, médailles) révèle que ces pachydermes étaient africains, en raison de la (grande) taille de leurs oreilles. Cependant, l'historien grec Polybe nous apprend que les cornacs étaient asiatiques.

Lors de la deuxième guerre punique, Hannibal en aligna 140 face à l'infanterie ennemie. Protégés par une sorte d'armure, les éléphants portaient une clochette destinée à les rendre agressifs. Tandis que ceux du milieu enfonçaient les lignes ennemies, les autres, répartis sur les ailes, étaient chargés d'effrayer les montures adverses.

Ils servaient également à détruire les palissades, renverser les édifices et piétiner les fuyards. Cependant, blessés ou affolés, ils risquaient de se retourner contre leurs cornacs. Ces derniers étaient équipés, selon Tite-Live, d'une pointe de fer qu'ils pouvaient enfoncer dans la nuque de l'animal, en dernière extrémité.
La traversée des Alpes soulève encore la question de l'itinéraire emprunté par Hannibal avec ses 37 éléphants. Au cours du xxe siècle (et jusqu'en 2006), des historiens ou amateurs éclairés ont organisé des reconstitutions plus ou moins convaincantes. Les deux hypothèses retenues à ce jour désignent le col de Larche ou celui du petit Mont-Cenis.
Utilisés comme bêtes de somme, ces éléphants garantissaient trente jours de vivres par légion. Mais eux, comment étaient-ils nourris ? Les spécialistes ont calculé qu'un mois de traversée nécessitait environ six tonnes de fourrage par animal ! Cela ne laissait guère de place pour d'autres charges… Sans parler de la boisson, sachant qu'un éléphant consomme cent litres d'eau par jour. Faire fondre de la neige en de telles proportions implique quantité de combustibles et de récipients ! La troupe a donc dû suivre des cours d'eau.

Si Hannibal et ses éléphants sont désormais célèbres, rappelons néanmoins qu'Alexandre le Grand avait déjà utilisé ces mastodontes pour voyager d'Égypte vers la Perse.

CHARLEMAGNE,
UN EMPEREUR TRÈS ENTOURÉ

Premier empereur d'Occident depuis la chute de l'Empire romain, Charlemagne est sans conteste le souverain le plus célèbre du Moyen Âge. Les généalogistes affirment que neuf Français sur dix descendent directement de lui ! Considéré (à tort) comme l'inventeur de l'école, il est également présenté comme le père de l'Europe. D'ailleurs, la France et l'Allemagne se disputent depuis des siècles sa nationalité, tant les principaux épisodes du long règne de l'« empereur à la barbe fleurie » ont marqué les esprits : la bataille de Roncevaux, popularisée par *La Chanson de Roland*, son neveu, son couronnement par le pape le jour de Noël 800, ou encore ses campagnes contre les Saxons.

En revanche, on connaît moins le rôle déterminant que les femmes ont joué dans sa vie. À commencer par sa mère, Bertrade de Laon dite « Berthe au Grand Pied », qui demeurera toujours au palais auprès de son fils. Ensuite son unique sœur, Gisèle, qui bien qu'abbesse du couvent de Chelles fréquente régulièrement la cour et le cénacle de lettrés qui conseillent le souverain. Sans oublier ses trois épouses successives, ses concubines, ses maîtresses et ses filles. C'est peu dire que Charlemagne appréciait la compagnie des femmes.

Premier empereur d'Occident depuis la chute de l'Empire romain, Charlemagne est sans conteste le souverain le plus célèbre du Moyen Âge.

Charlemagne ne sera couronné à Rome par le pape Léon III qu'à Noël 800.

seule dispute entre le souverain et sa mère. Le second couple de Charles n'aura pas un destin plus heureux. En effet, la déclarant stérile au bout d'un an, le roi renvoie Désirée en Italie. Évidemment, ce retournement aurait provoqué la colère de Didier et réduit à néant la politique prolombarde de Berthe. D'autres sources affirment que Désirée serait morte en couches, en même temps que son enfant. Un certain nombre d'historiens prétendent même que l'union entre Charles et Désirée n'aurait tout simplement jamais eu lieu !

Quoi qu'il en soit, l'histoire prend un tournant certain et décisif le 4 décembre 771, lorsque décède Carloman. Charles se retrouve seul à la tête de l'immense *Regnum Francorum* dont il va accroître le territoire. Le règne de Charlemagne commence. Les mauvaises langues disent que Charles aurait fait empoisonner Carloman. Toujours est-il que, sitôt débarrassé de son frère puîné, Charlemagne s'empresse de se remarier. L'heureuse élue, Hildegarde, fille du comte Gérold Ier de Vintzgau, est âgée de 13 ans. Cette union est probablement dictée par des considérations politiques, dans le but de renforcer la loyauté de l'aristocratie germanique. Si Charlemagne n'est pas un époux fidèle, il démontre pour sa femme une affection sincère. D'une grande piété, celle-ci accorde de nombreux dons aux églises et aux monastères. Remplissant parfaitement son rôle d'épouse royale, elle assure l'avenir de la dynastie en donnant à son mari, en onze années, pas moins de neuf héritiers et héritières !

Du côté des enfants mâles, Charles – surnommé parfois « le Jeune » pour le distinguer de son père – naît en 772 ; puis Pépin en 777 (d'abord prénommé Carloman) ; enfin des jumeaux, en 778 : Lothaire (qui mourra l'année suivante) et Louis. Ce dernier sera le seul à survivre à son père, lui succédant sous le nom de Louis le Pieux. Quant aux filles : Adélaïde, née en Italie durant la guerre contre les Lombards de 773-774, décède quelques mois plus tard, lors du retour en France ; Rotrude voit le jour en 775, puis Berthe en 779, Gisèle en 781 et enfin Hildegarde, qui ne vivra que quelques jours, en 782.

Surnommée « la mère des rois », la reine Hildegarde s'éteint à seulement 24 ans, affaiblie par ses neuf maternités successives.

Surnommée « la mère des rois », la reine Hildegarde s'éteint le 30 avril 783 à Thionville. Âgée seulement de 24 ans, mais affaiblie par ses neuf maternités successives, elle serait décédée des suites de son dernier accouchement. Elle est inhumée dans l'église Saint-Arnoul de Metz, au cours d'une cérémonie où Charlemagne lui rend tous les honneurs dus à son rang. En dépit de ses occupations militaires, le roi devenu veuf continue à enchaîner les conquêtes. En 784, alors que naît l'un de ses nombreux enfants illégitimes, Charlemagne, qui n'a pas encore 40 ans, ne tarde pas à se chercher une nouvelle épouse. Ainsi s'unit-il, à Worms, à une jeune fille de 13 ou 14 ans, Fastrade, fille d'un comte de Francie orientale, Rodolphe. Malgré une santé délicate, elle donne deux filles au roi : Théodrade (qui deviendra, après la mort de son père, abbesse du monastère Notre-Dame d'Argenteuil) et Hiltrude. Fastrade est certainement l'épouse pour laquelle Charlemagne aura ressenti le plus d'affection. D'ailleurs, la seule lettre qui ait subsisté, signée de sa main, est une missive destinée à cette épouse : alors en campagne militaire, le souverain s'y enquiert de sa santé.

Toutefois, Fastrade est impopulaire à la cour : elle manifeste une condescendance et une dureté qui ne lui attirent guère les sympathies. La cruauté de la reine aurait même été à l'origine de plusieurs révoltes et conspirations. Toujours est-il que les chroniqueurs soulignent que Charlemagne entreprend, sous son influence, des campagnes extrêmement brutales. L'empereur à la barbe fleurie n'avait point besoin d'encouragements en la matière, comme le prouvent la christianisation forcée des Saxons et l'extermination des Avars. Après plusieurs fausses couches, Fastrade décède à son tour en 794, durant le concile de Francfort, alors qu'elle n'a, elle aussi, que 24 ans. Le roi la fait inhumer dans l'église Saint-Alban de Mayence.

Après plusieurs fausses couches, Fastrade, décède en 794 alors qu'elle n'a que 24 ans.

Vers 796, Charlemagne se remarie avec Liutgarde, une Alamane dont on ignore tout, en dehors du fait qu'elle présente des atouts esthétiques incontestables, qu'elle fait preuve d'une nature charitable et que sa douceur de caractère contraste avec la précédente reine. Elle aussi épouse Charlemagne à 13 ou 14 ans, si bien qu'au moment des noces, certaines filles du roi se trouvent plus âgées que leur nouvelle belle-mère ! Mais Liutgarde décède bientôt, le 4 juin 800 à Tours, où elle est inhumée sous l'emplacement actuel de la célèbre tour Charlemagne, dont seul un chapiteau surmontant une colonne demeure d'origine. Ce cinquième mariage – ou plutôt le troisième, puisque les deux premiers restent hypothétiques – sera le dernier de Charlemagne. Ce qui ne l'empêchera pas de continuer à procréer jusqu'à sa mort.

On recense d'ailleurs de nombreuses concubines, dont au moins quatre lui donneront des enfants : Madelgaud (une fille), Gersvind (une fille), Regina (deux fils) et Adalinde (un fils). Cette insatiabilité vaudra au roi de sévères critiques de la part des instances religieuses. Ainsi, peu avant de mourir, le moine Wetti de Reichenau aurait eu une vision de l'au-delà, dans laquelle Charlemagne était livré à un animal qui lui dévorait les organes génitaux ! En réalité, si le roi se contente de vivre en concubinage, en renonçant à prendre une nouvelle épouse officielle, c'est aussi parce qu'il cherche à éviter d'éventuels problèmes de succession, préférant partager son empire entre les trois fils qu'il a eus d'Hildegarde : Charles, Pépin et Louis. Quant aux bâtards, garçons ou filles, ils sont relégués dans des monastères et des couvents, voués à la carrière ecclésiastique : Drogo (fils de Regina) sera évêque de Metz, Ricbod (de mère inconnue) abbé de Saint-Riquier, Hugues (fils de Regina) abbé de Saint-Quentin, Bernard (de mère inconnue) abbé de Moutier-Saint-Jean, ou encore Ruothild (fille de Madelgaud) abbesse de Faremoutiers. Et la liste n'est pas exhaustive ! Malgré son incurable infidélité, Charlemagne éprouva toujours une grande tendresse envers ses différentes épouses. Son affection se manifeste autant dans sa

Charlemagne partage son empire entre ses trois fils. C'est le dernier, Louis le Pieux, qui lui succédera comme empereur.

correspondance qu'au travers d'actes éloquents. Le souverain demande souvent à sa reine de le suivre lors de ses voyages et campagnes militaires, n'hésitant pas à lui octroyer ensuite des terres annexées à l'ennemi. Ainsi, entre 773 et 774, durant le siège de Pavie contre les Lombards, Charlemagne sollicite la présence d'Hildegarde – certes, une fois seulement qu'il sent la victoire acquise. La reine l'accompagne aussi jusqu'en Espagne, lorsque Charlemagne y mène une expédition contre les musulmans – c'est d'ailleurs au cours de cette campagne, à l'été 778, qu'Hildegarde donne naissance au futur empereur Louis le Pieux. De la même façon, il priera Fastrade de le rejoindre durant l'hiver 784-785 à la forteresse saxonne d'Eresburg. Lorsque la reine est indisposée, il la laisse sous bonne garde au palais d'Aix-la-Chapelle et lui adresse des lettres pleines de douceur, narrant ses exploits et implorant de ses nouvelles.

Trop jaloux de son pouvoir pour confier à ses épouses un quelconque rôle politique, Charlemagne les charge de la direction logistique du palais durant ses absences. À la mort de chacune des trois, il organise des funérailles à la hauteur de leur rang. Pour Hildegarde, il accomplit d'importantes donations à l'église Saint-Arnoul de Metz où elle est ensevelie, afin qu'on prie pour le repos de l'âme de « sa très chère femme ». Fastrade reçoit les mêmes honneurs à Saint-Alban de Mayence – sa pierre tombale est encore visible dans la cathédrale de la ville –, tandis que Charlemagne commande à des poètes la rédaction de son épitaphe.

Il se révèle également attaché à ses enfants, n'acceptant de s'en séparer que lorsque des raisons politiques l'exigent. Il veille personnellement à la formation des princes dans tous les domaines essentiels : maniement des armes,

Les filles de Charlemagne apprennent le travail de la laine et le maniement du fuseau, tout en s'initiant à la musique et à la poésie.

équitation, chasse, éducation artistique, etc. Et il ne néglige en aucune façon ses filles. Plusieurs d'entre elles sont d'excellentes écuyères, tandis que Rotrude étudie la théologie et Gisèle l'astronomie. Les princesses apprennent le travail de la laine et le maniement du fuseau, tout en s'initiant à la musique et à la poésie. Vérité ou flatterie de courtisans, on les loue pour leur beauté : Gisèle a des yeux pétillants, Rothilde des épaules magnifiques et Berthe des formes généreuses. Élégantes, elles aiment à se parer de pourpre, de rubans et de bijoux. Charlemagne, toutefois, ne permettra à aucune, jamais, de se marier !

Seule l'aînée, Rotrude, se verra promise à l'empereur d'Orient, Constantin VI. Mais la mère de ce dernier, l'impératrice Irène, s'arrangera pour rompre les fiançailles. Pour ses sœurs, c'est Charlemagne lui-même qui s'oppose à leur union. Pourquoi l'empereur carolingien n'a-t-il pas recours à la diplomatie matrimoniale, contrairement aux autres souverains à travers les temps ? D'abord, parce qu'il n'en a nul besoin. Le monarque contrôle l'ensemble de l'Europe occidentale chrétienne. Ensuite, parce qu'il ne peut envisager d'unir ses enfants avec des princes païens (slaves, avars) ou musulmans. Enfin, en dehors des empereurs de Constantinople, aucune famille royale ne présente à ses yeux un intérêt suffisant. Charlemagne ne tient guère à s'imposer des gendres trop puissants ! Une autre explication tiendrait à la nature même des relations que le souverain entretient avec ses filles – si étroites que des rumeurs d'inceste circulent à la cour. Aucun élément ne permet d'étayer cette hypothèse. Il semble plutôt que l'affection quasi tyrannique de Charlemagne pour ses filles soit le fruit d'un trait essentiel de son caractère : le goût pour la domination. La satisfaction narcissique qu'il en retire l'empêche de prendre en compte les sentiments d'autrui, y compris ceux de sa propre progéniture. L'empereur veut vivre entouré des siens et n'accepte pas l'idée qu'une seule de ses filles puisse échapper à son emprise. Protégées par des gardes, elles doivent sans cesse le suivre dans ses moindres déplacements, partager tous ses repas et se tenir à ses côtés en toutes circonstances.

Ce *pater familias* sait pourtant faire preuve d'une certaine mansuétude. Si Charlemagne refuse de marier ses filles, il accepte cependant qu'elles s'accordent des amants. Ainsi, Rotrude entretiendra une liaison officieuse avec le comte du Maine, Rorgon Ier, à qui elle donnera un enfant, Louis (futur abbé de Saint-Denis et chancelier de Charles

Lorsque Charlemagne meurt, le 28 janvier 814, seul l'un de ses fils lui a survécu, héritant du colossal empire.

le Chauve). De son côté, la princesse Berthe sera la maîtresse de l'abbé de Saint-Riquier, grand personnage de la cour et ami intime de Charlemagne. Ensemble, ils auront deux fils, dont le futur historien Nithard. Ce désir d'obéissance absolu de la part des siens vaut aussi pour ses fils. Charlemagne maintiendra Charles dans un état de sujétion totale, si bien que les chroniqueurs évoquent bien peu cet aîné demeuré dans l'ombre du père. D'ailleurs, le souverain ne lui confiera la direction de campagnes militaires qu'à la toute fin de son règne. Quant aux deux autres, Pépin et Louis, il les surveillera en permanence.

Charlemagne meurt le 28 janvier 814. Comme un seul de ses fils lui a survécu, le colossal empire territorial qu'il a bâti – dont les frontières correspondent à la première Communauté économique européenne – n'est pas partagé. Du moins dans un premier temps. Sans doute exaspéré par les tribulations amoureuses de son père, Louis le Pieux n'admettra plus tant de femmes à la cour. La première décision du successeur de Charlemagne sera d'expédier toutes ces dames au couvent !

LE PALAIS D'UN EMPEREUR

Situé près de la frontière ouest de l'actuelle Allemagne, le site d'Aix-la-Chapelle est choisi par Charlemagne pour représenter le centre du pouvoir carolingien. Son père avait déjà bâti un château sur l'emplacement d'antiques thermes romains. Lancés en 795, les travaux du futur palais durent dix ans.

Dessiné par Eudes de Metz dans un style inspiré des architectures romaine et byzantine, le palais s'organise en un ensemble de bâtiments résidentiels, politiques, administratifs, juridiques, militaires, religieux, culturels, scolaires et même sportifs ! Le roi fait aussi ériger un établissement thermal, renouant avec les origines du site (Aix vient d'*aquae*, les « eaux » en latin).

Rompant avec la tradition d'une cour itinérante, Charlemagne y réside de manière permanente dès 801. Rien que la salle de l'assemblée impériale mesure 1000 mètres carrés, pour une hauteur de 21 mètres, parfaitement éclairée par deux rangées de fenêtres. Le palais recèle également une salle du trésor, une bibliothèque, une académie littéraire, un atelier d'orfèvrerie, un autre pour frapper la monnaie, une école, une caserne, un hospice et même une ménagerie (dans laquelle vécut l'éléphant offert à Charlemagne par le calife de Bagdad). Sans oublier bien sûr la chapelle palatine, où l'empereur fut enterré à sa mort en 814 et qui constitue le principal vestige de ce palais aujourd'hui disparu.

Enfin, depuis 1950, c'est dans la salle du couronnement, au cœur de l'Hôtel-de-ville, qu'est remis chaque année le Prix Charlemagne, distinguant une personnalité engagée dans l'unification européenne.

FONTEVRAUD :

SOUS LE RÈGNE DES FEMMES !

On peut admirer l'abbaye de Fontevraud sur les bords de la Loire, non loin de Saumur. Malgré les injures du temps et des hommes, elle demeure le plus vaste ensemble monastique subsistant en France. Son héritage exceptionnel offre un formidable témoignage sur l'architecture religieuse du XIIe au XVIIIe siècle : l'église abbatiale romano-poitevine, les cuisines octogonales hérissées de cheminées, le grand cloître, le réfectoire, les infirmeries, sans oublier le palais abbatial, et les portes d'entrée monumentales construites au siècle des Lumières.

Mais la grande originalité de cette cité monastique, qui essaima des dizaines de prieurés dans toute la France, c'est le fait que, durant son histoire, elle abrita des couvents masculins et féminins, placés sous l'autorité exclusive non d'un abbé, mais d'une abbesse. Recrutées à l'origine au sein de la petite noblesse angevine, les abbesses de Fontevraud étaient des aristocrates, qui inventèrent l'abbaye féminine la plus élitiste du pays. En sept siècles, seize d'entre elles furent des princesses, dont cinq descendaient de la dynastie des Bourbons. Enfin, Fontevraud doit également sa renommée à la nécropole des Plantagenêt, puisque ses plus célèbres représentants y furent inhumés : Henri II d'Angleterre, Aliénor d'Aquitaine et Richard Cœur de Lion.

Malgré les injures du temps et des hommes,
l'abbaye de Fontevraud demeure le plus vaste ensemble monastique de France.

À Fontevraud, les abbesses régnèrent en maîtresses sur une congrégation mixte. Peut-on en déduire pour autant que le Moyen Âge était féministe ? Qui étaient ces mères supérieures et comment imprimèrent-elles leur marque au fil des siècles, au point de transformer une abbaye en haut lieu culturel ? Et pourquoi les souverains Plantagenêt choisirent-ils d'y reposer à jamais ?

À l'origine de Fontevraud se trouve un homme : Robert d'Arbrissel. Né au milieu du XIe siècle dans le petit village d'Arbrissel, près de Rennes, ce théologien breton est fils de curé. La chose était possible à l'époque, le célibat des prêtres n'étant devenu une règle ecclésiastique qu'à partir du concile de Latran de 1134. Durant sa jeunesse, Robert

Sensibles à son talent de prédicateur, quantité de fidèles rejoignent Robert d'Arbrissel.

étudie quelque temps à Paris, avant de rentrer en Bretagne. Durant quatre ans, il y exerce la fonction d'archiprêtre auprès de l'évêque de Rennes. Il est en réalité l'auxiliaire du prélat, chargé de diriger le diocèse en son absence. Or à cette époque, la France connaît un profond bouleversement social : l'éclosion du système féodal, associée à une explosion démographique, entraîne des guerres incessantes entre seigneurs. Cette période instable voit l'émergence de prédicateurs errants que l'on surnomme « les pauvres du Christ ». En marge de la hérarchie catholique, mais soutenus par quelques ecclésiastiques, ils se replient dans des zones désertiques, pour fonder leurs propres communautés. C'est le cas de l'ermite Pierre de l'Étoile, qui crée en 1091 l'abbaye de Fontgombault (Indre), sur les bords de la Creuse. De même, vers 1095, Robert d'Arbrissel se retire dans la forêt de Craon, à la limite de la Bretagne et de l'Anjou.

Les abbesses imprimeront leur marque au fil des siècles au point de transformer l'abbaye en haut lieu culturel.

Sensibles à son talent de prédicateur, quantité de fidèles rejoignent Robert dans les bois, faisant comme lui vœu de pauvreté. Une première communauté monastique, à la discipline rigoureuse, voit le jour sur la terre de la Roë, cédée par un seigneur local. Après avoir appelé les chrétiens à libérer la Terre sainte lors du concile de Clermont en 1095, le pape Urbain II cherche à profiter de la popularité de l'ermite en le chargeant de prêcher la croisade. À l'instar de Pierre de l'Étoile, qui au même moment sillonne une partie de la France et de l'Allemagne en drainant à sa suite des milliers de pèlerins, Robert parcourt l'ouest du pays pour dénoncer la déliquescence morale et la corruption du clergé. Durant son périple, il traverse la Bretagne, le Maine et l'Anjou, suivi par des centaines de personnes de toutes conditions, qui quittent leurs familles pour se consacrer à Dieu. On compte un grand nombre de femmes qui, en cette période de surpopulation, se retrouvent livrées à elles-mêmes après une répudiation ou un abandon. Cette foule disparate ne pouvant se contenter de vivre indéfiniment dans l'errance, Robert cherche un lieu pour se fixer. En 1101, il décide d'installer ses disciples à Fontevraud, un vallon isolé à la limite de la Touraine, du Poitou et de l'Anjou.

En bons termes avec les seigneurs locaux et l'évêque de Poitiers, Robert fonde ainsi l'abbaye de Fontevraud. Les premières années, les fidèles vivent ensemble dans des sortes de huttes rudimentaires, faites de branchages et éparpillées autour d'un simple oratoire. Pour construire des bâtiments en pierre, Robert a besoin de dons et doit régulièrement quitter la communauté pour prêcher dans les régions alentour. Grâce à son extraordinaire éloquence, le prédicateur obtient de nombreux subsides, qui permettent à l'abbaye d'engager ses premiers travaux. Quant à Robert, vêtu comme un vagabond, il va jusqu'à partager son

La grande originalité de Fontevraud est de rassembler au sein d'une même abbaye des moines et des religieuses, même si les deux sexes y vivent séparés.

lit avec des femmes afin de mettre à l'épreuve sa chasteté. Choqués, les évêques de la région lui enjoignent d'organiser sa communauté selon une règle et des conditions de vie décentes. C'est ainsi que naît l'un des ordres monastiques les plus singuliers de l'histoire, celui des fontevristes.

Robert d'Arbrissel place son ordre sous la règle de saint Benoît, forgée au VIe siècle et qui régissait alors la majorité des monastères occidentaux. La grande originalité de Fontevraud est de rassembler au sein d'une même abbaye des moines et des religieuses, même si les deux sexes y vivent séparés. Les femmes sont soumises au régime de

Séduites par ce nouvel ordre, des femmes de haut rang rejoignent la communauté, comme Ermengarde d'Anjou.

la clôture, c'est-à-dire qu'elles restent entre elles, confinées dans un espace strictement interdit à toute personne extérieure. Bénéficiant de plus de liberté, les hommes partagent leur temps entre le travail et la prière. L'abbaye est organisée en cinq couvents distincts : Sainte-Marie (appelé aussi le Grand-Moûtier) pour les vierges ou les religieuses de vocation, Sainte-Madeleine pour les pécheresses repenties et les femmes mariées retirées du monde, Saint-Jean-de-l'Habit pour les hommes, Saint-Lazare pour les lépreux, et enfin Saint-Benoît pour les infirmeries. Séduites par ce nouvel ordre, des femmes de la petite noblesse angevine choisissent de prendre l'habit monastique, comme la veuve du comte de Montsoreau, dont l'époux avait cédé ses premières terres à la communauté. Elles sont rejointes par des femmes de haut rang : Ermengarde d'Anjou, femme répudiée du duc d'Aquitaine Guillaume IX, qui participera activement à son financement, ou bien Bertrade de Montfort, épouse du roi de France Philippe Ier, elle aussi répudiée et qui mourra à l'abbaye en 1117.

Bien qu'il soit le fondateur de l'ordre, Robert refuse de porter le titre d'« abbé », qui désigne à l'origine le supérieur d'une abbaye. Il opte pour celui de *magister* (maître), qui s'accorde mieux à sa fonction de prédicateur. Durant ses nombreuses absences, il confie la responsabilité de l'institution à une femme qu'il a nommée « grande-prieure » : Hersende de Champagne. Dans les derniers mois de sa vie, Robert instaure officiellement la règle fontevriste qui place chaque membre de la congrégation sous l'autorité d'une abbesse. Pour justifier son choix iconoclaste, le prédicateur s'appuie sur l'exemple de saint Jean, qui servit Marie jusqu'à sa mort. Il a d'ailleurs choisi pour devise de l'abbaye les dernières paroles de Jésus sur la Croix s'adressant à sa mère et à son apôtre : « Mère, voici ton fils. Fils, voici ta mère. »

Lorsque Robert meurt en 1116, dans le prieuré qu'il avait fondé à Orsan (Cher), l'abbaye est dirigée par une autre abbesse : Pétronille de Chemillé, veuve du baron de Chemillé et devenue grande-prieure après la mort d'Hersende. Cet assujettissement des religieux vis-à-vis des religieuses constitue une première dans l'histoire des monastères européens. Jusqu'alors, dans les autres ordres monastiques mixtes, si les femmes étaient majoritaires, les hommes suivaient une règle différente en

Dotée d'un fort caractère, Pétronille de Chemillé gère au mieux les intérêts de l'ordre qui devient puissant et prospère.

obéissant à leur propre supérieur. Peut-on voir dans cette innovation une forme de féminisme médiéval ? En réalité non, car le but de Robert était moins d'élever les femmes que de rabaisser les hommes, ou plus exactement leur amour-propre. Pourtant, dès le début, les moines supportent mal cette prérogative féminine et, au fil des siècles, les contestations se multiplient. Le conflit entre les deux sexes durera des siècles et se terminera par un procès devant le Conseil du roi Louis XIII, en 1642, lequel confirmera l'autorité de l'abbesse.

Dès 1106, l'ordre de Fontevraud est reconnu par le pape Pascal II. Quelques années plus tard, le souverain pontife lui accorde l'exemption, c'est-à-dire un privilège le plaçant sous la protection directe et exclusive de Rome. Grâce aux dons, la première église en pierre devenue trop petite est remplacée par la vaste abbatiale qui subsiste aujourd'hui encore. En 1119, le pape Calixte II se déplace en personne à Fontevraud afin de consacrer le transept et le chœur de l'abbatiale, dont la construction avait commencé sous Robert d'Arbrissel. Dotée d'un fort caractère, Pétronille de Chemillé gère au mieux les intérêts de l'ordre et permet à l'abbaye de devenir une institution puissante et prospère, effaçant peu à peu l'esprit ascétique des origines. Les prieurés liés à Fontevraud se multiplient dans le sud-ouest de la France, mais aussi en Île-de-France. Au milieu du XIIe siècle, on compte plusieurs milliers de fontevristes, répartis dans une centaine de monastères, jusqu'en Angleterre, en Italie et en Espagne.

À la mort de Pétronille de Chemillé en 1149, l'abbesse qui lui succède n'est autre que Mathilde d'Anjou, fille du comte d'Anjou, Foulques V. Arrivée dès son plus jeune âge à l'abbaye, elle en était sortie à 13 ans pour épouser Guillaume Adelin, fils du roi d'Angleterre, Henri Ier Beauclerc. Après la mort de son époux durant un naufrage et à la suite du départ de son père pour la croisade, la jeune veuve est naturellement retournée à Fontevraud. Mathilde a pour frère le comte d'Anjou Geoffroy V – surnommé Plantagenêt, à cause du brin de genêt qu'il a l'habitude de porter à son chapeau. À la mort de ce

Une deuxième reine meurt à Fontevraud et repose aux côtés des Plantagenêt, Isabelle d'Angoulême.

dernier en 1151, c'est son fils Henri Plantagenêt (futur roi d'Angleterre) qui devient comte d'Anjou. L'année suivante, Henri épouse Aliénor d'Aquitaine, qui vient de divorcer du roi de France Louis VII et lui apporte des domaines considérables. Cette dernière est rapidement reçue à Fontevraud, tandis qu'Henri comble le monastère de dons colossaux.

Pourtant, si l'abbaye devient la nécropole des Plantagenêt, c'est un peu par hasard. Le 6 juillet 1189, Henri Plantagenêt, devenu roi d'Angleterre sous le nom d'Henri II, s'éteint dans son château de Chinon. Il a souhaité être inhumé dans l'abbaye de Grandmont dans le Limousin, mais le temps caniculaire rend impossible le transport de sa dépouille. Aussi décide-t-on de l'enterrer à Fontevraud, située à proximité de Chinon. Dix ans plus tard, son fils Richard Cœur de Lion meurt à son tour, durant le siège du château de Châlus-Chabrol (Haute-Vienne). Ayant fait le vœu de reposer aux côtés de son père, il est enterré dans l'abbaye. Quant à Aliénor d'Aquitaine, elle se retire à Fontevraud à l'âge honorable de 80 ans, et s'y éteint quatre ans plus tard, en 1204. Elle y est inhumée aux côtés de son mari et de son fils.

Quarante ans plus tard, une deuxième reine se retire et meurt à Fontevraud : Isabelle d'Angoulême, femme du roi d'Angleterre Jean sans Terre (le frère de Richard Cœur de Lion). Son fils, le roi Henri III, fera transférer sa dépouille à l'intérieur de l'abbatiale, aux côtés des Plantagenêt. Outre ces quatre souverains, on inhumera encore dans la célèbre abbaye Jeanne d'Angleterre – fille d'Henri II et d'Aliénor, et femme du roi Guillaume II de Sicile –, ainsi que son fils, Raymond VI, comte de Toulouse. Enfin, en 1292, le cœur du roi d'Angleterre Henri III est retiré de sa tombe à Westminster pour être transféré à Fontevraud.

Marie-Madeleine-Gabrielle de Rochechouart de Mortemart, la « perle des abbesses ».

Mais revenons à nos abbesses. Enrichies des dons de leurs familles, soutenues par les évêques et le pape, les différentes mères supérieures vont user de leur pouvoir absolu. Ne cherchant guère à développer d'autres prieurés, elles consacrent l'essentiel des ressources de l'ordre à faire de Fontevraud l'une des abbayes les plus aristocratiques du royaume. Mais, au milieu du XIVe siècle, suite aux ravages causés dans le pays par la Grande Peste et la guerre de Cent Ans, l'ordre de Fontevraud tombe dans le déclin. Certains de ses prieurés sont laissés à l'abandon. Pire, une discorde voit le jour à la tête de la congrégation : deux abbesses se disputent le contrôle de l'abbaye, entraînant durant quelques années un véritable schisme.

En 1458, une femme de haute naissance est élue abbesse : Marie de Bretagne, cousine de Louis d'Orléans (futur Louis XII) et tante d'Anne de Bretagne. C'est elle qui, la

En 1804, à la suite d'un décret napoléonien, l'abbaye est transformée en prison.

première, entreprend de réformer l'ordre. Le redressement des fontevristes se poursuivra ensuite sous l'abbatiat de sa cousine, Anne d'Orléans, sœur de Louis XII, qui sera abbesse de 1478 à 1491. À partir de cette date et durant près de deux siècles, l'abbaye sera gouvernée par des abbesses issues de la même famille : les Bourbons. Jusqu'en 1670, cinq d'entre elles vont ainsi se succéder, de tante en nièce, comme c'était la coutume dans la plupart des abbayes féminines. La dernière de cette lignée sera Jeanne-Baptiste de Bourbon, fille naturelle d'Henri IV et de sa maîtresse Charlotte des Essarts. C'est à cette période propice que Fontevraud devient le plus grand ensemble d'architecture monastique de France.

Succédera aux Bourbons l'abbesse qui a sans doute le plus marqué l'histoire de Fontevraud : Marie-Madeleine-Gabrielle de Rochechouart de Mortemart, sœur de Mme de Montespan, qui sera surnommée la « reine des abbesses ». Dotée d'une grande beauté, d'une culture et d'une intelligence remarquables, elle a été nommée à la demande de Louis XIV en personne ! Correspondante de Racine, elle transforme Fontevraud en un centre de rayonnement intellectuel et reçoit la visite des plus grands écrivains de son temps, qui se bousculent à sa porte pour obtenir une audience. C'est sous sa direction que l'ordre atteint son apogée, ce qui vaut à la religieuse de la part du Roi-Soleil l'autre surnom de « perle des abbesses ». Après sa disgrâce, Mme de Montespan fera plusieurs séjours à Fontevraud pour y retrouver sa sœur.

Au XVIIIe siècle, l'abbaye a conservé une si bonne réputation que Louis XV décide en 1738 d'y envoyer ses quatre filles afin qu'elles reçoivent la meilleure éducation. Un nouveau bâtiment est construit pour l'occasion, relié par un pont au palais abbatial : le « logis Bourbon ». L'une des filles du monarque, Thérèse-Félicité, y meurt en 1744 et aurait été inhumée sur place. Mais être la plus riche abbaye de France à la veille de la Révolution est risqué ! Fontevraud voit sans surprise les révolutionnaires, excédés par le train de vie luxueux des moniales, chasser les dernières résidentes en septembre 1792. L'ordre est dissous et l'abbaye mise en vente comme bien national. Sur les cinq couvents, seul celui de Saint-Jean-de-l'Habit trouvera acquéreur,

La dernière des Bourbons à gouverner l'abbaye sera Jeanne-Baptiste de Bourbon, fille naturelle d'Henri IV et de sa maîtresse Charlotte des Essarts.

avant d'être totalement rasé. En 1804, à la suite d'un décret napoléonien, le reste de l'abbaye est transformé en prison. Avec une concentration de 4 000 détenus, elle sera réputée comme l'une des plus sévères du pays. Il faudra attendre 1963 et la fermeture du pénitencier pour que des travaux de restauration y soient entrepris. Désormais haut lieu touristique, Fontevraud abrite depuis 1975 le Centre culturel de l'Ouest.

LES QUATRE GISANTS

L'abbaye de Fontevraud ne se distingue guère par l'originalité de son architecture, qui reprend le plan de Saint-Gall, forgé au IXe siècle et repris pour la quasi-totalité des monastères occidentaux. Si l'ensemble des bâtiments sont identiques à ceux des monastères du Val de Loire, la grande église abbatiale déploie une nef calquée sur celle de la cathédrale d'Angoulême, recouverte par une série de coupoles d'inspiration périgourdine, due à l'influence directe d'Aliénor d'Aquitaine, protectrice du monastère.

On trouve cependant dans l'abbatiale l'un des sommets de la sculpture funéraire médiévale : les gisants en tuffeau du roi d'Angleterre Henri II, de sa femme Aliénor d'Aquitaine, de leur fils Richard Cœur de Lion et de leur belle-fille Isabelle d'Angoulême. Selon la tradition, ces gisants sont orientés les pieds vers Jérusalem et représentent les défunts dans leur tenue de cérémonie funéraire. Reposant sur un lit (et non sur une dalle, comme le veut l'usage), ils sont sculptés les yeux baissés, munis de tous les insignes de la monarchie. La plaque ronde sur les gants des souverains est censée rappeler que les paumes de leurs mains étaient ointes durant leur sacre.
Le plus finement drapé, le gisant d'Aliénor, représente la reine âgée d'une trentaine d'années, coiffée de la couronne royale. Tenant dans ses mains un livre, probablement un recueil de psaumes, elle inaugure en Europe le thème de la femme lectrice. La polychromie de la protectrice des lieux a été refaite en 1846, pour notre plus grand plaisir.

FRANÇOIS RABELAIS,
L'ÉCRIVAIN SANS TABOU

François Rabelais est bien plus qu'un monument de la littérature, c'est un pilier de notre Histoire. La personnalité de l'écrivain se confond avec ses inoubliables personnages et leur univers grivois, haut en couleur : Gargantua, Pantagruel ou encore Panurge, dont les moutons sont restés une célèbre expression. Celui que Flaubert surnomma « la grande fontaine des lettres françaises » nous a laissé une œuvre singulière, mêlant connaissances savantes et culture populaire. Elle sera pourtant soumise à une impitoyable censure de l'Église en raison de son impertinence et de sa truculence verbale, libre jusqu'à l'obscénité.

Si on le vénère de nos jours comme un génie humaniste, Rabelais fut aussi considéré de son vivant comme l'un des plus grands médecins européens ! Écrits en français et non en latin, ses ouvrages étaient d'ailleurs classés dans les bibliothèques aux côtés de ceux des philosophes antiques. D'une insatiable curiosité et avide de voyages, contemporain des poètes Ronsard et Du Bellay, Rabelais demeure un parfait représentant de la Renaissance française.

D'une insatiable curiosité et avide de voyages,
François Rabelais demeure un parfait représentant de la Renaissance française.

Quelle fut donc la vie de cet érudit humaniste, médecin réputé et écrivain défiant tous les interdits ? À une époque où l'intolérance était la règle, comment parvint-il à préserver sa liberté d'expression et même à protéger sa vie, entre la censure de la Sorbonne et les bûchers de la toute-puissante Église ?

Rabelais a 27 ans lorsqu'il adhère au courant de pensée humaniste.

Rabelais naît en 1483 à La Devinière, près de Chinon, une région dont il transposera la toponymie dans ses romans. Son père est avocat et propriétaire de plusieurs domaines agricoles. De sa jeunesse, on ne sait strictement rien, en dehors du fait qu'à l'âge de 27 ans, il entre dans un couvent franciscain à La Baumette, près d'Angers, avant d'intégrer plus tard celui de l'Observance de Fontenay-le-Comte (Vendée). Dès les premières années, le jeune moine se montre peu discipliné, se permettant de rejeter la scolastique, cette philosophie enseignée dans les universités depuis le Moyen Âge. Par ailleurs, il se lie d'amitié avec un autre prêtre, Pierre Lamy. Ensemble, ils étudient le grec ancien et redécouvrent les sources antiques. Rabelais traduit notamment le premier ouvrage de l'historien grec Hérodote.

Manifestant un esprit libre, il adhère au courant de pensée humaniste, entamant alors une correspondance avec le savant Guillaume Budé qu'il salue comme le « pontife des lettres ». Pour échapper à la tutelle pesante de l'ordre religieux qui les accueille, Rabelais et Lamy intègrent le cercle animé par le juriste André Tiraqueau. Au monastère, l'intérêt du duo pour l'étude du grec inquiète leurs supérieurs, qui y perçoivent un chemin menant vers l'hérésie. Après l'intervention de la Sorbonne, alors toute-puissante faculté de théologie de Paris, ils voient leurs livres confisqués. En 1524, tandis que Lamy choisit de s'enfuir, Rabelais préfère se réfugier chez les bénédictins, réputés moins intransigeants que les franciscains. Il s'établit ainsi au couvent de Maillezais, en Vendée, où il officie en qualité de secrétaire particulier de l'évêque Geoffroy d'Estissac, avec lequel il noue des liens d'estime réciproque. Cette situation lui permet d'accompagner son protecteur dans ses différents déplacements et, surtout, d'accéder à sa bibliothèque. Disposant d'une centaine de livres, le futur écrivain satisfait sa curiosité vorace et accumule de nombreux savoirs dans des domaines variés. N'ayant plus de comptes à rendre à ses détracteurs, il laisse enfin libre cours à sa créativité. C'est à cette époque qu'il adresse à son ami, le poète poitevin Jean Bouchet, une épître qui constituera sa première œuvre imprimée.

Entre 1526 et 1529, on perd à nouveau sa trace. Rabelais pourrait avoir fréquenté les universités de Poitiers, de Bordeaux, de Toulouse, d'Orléans ou de Paris. C'est aussi durant cette période, dit-on, qu'il aurait eu une liaison avec une veuve qui lui donnera deux enfants. Après avoir abandonné l'habit monastique pour celui de prêtre séculier – c'est-à-dire un religieux ne faisant partie ni d'un ordre, ni d'une congrégation –, il s'inscrit à l'automne 1530 à la prestigieuse faculté de médecine de Montpellier. Il y rencontre un autre étudiant, Michel de Nostredame, qui deviendra célèbre sous le nom de Nostradamus. En à peine deux mois et demi, Rabelais obtient son « baccalauréat », qui était alors le premier des grades universitaires. Cette étonnante rapidité s'explique par la grande maîtrise qu'il possède du grec, l'enseignement de la médecine reposant à l'époque sur la connaissance des textes classiques. Ses compétences sont aussitôt reconnues puisque Rabelais dispense déjà ses premiers cours, dissertant sur les textes de deux médecins antiques, Hippocrate et Galien. En 1532, alors qu'il n'a pas encore obtenu son doctorat, il est nommé à Lyon comme médecin de l'Hôtel-Dieu.

Rabelais écrit à Érasme pour exprimer toute sa reconnaissance au philosophe de Rotterdam.

Partisan d'un retour aux sources grecques contre la scolastique médiévale, Rabelais adresse la même année une lettre à Érasme, exprimant sa reconnaissance au philosophe de Rotterdam : « *Oui, tout ce que je suis, tout ce que je vaux, c'est de vous seul que je le tiens.* » Dans le même temps, il édite chez l'imprimeur-libraire Sébastien Gryphe trois textes savants qui prônent l'esprit humaniste : *Les Lettres médicales* du médecin italien Jean Manardi, une traduction latine des *Aphorismes d'Hippocrate*, ainsi qu'un ouvrage juridique antique, le *Testament de Cuspidius* (qui se révélera être un faux). Il fait aussi paraître, chez l'éditeur lyonnais Claude Nourry, un livre qui n'est cette fois pas un ouvrage d'érudition écrit en latin, mais un roman drolatique rédigé en français, qu'il signe sous le pseudonyme d'Alcofribas Nasier (l'anagramme de François Rabelais). Son titre : *Pantagruel*. Cette farce, qui met en scène des géants, dénonce l'obscurantisme médiéval au profit d'une Renaissance savante et éclairée. D'une structure semblable à celle des romans de chevalerie, l'ouvrage rencontre aussitôt un grand succès populaire.

En février 1534, Rabelais accompagne à Rome son nouveau protecteur, l'évêque de Paris, Jean du Bellay (oncle du poète Joachim du Bellay). Celui-ci est missionné par François Ier pour obtenir du pape Clément VII l'annulation du mariage du roi d'Angleterre Henri VIII, qui menace de rompre avec la papauté. Si ce voyage en Italie permet à Rabelais de s'éloigner des censeurs de la Sorbonne, qui ont condamné comme obscène son roman, il lui offre aussi la possibilité de rencontrer des savants célèbres et de découvrir une faune, une flore et des remèdes alors inconnus en France. À cette occasion, ses connaissances considérables en théologie, grec ancien, droit et médecine s'étoffent davantage en incluant la botanique, l'Histoire, la diplomatie et l'archéologie. Dès son retour à Lyon, il reprend ses fonctions à l'Hôtel-Dieu et publie la traduction d'une *Topographie de l'ancienne Rome* par le Milanais Marliani.

À l'automne, porté par le succès de *Pantagruel*, il publie un préquel (une suite dont l'histoire précède l'œuvre déjà parue) mettant en scène le père de son héros, Gargantua. Ce nouvel opus s'aventure encore plus loin dans la satire et la portée humaniste, en invitant le lecteur à « *rompre l'os et sucer la substantifique moelle* ». À la fin de l'ouvrage, l'auteur expose l'utopie d'une éducation dégagée de toute contrainte,

Porté par le succès de Pantagruel, *il publie une suite mettant en scène son père,* Gargantua.

en faisant la description d'une abbaye idéale dont la devise ultralibérale est : « *Fais ce que voudras* ! » Parallèlement, il publie des almanachs et calendriers d'astrologie médicale, fort populaires à l'époque, qui lui valent d'être considéré comme l'un des meilleurs « pronostiqueurs » de son temps. Cela ne l'empêche pas de tourner en dérision l'astrologie judiciaire, qui annonce l'avenir en prétendant connaître la volonté de Dieu, lorsqu'il écrit : « *Cette année, les aveugles ne verront que bien peu, les sourds entendront assez mal, les muets ne parleront guère, les riches se porteront un peu mieux que les pauvres, et les sains mieux que les malades.* » Mais un événement va brusquement mettre en suspens ses publications.

Au moment où paraît *Gargantua*, les esprits s'échauffent dans le royaume. Dans la nuit du 17 au 18 octobre 1534, des protestants placardent des proclamations d'une extrême violence à l'égard du catholicisme et de la messe, dont l'une est affichée sur la porte même de la chambre du roi François Ier à Amboise ! Surnommé « l'affaire des Placards », cet épisode entraîne de vives représailles de la part des autorités religieuses, envoyant des protestants au bûcher. Désormais, toute idée anticonformiste est suspectée d'hérésie. Soucieux d'échapper à ce climat délétère, Rabelais quitte Lyon. En 1535, il est de retour à Rome en qualité de médecin de Jean du Bellay devenu cardinal. Il y restera près d'une année, adressant à son ancien protecteur poitevin, Geoffroy d'Estissac, des lettres qui décrivent la situation politique et morale de l'époque. Grâce au cardinal, l'écrivain obtient de Rome l'absolution de son crime d'apostasie (qui frappait tous ceux qui avaient changé d'ordre monastique sans autorisation de l'Église). Le pape Paul III l'autorise aussi à pratiquer la médecine et à changer de monastère à la seule condition qu'il ne dissèque pas de corps humain ! Sa situation ecclésiastique régularisée, Rabelais rentre en France, accueilli dans l'abbaye de Saint-Maur-des-Fossés – dont l'abbé n'est autre que son fidèle protecteur Jean du Bellay, lui aussi de retour. Dans ce monastère sécularisé, Rabelais et les autres moines deviennent chanoines. C'est à ce moment que serait né son fils Théodule, qui mourra deux ans plus tard.

Dans la nuit du 17 au 18 octobre 1534, des protestants placardent une proclamation anti catholique sur la porte de François Ier.

Mais, question de tempérament sans doute, Rabelais ne tient pas en place bien longtemps. En février 1537, il participe, à Lyon, à un banquet en l'honneur de l'imprimeur Étienne Dolet, aux côtés des grandes figures de

Rabelais assiste à la rencontre entre François Ier et Charles Quint, qui mettent un terme à leurs différends en juillet 1538.

l'humanisme (Guillaume Budé, Jean Visagier, Pierre Danès ou encore le poète Clément Marot). Puis il retourne à Montpellier pour y achever ses études de médecine commencées sept ans plus tôt. Obtenant sa licence et son doctorat, Rabelais se retrouve cité dans les répertoires de l'époque parmi les meilleurs praticiens d'Europe. Quelques mois plus tard, il se rend de nouveau à Lyon, où il se livre à une dissection anatomique sur le corps d'un condamné à mort, avant de revenir à Montpellier pour donner des cours sur Hippocrate. Il assiste aussi en qualité d'ambassadeur à un événement historique : la rencontre à Aigues-Mortes entre François Ier et son grand rival Charles Quint, au cours de laquelle les deux souverains s'engagent à mettre fin à leurs différends, en juillet 1538. L'année suivante, Rabelais accompagne à Turin le frère de son protecteur, Guillaume du Bellay, seigneur de Langey, qui vient d'être nommé gouverneur du Piémont. L'écrivain demeurera deux ans dans la ville italienne.

De retour en France en 1542, il fait paraître chez l'éditeur lyonnais François Juste une édition définitive de *Gargantua* et *Pantagruel*, réunis dans un même ouvrage, mais en inversant l'ordre de publication. Pour éviter les foudres de la Sorbonne, il a pris soin d'atténuer, voire de supprimer, les attaques les plus virulentes. Au même moment, son ami Dolet prend l'initiative d'éditer des versions non expurgées de ces deux romans, provoquant sa colère. Quelques mois plus tard, les deux ouvrages figurent sur la première liste de livres interdits par la Sorbonne. Notons que cette liste d'ouvrages proscrits inspirera plus tard à la papauté la création du fameux Index, regroupant tous les ouvrages interdits par l'Église catholique et à l'origine de l'expression « mettre à l'index ».

Accusé d'athéisme, l'imprimeur Dolet est pendu puis brûlé vif sur la place Maubert.

Malgré la censure de la Sorbonne, Rabelais conserve une bonne réputation à la cour de François Ier, en grande partie grâce à l'influence de son puissant protecteur, le cardinal du Bellay. En septembre 1545, il obtient même un « privilège royal » de six ans qui lui donne carte blanche pour l'impression de son troisième roman, le *Tiers Livre*, et la révision des deux premiers. Mêlant comédie et dialogues, cette suite de *Gargantua* et *Pantagruel* paraît en 1546 et développe un troisième personnage, Panurge. L'œuvre est aussitôt censurée par la Sorbonne. En cette année 1546, le climat devient explosif et la chasse aux sorcières s'intensifie. Le 3 août, accusé d'athéisme, l'imprimeur Dolet est pendu puis brûlé vif sur la place

Le cardinal du Bellay, qui vient d'être nommé à Rome, invite Rabelais auprès de lui en qualité de médecin personnel.

Maubert, tandis que le parlement de Paris prévoit de créer une « chambre ardente » (sorte de tribunal extraordinaire) chargée de poursuivre les hérétiques. Plus que jamais conscient du danger, Rabelais préfère quitter le pays. Il se réfugie à Metz, alors ville impériale et foyer luthérien où son ami Étienne Lorens, agent de Jean du Bellay auprès des protestants allemands, possède une maison. À l'abri des poursuites, Rabelais est nommé médecin de la ville, mais ses honoraires lui fournissent à peine de quoi subsister. Le cardinal du Bellay – qui vient d'être nommé surintendant général des affaires royales en Italie par le nouveau roi Henri II – l'invite à Rome pour en faire son médecin personnel. Dans la Ville éternelle, Rabelais occupe une fonction de secrétaire d'État et participe aux intrigues de la cour pontificale, tout en poursuivant sa carrière d'écrivain. Pendant son absence, l'éditeur lyonnais Pierre de Tours publie, sans (peut-être) en avoir reçu l'autorisation, les onze premiers chapitres de son nouveau roman, le *Quart Livre*. En 1549, Rabelais fait également paraître *La Sciomachie*, ouvrage politique relatant les fêtes données à Rome à l'occasion de la naissance du second fils d'Henri II.

Rabelais bénéficie de l'influence de son nouveau protecteur, le cardinal Odet de Coligny.

De retour en France avec son protecteur, l'écrivain réside dans l'ancienne abbaye de Saint-Maur où il travaille à la suite du *Quart Livre*. C'est peu de dire que Rabelais suit avec attention le conflit qui oppose Henri II au nouveau pape Jules III, au sujet de l'autonomie de l'Église de France. Son soutien au roi de France lui permet d'obtenir, en 1550, un nouveau privilège royal de dix ans pour l'ensemble de son œuvre. Les protections accordées par certains prélats lui valent pourtant de vives critiques de la part de quelques auteurs, comme le religieux Gabriel de Puy-Herbault qui, dans son *Theotimus*, lui reproche avec une rare violence la liberté de ses mœurs et son irréligion, allant jusqu'à le traiter de « pourceau d'Épicure ». Mais si Rabelais est attaqué par l'Église catholique, il l'est tout autant par certains penseurs protestants : Calvin lui-même le dénonce violemment en 1550 dans son *Traité des scandales*. En 1551, Rabelais se voit attribuer pas moins de deux cures : celle de Saint-Christophe-du-Jambet (dans la Sarthe) et celle de Saint-Martin de Meudon (dans les Hauts-de-Seine), le tout lui assurant des revenus confortables. Assez pour qu'il achève enfin, l'année suivante, son *Quart Livre*, un récit initiatique dans lequel apparaît une charge virulente contre la papauté, perçue comme une œuvre de propagande royale.

Bien que son livre soit censuré par le parlement de Paris sous pression de la Sorbonne, Rabelais n'est guère inquiété, bénéficiant de l'influence d'un nouveau protecteur, rencontré deux ans plus tôt à Saint-Maur et auquel il a rendu hommage dans son dernier roman : le cardinal Odet de Coligny (le frère de l'amiral de Coligny), évêque de Beauvais et membre du conseil privé du roi. Mais l'étau commence à se resserrer et, en octobre 1552, court le bruit de son emprisonnement...

Finalement, deux mois après avoir abandonné ses deux cures, Rabelais s'éteint à Paris le 9 avril 1553, dans des circonstances inconnues. C'est à tort qu'on lui attribue ces dernières paroles, reflétant pourtant bien son merveilleux esprit : « *Levez le rideau, la farce est jouée.* » Neuf ans après sa mort sera publié un livre posthume, qui donne suite et fin aux voyages de Pantagruel, mais dont rien ne prouve que Rabelais en soit l'auteur : *L'Isle sonnante*. Ces seize chapitres seront complétés en 1564 par trente-deux autres, dans le *Cinquième Livre*.

L'ABBAYE DE THÉLÈME

Au nom de François Rabelais, reste lié celui de la célèbre abbaye de Thélème, dont la description occupe les cinq derniers chapitres de son *Gargantua*. Elle était située sur les bords de la Loire, près de la forêt de Port-Huault, aujourd'hui forêt de Chinon. Rabelais la considérait plus belle que les châteaux de Chambord ou Chantilly, c'est dire !
Dénuée de murs extérieurs, elle était construite en hexagone, avec à chaque angle une grosse tour ronde, le tout couvert d'ardoise fine. Elle était haute de six étages en comptant les caves, et abritait 9332 appartements desservis au milieu de chaque corps de logis par un escalier à vis dont les marches étaient moitié de porphyre, moitié de pierre de Numidie.

Sur chaque palier, s'élevaient deux belles arcades antiques. Les murs étaient ornés de tentures et les carrelages recouverts de draps verts.
D'un côté, de la tour Arctique à la tour dite Glaciale, on trouvait à chaque étage une grande bibliothèque de grec, de latin, d'hébreu, de français, d'espagnol ou d'italien ; de l'autre, de la tour Orientale à la tour Antarctique, de vastes galeries de peintures.
Au milieu de la cour intérieure se dressait une magnifique fontaine d'albâtre, et du côté de la rivière s'étalaient un jardin d'agrément orné d'un labyrinthe, puis un verger, un grand parc, des communs, des écuries, une fauconnerie, un chenil... ainsi que, plus loin, un grand bâtiment où les religieux et les religieuses – car hommes et femmes y étaient acceptés, demeurant séparément mais se fréquentant la journée – pouvaient trouver à leur service des orfèvres, des tailleurs, des brodeurs, des veloutiers, des tapissiers... Dans cette étrange abbaye n'entraient en fait que des gens bien nés et bien éduqués, à qui une seule règle était imposée : *Fais ce que voudras !*
Ce splendide bâtiment ne peut malheureusement se visiter : l'abbaye de Thélème, où il faisait si bon vivre, considérée comme la première utopie française, n'a en réalité existé que dans l'imagination de Rabelais.

RODOLPHE II DE HABSBOURG,

L'ALCHIMISTE

De tous les empereurs Habsbourg, Rodolphe II est sans doute le plus controversé. Personnage complexe au caractère fantasque, original et instable, il fut soupçonné d'une maladie mentale l'empêchant de prendre la moindre décision politique. Néanmoins, en trente-cinq années de règne, il est parvenu à maintenir une relative paix religieuse au sein d'une Europe centrale divisée entre catholiques et protestants, au moment même où les guerres de religion ensanglantaient la France. Ses successeurs ne feront pas mieux puisque débutera, six ans à peine après sa mort, la tragique guerre de Trente Ans.

Ne montrant que peu d'intérêt pour la politique, l'empereur consacra ses efforts à développer le rayonnement culturel de sa nouvelle capitale, Prague, qui devint l'un des plus importants foyers intellectuels et artistiques d'Europe, supplantant Vienne et Madrid. Car Rodolphe était avant tout un homme empreint de l'esprit de la Renaissance, avide de connaissances et passionné par les grandes découvertes. À cette époque où la science côtoyait le surnaturel, où de nombreux savants s'adonnaient à l'astrologie, il se laissa séduire par l'occultisme, et alla jusqu'à pratiquer l'alchimie...

De tous les empereurs Habsbourg,
Rodolphe II est sans doute le plus controversé.

Comment ce souverain prétendument déséquilibré parvint-il à maintenir une paix relative dans son vaste royaume, au milieu des terribles guerres religieuses ? Comment conjugua-t-il les exigences de sa fonction avec la pluralité de ses goûts artistiques et scientifiques, jusqu'à finir par payer de son trône le prix de ses passions éclectiques ?

Depuis la mort de Charles Quint en 1558, les Habsbourg sont divisés en deux branches.

Depuis la mort de Charles Quint en 1558, les Habsbourg sont divisés en deux branches : l'aînée règne sur l'Espagne, les Pays-Bas, la Bourgogne, le Milanais et l'Italie du Sud, tandis que la cadette, qui a conservé la dignité impériale, domine l'ensemble de l'Europe centrale et principalement l'Autriche, la Bohême, le sud de l'Allemagne, ainsi qu'une partie de la Hongrie. Les Habsbourg d'Autriche doivent à cette époque affronter deux menaces. D'abord les Turcs, qui en 1529 ont mis le siège devant Vienne et occupent une grande partie de la Hongrie. Ensuite, la rivalité entre catholiques et protestants, née de la Réforme. Pour éviter que ses États ne soient ravagés par une guerre civile, l'empereur Maximilien II, père de Rodolphe II, a préconisé la cohabitation religieuse et l'apaisement, ce qui lui a valu l'accusation de nourrir de secrètes sympathies pour la Réforme. En octobre 1576, Maximilien décède, d'une maladie contractée à l'issue d'un repas. Intoxication alimentaire ou empoisonnement ? On ne le saura sans doute jamais. Son fils aîné lui succède sur le trône à l'âge de 24 ans, après avoir quelques années plus tôt reçu les couronnes électives de Hongrie et de Bohême.

Le nouveau souverain n'a pas un physique agréable. Menton en galoche (un héritage familial bien connu), visage long et bouffi, Rodolphe paraît engoncé dans sa fraise, cette immense collerette alors à la mode dans les cours européennes. Mais c'est surtout sa personnalité qui trouble, voire inquiète ses proches. Le souverain est timide, rit peu, et il est surtout soumis à une forme d'impulsivité. Il s'exalte souvent pour une idée, avant que son engouement ne s'effondre aussitôt, parfois au cours de la même conversation – au grand désarroi de ses interlocuteurs. Ses prises de position sont brutales et ses accès de colère récurrents. Peu intéressé par le gouvernement, Rodolphe va déléguer l'administration de ses États à ses quatre frères : Ernest, Mathias, Maximilien et Albert.

L'une de ses premières décisions consiste à transférer la capitale de l'empire de Vienne à Prague. Un choix qui n'a rien d'anodin pour ce souverain méfiant de nature : Vienne présente l'inconvénient de demeurer sous la menace directe des Turcs. Rodolphe redoute l'emprise des luthériens dans la ville, certains ayant même osé entrer à cheval dans la cathédrale Saint-Étienne en signe de défi. Prague possède l'avantage d'être située au cœur de la Bohême, la plus riche de ses possessions. En outre, elle jouit de la réputation d'être une capitale du mysticisme et de la magie noire. C'est d'ailleurs à cette époque que naît, au sein de la communauté juive de la ville, la légende du Golem, cette

En 1529, les Turcs mettent le siège devant Vienne et occupent une grande partie de la Hongrie.

créature artificielle à forme humaine animée d'un souffle magique. Son inspirateur, le rabbin Loew ben Bezalel, sera même reçu par l'empereur.

Rodolphe s'installe dans le vieux palais royal du Hradschin, édifié sur la colline qui domine Prague et qui fut en partie détruit en 1541 lors d'un incendie. Affirmant déjà par ce choix son goût pour l'architecture et les arts, Rodolphe va devenir l'un des plus grands mécènes de sa dynastie, encourageant sous son règne le développement d'une cour raffinée. On y rencontre par exemple le musicien flamand Philippe de Monte, ainsi que le peintre allemand Hans von Aachen, dont le style mêle naturalisme flamand et maniérisme florentin. Ce dernier réalise le portrait de l'empereur et décore certaines salles du palais de nus érotiques, fort appréciés du commanditaire. Mais l'artiste le plus réputé de la cour praguoise est sans nul doute le peintre milanais Giuseppe Arcimboldo, auteur de célèbres tableaux atypiques, faits d'ingénieux assemblages de fruits, de légumes, de végétaux ou de divers objets. Sa toile la plus connue demeure le portrait de Rodolphe II en Vertumne (dieu étrusque des récoltes et de l'abondance), réalisé en 1590. À la fois burlesques et iconoclastes, ces peintures inspireront des siècles plus tard les surréalistes.

Portrait de Rodolphe II en Vertumne réalisé par Giuseppe Arcimboldo en 1590.

Parallèlement, l'empereur achète à prix d'or des milliers d'œuvres conçues par les plus grands maîtres de la Renaissance (tels que Léonard de Vinci, Raphaël, le Titien, etc.), ainsi que de précieuses antiquités comme la *Gemma Augustea* ou *Gemme Auguste*, un camée en sardonyx datant du Ier siècle après J.-C. (et acquis pour 12 000 ducats). Il fait aussi réaliser la couronne de la maison de Habsbourg, qui deviendra plus tard la couronne impériale d'Autriche – aujourd'hui l'une des plus chères au monde. Enfin, Rodolphe conserve dans quatre immenses salles de son château d'étonnants trésors : des bijoux, des pierres précieuses, de la vaisselle, des armes, des instruments de mesure, des manuscrits, ainsi qu'une quantité impressionnante d'objets insolites ou exotiques, baptisés « curiosités ». On y découvre pêle-mêle des carapaces de tortues, des figurines en argile, des noix de coco, des moulages de lézards, des plumes colorées, des crânes, des ossements, des animaux hybrides ou difformes. Ces objets sont enfermés dans des cabinets emplis de tiroirs secrets et de pièges, réalisés par les meilleurs ébénistes. Considéré comme le plus beau musée privé d'Europe, ce cabinet de curiosités fait l'orgueil de l'empereur, qui possède également une ménagerie grouillant d'animaux exotiques.

Féru de savoirs en tout genre, Rodolphe attire à Prague les plus grands esprits de son temps, faisant de la ville un phare de la civilisation occidentale. En 1599, il accueille ainsi à sa cour l'astronome danois Tycho Brahe, qui vient de perdre la protection du roi de Danemark, Christian IV. Durant vingt ans et alors que le télescope n'existe pas encore, ce savant a étudié le ciel, recueilli d'innombrables données et démontré pour la première fois le phénomène de réfraction de la lumière. Séduit par son intelligence, l'empereur nomme Brahe mathématicien impérial et fait construire à son intention un observatoire où il lui rend fréquemment visite. Le savant devient vite indispensable à Rodolphe, soignant même la goutte du souverain. En 1600, l'astronome allemand Johannes Kepler, qui a dû fuir Graz (en Styrie) pour échapper aux persécutions contre les protestants, est à son tour accueilli à Prague. Il y devient l'assistant de Brahe. Grâce aux mesures précises effectuées par le Danois, Kepler publiera ses célèbres lois qui prouvent le mouvement des planètes autour du Soleil, devenant ainsi le père de l'astronomie moderne. Lorsque Brahe meurt à Prague en 1601, Rodolphe l'honore de funérailles grandioses. La perte de ce savant hors norme porte un coup terrible à l'esprit du souverain, même si Kepler est là pour remplacer le mathématicien impérial. La table de logarithmes que le savant fera paraître en 1627 est baptisée en hommage à son protecteur *Tabulæ Rudolphinæ* (tables rudolphines).

La table de logarithmes que Kepler fera paraître en 1627 est baptisée en hommage à son protecteur Tabulæ Rudolphinæ.

Le XVIe siècle est l'âge d'or des astrologues qui, à la faveur des Médicis, envahissent les cours européennes. Angoissé par son avenir, Rodolphe II avait consulté Tycho Brahe, adepte lui aussi de cette pratique divinatoire. Or, le calcul du thème astral du souverain a donné lieu à deux prédictions qui vont fortement l'affecter. La première : un de ses proches tentera de l'assassiner ; la seconde : tout mariage lui serait néfaste. Déjà influençable, l'empereur en devient paranoïaque, au point de mettre fin à son projet stratégique d'union avec l'infante Isabelle-Claire-Eugénie, fille aînée de Philippe II d'Espagne, à laquelle il est fiancé depuis sa jeunesse. Après avoir patienté durant près de vingt ans, celle-ci épousera finalement le frère de Rodolphe, l'archiduc Albert. Quant à Rodolphe, il se contentera de quelques favorites, notamment une riche Italienne installée à Prague ou encore la fille de son antiquaire, qui lui donnera de nombreux enfants naturels. Il n'aura en revanche jamais de descendance légitime.

L'empereur met fin à son projet stratégique d'union avec l'infante Isabelle-Claire-Eugénie, filles aînée de Philippe II d'Espagne.

À la Cour, Rodolphe s'est entouré de personnages versés dans les sciences occultes, dont la présence contribue à faire de Prague l'antre réputé de la magie noire. Certains tentent de concevoir des élixirs censés procurer la vie éternelle, d'autres essaient de saisir des « rayons de Lune » pour en extraire un poison. Absorbé par ces expériences, le souverain passe son temps à circuler d'un laboratoire à un autre, surveillant les recherches de ses chers savants. Ceux qui retiennent le plus son attention sont les alchimistes, à la recherche de la mythique « pierre philosophale » permettant de transformer le plomb en or. Fasciné par leur quête, Rodolphe installe les alchimistes impériaux, selon la légende, dans de petites maisons autrefois occupées par les archers de la garde, le long d'une étroite rue descendant au château et surnommée « la ruelle d'Or ».

Rodolphe invite aussi à la Cour le mathématicien anglais John Dee, qui restera plusieurs années à Prague. Tout autant passionné d'alchimie, Dee introduit auprès du souverain son médium, un certain Edward Kelley, qui se prétend capable de produire le précieux métal jaune. Mais on ne joue pas impunément avec les attentes impériales : lorsque, à l'issue de sibyllines manipulations, Kelley ne lui présente que du plomb, Rodolphe décide d'emprisonner l'homme au château de Křivoklát, espérant l'obliger à produire le résultat escompté. Kelley serait mort en tombant d'une tour du château, au cours d'une tentative d'évasion... Notons que parmi les plus mystérieux objets possédés par Rodolphe, se trouve le fameux manuscrit de Voynich, qu'il a acquis pour 600 ducats. Rédigé dans un alphabet encore inconnu, ce livre énigmatique pourrait être un traité d'alchimie. Il demeure aujourd'hui encore l'un des plus célèbres documents de l'histoire de la cryptographie.

Cet aréopage d'alchimistes et de mages plonge l'empereur dans un univers irrationnel, qui le coupe encore davantage de la réalité. Or, celle-ci ne lui est guère favorable. Si Rodolphe est populaire parmi les Tchèques, ce n'est pas le cas chez les Hongrois et surtout les Autrichiens, qui s'estiment dédaignés. En effet, les Viennois n'ont pas accepté de voir leur ville dépossédée de son rang de capitale impériale au profit de Prague. Par ailleurs, la Haute-Autriche est tourmentée par une insurrection paysanne. Sur le plan religieux, Rodolphe tente de juguler les tensions, alors qu'il a laissé dans ses États se développer la Contre-Réforme catholique insufflée par Rome et visant à stopper les progrès du protestantisme. En 1583, il adopte par exemple le calendrier grégorien, institué par le pape Grégoire XIII et qui réduit l'année de onze jours par rapport au calendrier julien. Sous l'influence de l'évêque de Vienne, Melchior Khlesl, il signe en 1590 un décret expulsant les protestants de l'ancienne capitale impériale, alors qu'ils y étaient majoritaires, et laisse le champ libre aux autres congrégations religieuses, en particulier les puissants jésuites qui mènent des campagnes de conversions massives dans toute l'Autriche. À Vienne, des architectes italiens sont chargés de redécorer les églises dans le style baroque, caractérisé par ses rondeurs, ses dorures, ses volutes et sa surcharge monumentale.

En dépit du peu d'intérêt qu'il porte aux affaires publiques, Rodolphe II comprend que cette catholicisation forcée de son empire risque de bouleverser un équilibre déjà fragile et de provoquer une rupture entre les princes protestants et les Habsbourg. À l'instar de son père, il aspire à une réconciliation entre chrétiens, paix d'autant plus essentielle qu'en 1591 la reprise de la guerre contre les Turcs en Hongrie nécessite le concours financier des princes protestants. Mais ses timides tentatives de rapprochement finissent par irriter les deux camps, non seulement les princes catholiques (en premier lieu, le duc de Bavière), mais aussi l'ambassadeur d'Espagne, et jusqu'à ses propres frères. En conséquence, ces derniers complotent ouvertement contre leur aîné, au nom des intérêts catholiques. À partir de 1597, peut-être écœuré par cette ambiance délétère, Rodolphe II voit sa santé se détériorer. Mélancolique et misanthrope, il vit reclus dans son palais, occupé à admirer ses collections et à surveiller le travail de ses orfèvres. Surnommé « le solitaire du Hradschin », il ne daigne même plus recevoir les ambassadeurs étrangers et n'accepte de s'entretenir avec ses ministres que dans ses écuries.

Incapable de prendre des décisions, il devient la cible de son frère Mathias, qui cherche à l'évincer du trône, l'empereur n'ayant pas d'héritier. Installé à Vienne, Mathias a transformé l'ancienne capitale impériale en un foyer d'intrigues destinées à le déstabiliser. Sur les conseils de Melchior Khlesl, il multiplie les requêtes auprès des différentes diètes (assemblées) pour obtenir la destitution de Rodolphe, qu'il accuse d'inaptitude. Lorsque, au printemps 1608, Mathias pousse ses troupes en Moravie, l'empereur est contraint de lui laisser la couronne de Hongrie, ainsi que celles d'Autriche et de Moravie. Pour conserver le soutien des Tchèques, il décide le 9 juillet 1609 d'octroyer la liberté religieuse aux non-catholiques dans le royaume de Bohême, par un célèbre document appelé la « lettre de Majesté », comparable à notre édit de Nantes. Les protestants tchèques disposent désormais d'une véritable autonomie et de leur propre diète. Dans le même temps, Rodolphe menace de choisir pour héritier son cousin, Léopold, prince-évêque de Passau. Mais, en 1610, l'intervention armée de ce dernier en Bohême se solde par de terribles exactions, ne faisant que dresser la population contre Rodolphe. Exploitant la situation, Mathias obtient le soutien de la diète de Bohême, après avoir promis de respecter la lettre de Majesté.

Incapable de prendre des décisions, Rodolphe II devient la cible de son frère Mathias, qui cherche à l'évincer du trône.

Abandonné de toutes parts, Rodolphe II n'a d'autre choix que de céder à son frère la couronne de Bohême, sa dernière. Celui-ci la coiffe de manière officielle le 26 mai 1611. Malade et isolé, Rodolphe ne conserve plus que le titre honorifique d'empereur. Il s'enferme définitivement dans son château de Hradschin, où sa présence est tolérée depuis l'abdication. On raconte qu'il aurait crié depuis sa fenêtre : « Prague,

Le nouvel empereur, Mathias Ier, ne daignera pas venir saluer la dépouille de son frère.

ville ingrate, tu as été élevée par moi et aujourd'hui tu renies ton bienfaiteur ! Puisse la vengeance de Dieu te poursuivre ainsi que toute la Bohême ! » Au matin du 20 janvier 1612, il s'éteint dans la plus complète solitude. Il se dit que, dans son état de profonde dépression, un ultime chagrin lui fut fatal : la mort de son lion et de ses deux aigles, qu'il avait toujours nourris lui-même. Quant au nouvel empereur, Mathias Ier, il ne daignera pas venir saluer la dépouille de son frère, se contentant d'envoyer à sa place son épouse, Anne du Tyrol.

L'ÉNIGMATIQUE MANUSCRIT DE VOYNICH

Grand protecteur des arts et des sciences, Rodolphe II acquiert en 1586 le célèbre manuscrit dit « de Voynich ». Aujourd'hui conservé à la bibliothèque de l'université de Yale aux États-Unis, ce texte de source indéterminée, rédigé sur du vélin dans un alphabet inconnu, continue de défier les spécialistes. S'agit-il d'un traité d'alchimie sur la pierre philosophale ou la fontaine de Jouvence ? D'une œuvre de pure imagination ? Ou d'une magnifique supercherie ?

Toutes les théories s'affrontent, sans vraiment convaincre. Le manuscrit comporte plus de 200 pages de texte abondamment enluminé et illustré. Malheureusement, les 170 000 caractères qui le composent ne ressemblent à aucune langue connue. Les dessins, moins réalistes qu'allégoriques, s'inscrivent dans la vieille tradition picturale du Moyen Âge. Certaines sections apparaissent consacrées à la botanique, sans qu'aucune des plantes soit identifiable, à l'astrologie ou à des recettes de cuisine…
Portant le nom de l'antiquaire new-yorkais qui l'acheta en 1912 en Italie, le manuscrit ne dévoile pas celui du ou des auteurs originaux. On a d'abord évoqué Jacob de Tepenec (1575-1622), qui l'aurait en tout cas consulté à Prague lorsqu'il fut nommé en 1608 chimiste à la cour de Rodolphe II (accessoirement pour soigner la « mélancolie » du souverain). Une piste bien antérieure cite Roger Bacon (1214-1294), philosophe et savant anglais surnommé *doctor mirabilis* (savant admirable). Selon une autre hypothèse, Léonard de Vinci (1452-1519) en personne aurait mené avec l'écriture de ce document sa première tentative de codage. Mais la datation des pages au carbone 14 indique une composition aux alentours de 1420, soit trente ans avant la naissance du génial inventeur… Le mystère reste donc entier !

OLIVER CROMWELL,

HÉROS OU TYRAN RÉGICIDE ?

Le 30 janvier 1661, le peuple anglais assistait à une singulière exécution : la pendaison durant trois jours du cadavre d'Oliver Cromwell, exhumé et condamné plus de deux ans après sa mort. La dépouille fut ensuite décapitée et la tête de l'ancien Lord Protecteur exposée sur un pieu, près de l'endroit même où, douze ans plus tôt, il avait fait exécuter le roi d'Angleterre Charles Ier. Cette scène macabre marquait l'annihilation du personnage le plus controversé de l'histoire du Royaume-Uni – dont la statue trône aujourd'hui encore dans les jardins de Westminster.

Oliver Cromwell fut d'abord l'artisan principal de la victoire du Parlement anglais contre l'absolutisme du roi Charles Ier. Il initia la première et seule expérience républicaine en Angleterre, un siècle et demi avant la France. Cependant, ce héros de la liberté se rendit aussi coupable d'effroyables exactions sur les populations civiles irlandaises et instaura une dictature sur les îles britanniques, réprimant avec force toute opposition. D'une personnalité complexe, voire contradictoire, Cromwell était avant tout un mystique, capable de prononcer durant plus de quatre heures des discours truffés de références bibliques. D'aucuns soutiennent qu'en devenant régicide, il se souciait moins de gagner le pouvoir suprême que de mener le peuple anglais vers la liberté.

Oliver Cromwell, le Lord Protecteur,
dont la statue trône aujourd'hui encore dans les jardins de Westminster.

Comment cet obscur député provincial, inconnu durant les quarante premières années de sa vie, parvint à régner sur l'Angleterre à l'égal d'un roi sans même en acquérir le titre ? Idéalisme politique ou ferveur religieuse, quelles étaient ses motivations ? Et pourquoi, en dépit de ce terrible châtiment posthume, demeure-t-il un héros national ?

Le roi Charles Ier se rend rapidement impopulaire en raison de son mariage avec une catholique et de ses penchants absolutistes.

Oliver Cromwell naît en 1599 à Huntingdon (Cambridgeshire), au nord de Londres. Issu d'une famille de *gentlemen farmers* désargentés, il descend de la sœur du célèbre ministre de Henri VIII, Thomas Cromwell, emprisonné à la tour de Londres puis décapité après sa disgrâce. Le jeune Oliver suit des études au *Sidney Sussex College* de Cambridge,

Le 1er décembre 1641, le roi se voit présenter une « Grande Remontrance », revendiquant le droit de récuser les conseillers royaux et de contrôler l'armée.

un établissement alors dominé par les puritains, ces protestants anglais d'inspiration calviniste et farouches opposants aux catholiques. Tout acquis à leur cause, il se consacre à ses deux passions : la lecture de la Bible et le dressage des chevaux. Marié à Elizabeth Bourchier, la fille d'un riche marchand, il exerce le métier de juge dans la ville d'Ely, acquérant la réputation d'un homme juste et intègre. Sa carrière politique commence en 1628, lorsqu'il est élu pour la première fois à la Chambre des communes. Monté sur le trône à peine trois ans plus tôt, le roi Charles Ier se rend rapidement impopulaire, en raison de son mariage avec une catholique et de ses penchants absolutistes. Face à une opposition virulente, le souverain décide l'année suivante de dissoudre le Parlement et de gouverner seul. Contraint d'abandonner son mandat de député, Cromwell est désemparé. Il envisage d'émigrer en Amérique, comme l'ont fait neuf ans plus tôt les Pères pèlerins du fameux *Mayflower*. Renonçant à ce projet, il continue de s'impliquer dans sa ville, où il a hérité de la fonction rémunératrice de collecteur des impôts de la cathédrale d'Ely. En 1640, un soulèvement éclate en Écosse. Après onze années de pouvoir personnel, Charles Ier n'a d'autre choix que de convoquer un nouveau parlement, afin de lever des impôts supplémentaires et résoudre ses problèmes financiers. Par la même occasion, Cromwell retrouve son siège. Comme lui, la plupart des députés sont alors des gentilshommes campagnards puritains réclamant une totale libertéreligieuse et la décentralisation de l'Église d'Angleterre, sans évêque ni tutelle royale.

À la tribune, Cromwell ne tarde pas à s'imposer comme l'un des adversaires les plus acharnés du pouvoir royal. En mai 1641, le Parlement obtient la condamnation à mort du principal conseiller du roi, Thomas Wentworth, au terme d'un procès inique. Le 1er décembre 1641, le roi se voit présenter une « Grande Remontrance », revendiquant le droit de récuser les conseillers royaux, et de contrôler l'armée. Jugeant que ces propositions réduisent ses prérogatives, il refuse catégoriquement et, quelques semaines plus tard, se présente lui-même devant le Parlement pour ordonner l'arrestation de cinq de ses leaders, dont le populaire John Pym. Ces hommes bénéficiant du soutien des milices bourgeoises, le monarque perd de fait toute autorité et se trouve contraint de quitter son palais londonien pour se réfugier à Oxford entouré de ses partisans. Entre les deux camps, le conflit armé est désormais inévitable.

Durant l'été, chacun fourbit ses armes. Le Parlement forme sa propre troupe, placée sous le commandement d'Arthur Capel. De son côté, le roi lève son étendard à

L'armée parlementaire obtient sa première victoire, le 2 juillet 1644, lors de la bataille de Marston Moor, où Cromwell s'illustre particulièrement.

Nottingham le 22 août, marquant le commencement officiel de la guerre civile. Les événements tournent d'abord à l'avantage des armées royales, qui remportent la bataille d'Edgehill, grâce à la redoutable cavalerie dirigée par le prince Rupert du Rhin, neveu du roi et fils de l'électeur palatin Frédéric V. Les parlementaires conservent néanmoins le contrôle de Londres et des régions les plus riches, situées au sud et à l'est.

Dès le déclenchement des hostilités, Cromwell considère le conflit comme une lutte religieuse et décide de s'y impliquer. Alors qu'il ne jouit d'aucune expérience militaire, il crée un régiment avec près de 800 engagés volontaires de sa région. Surnommés les *Ironsides* (« Côtes de fer »), ses hommes se distinguent par leur grande discipline, mais aussi leur fanatisme religieux. Quant à leur meneur, il se révèle un grand chef militaire et se voit attribuer le titre

Les parlementaires écrasent les royalistes à la bataille de Naseby, le 14 juin 1645.

de lieutenant général en janvier 1644. Bénéficiant dès lors de l'alliance des Écossais, l'armée parlementaire obtient sa première grande victoire, le 2 juillet 1644, lors de la bataille de Marston Moor, où la cavalerie dirigée par Cromwell s'est particulièrement illustrée. Son camp contrôle désormais le nord de l'Angleterre. À la faveur de ce succès, le nouveau lieutenant général se persuade qu'il est le favori de Dieu, un nouveau Moïse. S'appuyant sur ses compétences, le Parlement charge Cromwell de réorganiser entièrement leur armée, quasiment dépourvue d'encadrement, afin d'en faire un corps professionnel aussi discipliné et déterminé que les *Ironsides*. Baptisée *New Model Army* et forte de 20 000 hommes (dont 6 000 cavaliers), cette armée est officiellement placée sous le contrôle du général Thomas Fairfax, avec Cromwell comme chef naturel.

Le roi est fait prisonnier au château de Carisbrooke.

Le 14 juin 1645, les parlementaires écrasent les royalistes à la bataille de Naseby, confirmant le retournement de situation. Des milliers de fantassins sont faits prisonniers et une grande partie de leur artillerie passe entre les mains des soldats de Cromwell. En avril 1646, la *New Model Army* marche sur Oxford et en chasse le roi, qui préfère se rendre aux Écossais. Charles Ier cherche à gagner du temps, conscient que le Parlement est divisé en deux tendances : d'un côté, les presbytériens qui tentent d'imposer en Angleterre une Église protestante d'inspiration calviniste (semblable à celle qui existe en Écosse) et, de l'autre, les indépendants, dont fait partie Cromwell, et qui préconisent l'autogestion des multiples Églises. Malgré ce désaccord interne, les premiers éléments d'une réforme religieuse sont votés. C'est ainsi que l'épiscopat est supprimé et la liturgie anglicane abolie. De même, le Livre des prières communes, créé au siècle précédent, est remplacé

par un Guide des cultes publics, d'inspiration calviniste, et qui réaffirme le dogme de la prédestination. Le vent a tourné pour les royalistes. En février 1647, les Écossais acceptent de livrer Charles Ier au Parlement, moyennant une énorme rançon. Le roi est alors placé en résidence surveillée à Holdenby House.

Pour les parlementaires, le danger principal réside désormais dans l'armée, avec ces dizaines de milliers de soldats à entretenir et qui n'entendent pas se laisser déposséder de leur victoire. Cherchant à s'en débarrasser, les députés décident de les envoyer en Irlande, ce qui provoque aussitôt un soulèvement des militaires. À l'instigation de Cromwell, l'armée va alors se constituer en un corps politique : le Conseil militaire regroupe officiers et hommes de rang et est composé de commissaires (les *agitators*) élus par les divers régiments. Dans cette nouvelle organisation, se développe une fraction radicale, menée par le colonel John Lilburne et dont le culte pour l'égalité vaut à ses partisans le surnom de « niveleurs ». Ces derniers exigent une réforme en profondeur du Parlement, avec une représentation équitable, un renouvellement tous les deux ans, une Constitution écrite et le suffrage universel.

Le 2 juin 1647, le Conseil militaire fait enlever Charles Ier de sa résidence surveillée pour son quartier général à Newmarket. Le but est de laisser Cromwell mener directement des négociations avec le souverain, sans passer par le Parlement. Transféré au château de Hampton Court, le roi s'en évade en novembre et rejoint l'île de Wight, où il est à nouveau fait prisonnier au château de Carisbrooke. Depuis sa cellule, Charles Ier signe un accord secret avec les Écossais, leur promettant de faire du presbytérianisme la religion officielle de l'Angleterre durant trois ans si ceux-ci acceptent d'envahir son royaume. Au printemps 1648, les

Le 30 janvier 1649, Charles Ier est assassiné, devenant un martyr aux yeux des catholiques et des anglicans.

Écossais attaquent le nord de l'Angleterre, tandis que des insurrections antiparlementaires éclatent dans plusieurs autres régions. Mais les troupes écossaises et leurs alliés royalistes sont défaits par Cromwell le 17 août 1648, à la bataille de Preston.

Contrairement à la majorité des parlementaires, le chef militaire tient à ce que le roi, coupable de trahison pour avoir pactisé avec l'Écosse, soit jugé comme un criminel. Pour rallier le Parlement à son avis, il décide de le purger de ses éléments les plus modérés. Le 6 décembre 1648, le colonel Thomas Pride se charge de la besogne : se postant avec ses troupes devant le Parlement de Westminster, il interdit l'entrée à près de 230 députés. Les 80 députés restants, formant le « Parlement croupion », votent pour la mise en jugement du roi et mettent en place une Haute Cour de justice chargée de juger Charles Ier. Le souverain comparaît à partir du 20 janvier. Contestant la légitimité du tribunal, il refuse de se défendre. Sept jours plus tard, il est condamné à mort – une sentence ratifiée par Cromwell. Le 30 janvier 1649, Charles Ier est décapité, devenant un martyr aux yeux des catholiques et des anglicans. En mars, la monarchie est abolie. Et, le 19 mai 1649, le royaume devient une république, baptisée *Commonwealth* – car censée œuvrer pour le « bien commun ».

Le pouvoir exécutif revient désormais à un Conseil d'une quarantaine de membres, sous la surveillance constante de l'armée. Maître à la fois du Parlement et de l'armée, Cromwell est devenu le nouvel homme fort du pays. À peine installé, son pouvoir est défié par une triple insurrection : en Irlande, en Écosse et en Angleterre même, où les royalistes n'ont pas encore abandonné la lutte. Avant de réprimer les rebelles, Cromwell commence par étouffer un soulèvement provoqué par les niveleurs, qui refusent d'aller combattre en Irlande. En mai, il capture à Burford près de 300 d'entre eux et les contraint à assister à l'exécution de leurs leaders. Cet épisode sanglant met une fin radicale à la révolte.

Débarrassé des mutins et investi des titres de commandant en chef et gouverneur général d'Irlande, Cromwell peut dès lors envahir cette île à majorité catholique, qu'il considère comme un bastion du papisme. Arrivé à Dublin en août, il s'empare de Drogheda au nord et, le 11 septembre 1649, se livre à un épouvantable massacre de la garnison : il fait brûler vifs plusieurs centaines de civils

Le 20 avril 1653, Cromwell envoie ses troupes disperser le Parlement croupion.

dans l'église où ils s'étaient réfugiés ! Un second massacre de population a lieu en octobre à Wexford, où par centaines des hommes et des femmes de tout âge sont impitoyablement passés au fil de l'épée ou périssent noyés en tentant de s'enfuir. La conquête s'achève au printemps 1650 et la colonisation de l'Irlande s'organise. La majeure partie des propriétaires catholiques ou royalistes sont dépossédés de leurs domaines (redistribués à des vétérans anglais et des colons protestants), pour être réinstallés sur des propriétés plus modestes, situées dans les parties les moins fertiles de l'île. De nombreux évêques ou prêtres catholiques sont également chassés.

Promu capitaine général (ce qui lui permet de diriger toutes les forces de la République), Cromwell peut s'attaquer aux insurgés écossais. Ces derniers ont poussé l'affront jusqu'à

Après la Restauration, les cadavres de Cromwell, du général Henry Ireton et du juge John Bradshaw sont exhumés et leurs têtes embrochées sur le toit de la Maison des Banquets du palais de Westminster.

reconnaître le fils de Charles Ier (le futur Charles II) « roi de Grande-Bretagne ». Le 3 septembre 1650, les Écossais sont écrasés à la bataille de Dunbar. Un an plus tard, jour pour jour, Cromwell triomphe à nouveau à Worcester, mettant fin à la guerre. L'Écosse est désormais soumise et des garnisons anglaises sont installées partout dans le pays. Les îles britanniques pacifiées, Cromwell entre triomphalement à Londres, bien décidé à se débarrasser des parlementaires qui menacent son autorité.

Le 20 avril 1653, il envoie ses troupes disperser le Parlement croupion, qu'il remplace par une nouvelle assemblée de 140 membres, tous désignés par l'armée. C'est le Parlement des *Barebones* (littéralement « de l'os décharné »), d'après le nom cocasse de l'un de ses membres.

Le 15 décembre 1653, la première (et seule) Constitution écrite de l'histoire de l'Angleterre est votée. Baptisée *Instrument of Government*, elle confère à Cromwell le titre à vie de « Lord Protecteur » du Commonwealth, rassemblant l'Angleterre, l'Écosse et l'Irlande sous un Parlement unique composé de 460 membres, désignés pour trois ans. Cromwell se voit assisté d'un conseil de vingt et un membres, dont six directement désignés par lui.

Si le Parlement fait la loi, Cromwell exerce la totalité du pouvoir en vertu de son droit de veto et en s'appuyant sur une armée permanente de 40 000 hommes. Son régime dictatorial se révèle encore plus autoritaire que l'ancienne monarchie, imposant une lourde censure et un moralisme oppressant. Les soldats sont chargés de vérifier que les jeûnes mensuels sont respectés. Le blasphème est proscrit, le repos dominical devient obligatoire, les théâtres, cabarets et maisons closes sont fermés, les fêtes et les courses de chevaux interdites, et les femmes adultères condamnées à mort ! En janvier 1655, Cromwell va jusqu'à dissoudre le Parlement qu'il a lui-même créé. Ainsi, avec l'appui de l'armée, il gouverne seul durant deux ans. Il tente ensuite de restaurer un parlement à deux chambres, qu'il finira par renvoyer comme les précédents, en février 1658.

Si Cromwell a renoncé à prendre le titre de roi en mai 1657, il a néanmoins obtenu le droit de désigner officiellement son successeur, à savoir son propre fils, Richard. Malgré des difficultés économiques et un important déficit, la dictature du Lord Protecteur s'est accompagnée de grands succès en termes de politique extérieure. Cromwell a permis à l'Angleterre de poser les jalons de sa domination maritime en remportant la première guerre anglo-hollandaise et en signant des traités de commerce avantageux avec le Portugal, la Suède et le Danemark. Grâce à lui, l'Angleterre a chassé les Espagnols de la Jamaïque et conclu une alliance avec la France de Mazarin, ce qui permettra aux Britanniques d'obtenir le précieux port de Dunkerque. Sur le plan religieux, Cromwell a mené une politique relativement tolérante – exception faite du catholicisme – en autorisant en 1656 le retour en Angleterre des Juifs, expulsés par Édouard Ier en 1290.

Il meurt le 3 septembre 1658, jour anniversaire de ses grandes victoires de Dunbar et de Worcester. Il est inhumé à l'abbaye de Westminster, où sont enterrés la plupart des souverains d'Angleterre. Son fils Richard ne parviendra pas à empêcher la restauration de la monarchie, qui renaît à peine deux ans plus tard. Elle se vengera à titre posthume des sanglants méfaits du tyran. La vengeance est un plat qui se mange froid.

LE PALAIS ROYAL DE HAMPTON COURT

Situé dans le district de Richmond upon Thames au sud-ouest de Londres, le château de Hampton Court est l'un des palais d'État de la Couronne britannique. Après avoir traversé plus de sept siècles d'histoire, cette somptueuse résidence regroupe deux palais. Le visiteur entre d'abord dans le palais Tudor, reconnaissable à ses briques vermeilles, avant d'accéder au palais baroque, entouré de plus de 24 hectares de jardins – incluant le plus ancien labyrinthe végétal d'Angleterre, aménagé à la fin du XVIIe siècle par George Landon et Henry Wise.

À cette époque, le palais se fait prison : l'armée d'Oliver Cromwell y enferme Charles Ier en 1649. Prenant ses aises, le Lord Protecteur s'installe en 1657 dans les appartements royaux, réservant à son usage personnel la chambre jusque-là dévolue à la reine.
Mais le plus célèbre résident de Hampton Court restera Henri VIII. À partir de 1528, le « Barbe-Bleue » aux six épouses entreprend de nombreux travaux dans le château, lui conférant luxe et modernité. Il fera même redécorer sa suite personnelle une douzaine de fois ! D'ailleurs, le monarque a tant marqué les lieux qu'il ne les aurait peut-être jamais quittés, hantant aujourd'hui encore le palais. Son fantôme aurait même été filmé par l'une des caméras de vidéosurveillance le 21 décembre 2003, en train de fermer les portes d'une des issues de secours… avant de filer à l'anglaise.

MADAME DE SÉVIGNÉ,

ÉPISTOLIÈRE ET MÈRE

Dans l'histoire de la littérature française, Mme de Sévigné est un modèle incroyable. Celle qui n'a écrit que des lettres privées, et s'est éteinte sans en avoir publié une seule, est devenue malgré elle, après sa disparition, l'initiatrice et la maîtresse incontestée de l'art épistolaire français. Régulièrement rééditées et enrichies depuis le XVIIIe siècle, les *Lettres de Madame de Sévigné* sont considérées à juste titre comme une œuvre classique, ce qui vaut à son auteure de figurer depuis un siècle dans les programmes scolaires. Dans son cas, le terme de « belles lettres » est à prendre dans son double sens !

Si les célèbres missives demeurent aujourd'hui un inépuisable réservoir d'informations et de citations pour les historiens, elles étaient à l'origine uniquement destinées à la fille de la marquise, la comtesse de Grignan. Contrainte de rejoindre la Provence, celle-ci était alors séparée de sa mère par plusieurs centaines de kilomètres. Or, c'est bien l'amour maternel qui poussera l'épistolière à inventer une écriture conciliant la réserve que lui imposaient son époque et son éducation avec sa prédisposition naturelle à l'épanchement sentimental. D'ailleurs, l'un de ses premiers lecteurs publics livrera ce commentaire : « Ce sont des lettres où il y a plus de passion que les amants n'en ont dit depuis que l'on a commencé d'aimer. »

Aujourd'hui encore, les lettres de Mme de Sévigné demeurent un inépuisable réservoir d'informations et de citations pour les historiens.

Quelles circonstances ont amené la marquise de Sévigné à devenir une figure incontournable des salons parisiens ? Pourquoi cette correspondance entre une mère et sa fille a-t-elle pris une telle importance dans notre histoire littéraire ? Enfin, comment le hasard a-t-il permis à cette œuvre privée d'échapper à quelques censeurs mal inspirés ?

C'est en 1626 que Marie de Rabutin-Chantal voit le jour, dans une maison de l'actuelle place des Vosges, située dans le quartier du Marais où elle passera la plus grande partie de son existence. Son père, le baron de Chantal, est un aristocrate bourguignon, réputé pour son caractère intrépide ; il meurt au combat un an après sa naissance, lors de la défense de l'île de Ré assiégée par les Anglais pour venir en aide aux protestants de La Rochelle. Sa grand-mère paternelle n'est autre que Jeanne de Chantal, fondatrice avec François de Sales de l'ordre de la Visitation et plus tard canonisée par l'Église catholique. Orpheline de mère à 6 ans, Marie est prise en charge par sa famille maternelle, les Coulanges, des bourgeois enrichis grâce à la collecte de la gabelle. Ils lui dispensent une éducation brillante et raffinée dans leur magnifique demeure parisienne. Privée de l'enseignement classique, réservé aux garçons, l'adolescente trouve les moyens de compenser une ardente curiosité intellectuelle, qu'elle conservera jusqu'à la fin de ses jours. Elle apprend ainsi l'italien – lisant dans le texte les grands poètes de la Renaissance comme le Tasse ou l'Arioste –, l'espagnol, la danse, le chant et l'équitation. Initiée à la littérature, la jeune fille se passionne pour les longs romans publiés par La Calprenède ou Madeleine de Scudéry. Si le grammairien Gilles Ménage et le poète Jean Chapelain n'ont pas été ses précepteurs, comme on l'affirme parfois, ils font en revanche partie de son entourage, la familiarisant avec l'univers des salons et des gens de lettres.

À 18 ans, Marie épouse Henri de Sévigné, un séduisant et téméraire marquis breton.

Héritière richement dotée et fort convoitée, Marie échappe au couvent auquel la destinait sa pieuse grand-mère, grâce à la vigilance des Coulanges. Elle épouse à 18 ans Henri de Sévigné, un séduisant marquis breton, aussi téméraire que son défunt père. Séjournant régulièrement au château des Rochers situé à proximité de Vitré en Ille-et-Vilaine, le jeune couple a deux enfants : Françoise-Marguerite (née en 1646) et Charles (né en 1648). Mais le marquis de Sévigné se révèle un inlassable coureur de jupons, qui entretient – entre autres – une liaison avec la célèbre courtisane Ninon de Lenclos. De son côté, la marquise aime aussi plaire aux hommes, bien que refusant de s'offrir à ses soupirants.

Durant la Fronde, le marquis de Sévigné, qui est parent avec le cardinal de Retz, se rallie aux contestataires. Parallèlement, avec les 100 000 écus de la dot de sa femme, il achète la charge de gouverneur de Fougères. Il s'apprête à s'établir en Bretagne lorsqu'il est tué au cours d'un duel, en février 1651, pour les beaux yeux d'une autre femme que la sienne, Mme de Gondran. À 25 ans, la marquise de Sévigné se retrouve veuve et mère de deux enfants. Heureusement, elle a pu préserver une partie de sa fortune, gérée par son oncle, l'abbé de Coulanges dit le « Bien Bon », ce qui lui garantit une certaine aisance financière. Elle se détourne alors de la Bretagne et du château des Rochers pour opérer

Devenue une figure incontournable des salons parisiens, son esprit, son art de la conversation et son charme séduisent hommes et femmes.

son retour dans la capitale, où elle va incarner une figure incontournable des salons parisiens. Dans ces cercles brillants, animés par la marquise de Rambouillet ou Madeleine de Scudéry, l'esprit de la marquise, sa gaieté, son art de la conversation et son charme naturel séduisent autant les hommes que les femmes. Elle compte pour amis La Rochefoucauld, Mme de La Fayette, la Grande Mademoiselle (cousine de Louis XIV) ou encore Mme Scarron, future Mme de Maintenon.

C'est peu dire que la marquise de Sévigné devient une personnalité recherchée ! Madeleine de Scudéry va s'en inspirer pour le personnage de la princesse Clarinte dans son roman *Clélie, histoire romaine*, tandis que Mme de

La Fayette la cite dans un recueil de portraits et d'éloges. Elle est même courtisée par les plus hauts personnages de l'État. Parmi eux, le maréchal de Turenne, le surintendant des Finances Abel Servien et, surtout, le célèbre Nicolas Fouquet, alors en pleine ascension politique. C'est d'ailleurs chez lui que la marquise rencontre deux de ses auteurs favoris : Corneille et La Fontaine. Lorsque, en septembre 1661, l'imprudent Fouquet est arrêté sur ordre de Louis XIV, on retrouve dans ses cassettes de nombreuses lettres galantes, dont plusieurs rédigées par Mme de Sévigné. Seule personne autorisée à lire la correspondance de son ministre déchu, le Roi-Soleil confiera les avoir trouvées fort plaisantes et d'une qualité supérieure au reste des missives. C'est peut-être la raison pour laquelle, au cours des années suivantes, Mme de Sévigné est conviée à danser à plusieurs ballets royaux mis en musique par Lully : le *Ballet des Arts* en 1663 et le *Ballet des Amours déguisés* en 1664.

Lors de l'ouverture du procès de Fouquet, à la fin de l'année 1664, Mme de Sévigné produit la première grande série de lettres que nous connaissons aujourd'hui. Nourries de ses commentaires sur les audiences, elles sont adressées à son ami Simon Arnauld de Pomponne. On y distingue déjà son sens de la formule et un talent certain pour camper un personnage ou ridiculiser un adversaire. Au même moment est publié le roman satirique du cousin de la marquise, Roger de Bussy-Rabutin : *Histoire amoureuse des Gaules*. Or, ce pamphlet relatant les frasques de la Cour, publié à l'insu de son auteur, contient une charge contre Mme de Sévigné, dépeinte comme « inégale jusqu'aux paupières et aux prunelles de ses yeux ». En réalité, la diatribe a été écrite sous le coup de la colère plusieurs années auparavant, parce que la marquise avait refusé de prêter à son cousin de l'argent pour lever des troupes. Si, à l'époque, Mme de Sévigné lui pardonne aisément ce por-

S'engage alors avec son cousin Roger de Bussy-Rabutin un vif échange épistolaire, plein d'esprit et de complicité.

trait peu flatteur, elle a en revanche beaucoup de mal à excuser sa diffusion. Elle engage alors un vif échange épistolaire avec son cousin – auquel la publication du livre vaut treize mois d'embastillement pour outrage à la famille royale. Commençant par de longs éclaircissements sur leur querelle passée, leur correspondance se transforme en une brillante joute oratoire, pleine d'esprit et de complicité. C'est ainsi que la marquise fait son apprentissage d'épistolière et découvre le plaisir d'écrire. Avec 136 lettres répertoriées, Roger de Bussy-Rabutin sera le second correspondant de la marquise (et le seul dont on ait conservé les réponses). Il rendra plus tard à sa cousine un hommage inspiré, écrivant à son sujet : « L'air qu'elle souffle est plus pur que l'air qu'elle respire. »

Mme de Sévigné refuse pourtant toutes les occasions de remariage qui se présentent, préférant reporter sa tendresse sur ses enfants, et en particulier sur sa fille, Françoise-Marguerite, surnommée « la plus jolie fille de France ». Durant plusieurs années, Françoise va ensorceler la Cour en dansant dans les ballets royaux, avant de tomber en disgrâce. À en croire La Fontaine, la jeune fille se serait montrée insensible aux avances du Roi-Soleil. En

1669, elle épouse le comte de Grignan, déjà deux fois veuf, mais qui appartient à la meilleure aristocratie provençale. Un an après leur mariage, nommé lieutenant général en Provence, le comte part remplir sa charge dans le Midi. Enceinte, la comtesse demeure un temps à Paris, puis part rejoindre son mari, le 4 février 1671, après avoir accouché de sa fille. Pour la marquise de Sévigné, être séparée de Françoise est un traumatisme qui réactive le sentiment d'abandon éprouvé dans sa jeunesse en devenant orpheline. Deux jours plus tard, au lendemain de ses 45 ans, elle confie son désespoir : « Ma douleur serait bien médiocre si je pouvais vous la dépeindre [...]. Il me semblait qu'on m'arrachait le cœur et l'âme et, en effet, quelle rude séparation ! [...] toutes mes pensées me faisaient mourir. »

Ainsi débute l'une des plus célèbres correspondances de l'Histoire de France. Désormais, la marquise ne vivra plus que pour écrire. Qu'elle soit à Paris, dans son château des Rochers, en cure à Vichy pour soigner ses rhumatismes ou en voyage, elle prend la plume et adresse à sa fille une lettre à chaque jour de poste, c'est-à-dire deux à trois fois par semaine, selon les lieux. Et la comtesse de Grignan de lui répondre avec la même fréquence, parvenant à manifester par écrit une certaine tendresse que sa nature peu expansive l'empêchait d'exprimer en sa présence. Malheureusement, une seule voix a subsisté de ce dialogue, les lettres de Mme de Grignan ayant été détruites. Dans les siennes, Mme de Sévigné invente un style original, adoptant un langage parlé éblouissant dont le mouvement d'ensemble demeure aussi léger qu'une conversation de salon. Cette œuvre d'une incroyable richesse, pleine d'anecdotes truculentes, de bons mots et de portraits piquants, n'a pourtant jamais été destinée à la publication, et la comtesse de Grignan en est restée jusqu'à la fin la seule et unique destinataire. Si l'expression de l'amour maternel

La comtesse de Grignan parvient à manifester par écrit une certaine tendresse que sa nature peu expansive l'empêchait d'exprimer de vive voix.

constitue l'inspiration de cette correspondance, on y trouve bon nombre de méditations religieuses, des chroniques du Paris mondain et de la cour de Versailles, des conseils médicaux, des commentaires de lecture, des réflexions financières, des propos sur la mode ou de simples jeux de conversation. La marquise rapporte aussi bien des anecdotes liées à son quotidien que les grands événements historiques qui marquent son époque (comme l'arrestation du duc de Lauzun, le passage du Rhin par les troupes françaises en 1672, la mort de Turenne ou encore l'affaire des Poisons).

Mme de Sévigné possède le génie de transformer le moindre fait en sujet de conversation, et elle n'oublie jamais de s'enquérir de la santé fragile de sa fille et de lui déclarer son affection. Par exemple, alors qu'elle relate un jour l'incendie de la maison voisine, elle termine sa lettre par ces mots : « Voilà bien des lanternes, ma chère enfant, mais toujours dire que je vous aime, que je ne songe qu'à vous, que je ne suis occupée que de ce qui vous touche, que jamais personne n'a été aimée si chèrement que vous, que vous êtes le charme de ma vie, cette répétition vous ennuierait. » Devant cet inconsolable chagrin, on pourrait penser que mère et fille ne se sont jamais revues après le départ de cette dernière en Drôme provençale. Il n'en est rien ! La marquise rend plusieurs fois visite à sa fille dans son château familial de Grignan, tandis que la comtesse séjourne souvent auprès de sa mère, à Paris, à l'hôtel Carnavalet où la marquise réside. On trouve d'ailleurs, dans cet hôtel particulier devenu un illustre musée, son secrétaire en laque noire et motifs dorés, fidèle témoin de leur précieuse correspondance. Les deux femmes passeront ainsi dix-sept années ensemble, seulement séparées à neuf reprises, pour une durée totale de huit ans et cinq mois.

La marquise rend plusieurs fois visite à sa fille dans son château familial de Grignan.

L'année 1680 marque un tournant dans la vie de Mme de Sévigné. En mars décède son grand ami La Rochefoucauld – une perte qui l'affectera profondément. Approchant de la soixantaine, en quête d'un sens à donner à son

C'est près de sa chère fille que Mme de Sévigné s'éteint, le 17 avril 1696, à 70 ans.

existence, elle retrouve la foi et délaisse les romans pour la théologie et les ouvrages de piété. Tentée par la rigueur janséniste, la marquise découvre les *Essais de morale* de Pierre Nicole, qui la conduisent à lire saint Augustin. Ses lettres deviennent graves, plus profondes. Elle en témoigne : « Il me semble que j'ai été traînée, malgré moi, à ce point final où il faut souffrir la vieillesse ; je la vois, m'y voilà, et je voudrais bien au moins ménager de ne pas aller plus loin, de ne point avancer sur le chemin des infirmités, des douleurs, des pertes de mémoire, des défigurements qui sont près de m'outrager. » La marquise est également confrontée aux difficultés financières. Il faut dire que le mariage de son fils Charles lui a coûté une partie de sa fortune. La situation de la comtesse de Grignan n'est guère plus favorable, mise en péril par les dépenses excessives engagées par son mari pour tenir leur rang. Le couple sera contraint de marier leur fils à une roturière, fille d'un richissime fermier des impôts : « Il faut bien mettre du fumier sur les meilleures terres », aurait justifié la comtesse.

En 1694, Mme de Sévigné rejoint Grignan pour assister au mariage de ses petits-enfants et reste auprès de sa fille souffrante, la soignant avec un rare dévouement. Alors qu'elle envisage de la ramener à Paris, elle tombe malade à son tour. C'est près de sa chère Françoise qu'elle s'éteint le 17 avril 1696, emportée par la petite vérole, à l'âge de 70 ans. La marquise est inhumée dans la collégiale de Grignan. La même année sont publiés les *Mémoires* de Bussy-Rabutin (décédé trois ans plus tôt), qui renferment cinq lettres de la marquise à son cousin. Pour la première fois, la prose de Mme de Sévigné peut être lue par le grand public.

Devenue une austère janséniste, Pauline de Simiane a censuré les passages grivois et fait détruire les manuscrits originaux de sa grand-mère.

Néanmoins, il faudra attendre 1725 pour que paraisse un premier recueil de 28 lettres, sous le titre : *Lettres choisies de Mme la marquise de Sévigné à Mme de Grignan, sa fille, qui contiennent beaucoup de particularités sur l'histoire de Louis XIV*. Présentant la marquise comme une grande chroniqueuse de son époque, ce livre est suivi en 1726 et 1728 par deux autres recueils plus étoffés, respectivement de 138 et 177 lettres. Si ces parutions révèlent davantage l'amour maternel de l'épistolière, elles ont été réalisées à partir de copies manuscrites, sans l'accord de la famille. Aussi la petite-fille de Mme de Sévigné, Pauline de Simiane, décide-t-elle de confier à Denis-Marius Perrin, un éditeur d'Aix-en-Provence, la charge de publier l'ensemble de la correspondance. Entre 1734 et 1737 paraissent cette fois 614 lettres de la marquise, regroupées en six volumes, puis en 1754, une nouvelle édition contenant 772 lettres. Malheureusement, jugeant le style trop négligé, Perrin s'est permis d'apporter de nombreuses corrections et de supprimer près d'un tiers du contenu ! De son côté, devenue une austère janséniste et s'indignant des audaces de sa grand-mère, Pauline de Simiane a censuré les passages les plus grivois et fait détruire les manuscrits originaux... Par bonheur, on retrouvera par hasard, à Dijon, en 1873, une copie assez fidèle de près de la moitié des lettres. Ce qui permettra de reconstituer ce précieux chef-d'œuvre de notre littérature.

pour
Madame la Comtesse
de grignan

LES REMÈDES DE MME DE SÉVIGNÉ

Dans sa correspondance, Mme de Sévigné évoque souvent son état de santé et s'inquiète surtout de celui de sa fille, la comtesse de Grignan. La marquise était-elle hypocondriaque ? Sur 1 120 lettres, plus de 400 mentionnent la maladie, les médecins ou leurs remèdes. Quant à la santé de sa fille, elle y consacre 9 % de ses épîtres.

Cette préoccupation est perceptible après 1671, lorsque ses lettres deviennent plus riches en termes médicaux, précisions cliniques et autres aventures thérapeutiques. Sa correspondance se transforme alors en un recueil d'ordonnances. En lisant Mme de Sévigné, nous plongeons au cœur des mœurs médicales du Grand Siècle.

Curieuse et intrépide, l'épistolière ne recule devant aucune nouveauté : « J'essayerai mille petits remèdes inutiles pour en trouver un bon. » Et de tester des médicaments d'origine minérale comme la *poudre du bonhomme* ou le *crocus*, d'autres issus de plantes comme la *coriandre* ou *l'opium*, avant de s'essayer aux potions plus audacieuses que sont la *gorge de bœuf*, l'*huile de scorpion* ou le *sang de lièvre*, sans oublier les *emplâtres de Mme Fouquet* et la *poudre de sympathie*... Quand le médicament fait des « merveilles », la marquise en rend compte avec gourmandise : « Je m'en vais encore en reprendre. » Mais si l'effet escompté ne se produit pas, elle s'en remet à la Providence et au bon Dieu !

PIERRE IER DE RUSSIE,

AUSSI GRAND QUE SON PAYS

Quatrième souverain de la dynastie des Romanov, Pierre Ier fut surnommé de son vivant « le Grand ». Si ce qualificatif peut renvoyer à la taille impressionnante du tsar (2,04 mètres), il illustre également l'impact que ce dernier a laissé dans la mémoire collective. Car son règne marque une rupture fondamentale dans l'histoire de la Russie. En quelques années, il transforma un royaume encore féodal et replié sur lui-même en un État puissant et respecté par l'ensemble des souverains européens.

Débordant d'énergie, Pierre Ier chercha tout au long de sa vie à imiter l'Occident afin de faire passer son pays de l'obscurantisme à la modernité, ce qui lui valut d'être loué par Voltaire comme prince éclairé. Pour mener à bien son ambitieuse politique, le tsar usa de méthodes parfois totalitaires qui coûtèrent la vie à des dizaines de milliers de ses sujets, allant jusqu'à faire torturer son propre fils. Oscillant entre tyrannie et sagesse, il laissa son pays dans une situation précaire.

Comment Pierre Ier est-il devenu ce souverain passionné par le progrès des techniques et des idées ? Quelle politique de modernisation a-t-il mise en place ? Surtout, à quel prix ? Comment ce grand réformateur a-t-il également acquis une réputation de tyran cruel ? Bref, Pierre le Grand mérite-t-il son surnom ?

Pierre le Grand tient son nom de sa taille et de l'impact qu'il a laissé dans la mémoire collective.

Pierre, âgé de 10 ans, est protégé par sa mère lorsque sa demi-sœur Sophie s'attribue la régence avec le soutien des streltsy *en 1682.*

Le 7 mai 1682 meurt le tsar Fédor III. En l'absence d'héritier, c'est son frère qui lui succède sous le titre d'Ivan V. Ce dernier, étant simple d'esprit et inapte à régner, partage le trône avec son demi-frère, Pierre Ier, né d'une deuxième épouse. Or, Pierre est alors âgé de 10 ans. C'est ainsi que Sophie, la sœur aînée d'Ivan V, s'attribue la régence, avec le soutien des redoutables *streltsy*, la garde prétorienne du régime, fondée 150 ans plus tôt par Ivan le Terrible. Durant sa jeunesse, Pierre se met à fréquenter le quartier des étrangers à Moscou. Deux généraux, l'Écossais Patrick Gordon et le Genevois Franz Lefort, l'initient aux sciences et techniques occidentales, ignorées en Russie. Bouillonnant de curiosité, le jeune tsar ne cesse de poser des questions. Se passionnant pour les arts militaires, l'adolescent qui rêve de conquêtes trouvera plus tard maintes occasions de passer aux exercices pratiques – durant son règne, la Russie ne connaîtra qu'une seule année de paix ! Doué pour l'artisanat, il ne rechigne devant aucun travail manuel. Il se forme aux métiers de menuisier, charpentier, bûcheron, géomètre, cordonnier et même dentiste – extrayant les dents malades de ses sujets à l'aide d'instruments de son invention. L'activité du tsar est telle que d'aucuns se demandent s'il lui arrive de se reposer.

À 17 ans, le tsar épouse Eudoxie Lopoukhina, fille d'un grand officier de la Couronne.

En 1689, Pierre apprend que sa demi-sœur Sophie cherche à le faire assassiner. Il parvient à l'écarter et l'envoie dans un couvent. Se trouvant à 17 ans encore trop jeune pour gouverner, il confie le pouvoir à sa mère, Natalia. Parallèlement, il épouse Eudoxie Lopoukhina, fille d'un grand officier de la Couronne. Ce mariage se révèle un échec, mais le couple a néanmoins un fils : Alexis. En 1694, Natalia meurt, suivie deux ans plus tard par Ivan V. Désormais seul maître de la Russie, le jeune tsar de 23 ans entend moderniser son pays, demeuré féodal et à l'écart de la Renaissance européenne. Sa priorité est de briser l'enclavement géographique de la Russie, en gagnant un débouché sur la mer Baltique au nord et sur la mer Noire au sud. Grâce à la flotte qu'il a commandée à des ingénieurs prussiens et autrichiens, Pierre Ier obtient en juillet 1696 son premier grand succès militaire en s'emparant de la forteresse turque d'Azov, qui lui offre cet accès recherché à la mer Noire.

Pour parfaire sa culture européenne, le tsar voyage sous un nom d'emprunt et se fait passer pour son propre ambassadeur.

L'année suivante, le tsar entreprend une tournée diplomatique à l'ouest du continent, afin de découvrir par lui-même la culture européenne. Pour parfaire sa mission, le souverain, quasiment inconnu en Occident, voyage sous un nom d'emprunt, se faisant passer pour son propre ambassadeur ! Il quitte son royaume en compagnie d'une suite de 270 personnes, avec à sa disposition des lettres de change, des fourrures et des étoffes de soie, ainsi que deux millions de roubles. Sur son sceau, le faux ambassadeur a fait graver cette inscription résumant le but de son voyage : « Je suis un élève et je cherche des maîtres. » Ce périple à travers l'Europe conduit Pierre Ier à traverser le monde germanique, puis à se rendre en Angleterre. Le pays qui retient le plus son attention est la Hollande, cette République de marchands parvenue à s'assurer la maîtrise des mers. Ayant appris le néerlandais à Moscou, le tsar loue une modeste cabane dans la ville fluviale de Zaandam, au nord-ouest d'Amsterdam, réputée pour ses chantiers navals. Engagé comme apprenti sous le nom de Pierre Michaelof, il y apprend la construction navale. Surnommé familièrement Pieterbass (maître Pierre) par ses compagnons de travail, il fréquente avec eux les tavernes. Trahi par sa taille gigantesque, il est finalement reconnu par le duc de Marlborough, John Churchill.

Dès que sa véritable identité est révélée, les curieux se bousculent auprès de lui, empêchant son apprentissage et l'obligeant à rejoindre Amsterdam.

En plus de la somme d'informations accumulées sur les techniques et la culture occidentales, Pierre Ier propose à des artisans, savants, ingénieurs et artistes européens de l'accompagner en Russie. Pour attirer cette élite, il garantit de confortables gages et la liberté religieuse – une promesse qui tombe à pic pour les huguenots français que la révocation de l'édit de Nantes a chassés de France dix ans plus tôt. Séduits par la personnalité de ce souverain atypique, près de 750 Européens vont tenter l'aventure.

Le tsar loue une modeste cabane dans la ville fluviale de Zaandam, au nord-ouest d'Amsterdam, réputée pour ses chantiers navals.

C'est alors, en avril 1698, que le tsar apprend la révolte des *streltsy* à Moscou : ils ont profité de son absence pour remettre sur le trône sa demi-sœur Sophie ! Le tsar n'a d'autre choix que de rentrer précipitamment, sacrifiant sa visite à Venise. Il rapporte avec lui quantité d'outils, d'instruments de mesure et d'optique, de métiers à tisser, mais également un cabinet de curiosités qu'il a acheté au médecin hollandais Frederik Ruysch. Dès son retour, Pierre Ier s'empresse d'écraser les comploteurs. Ayant découvert que son épouse Eudoxie s'est ralliée à leur cause, il décide de la répudier, l'obligeant à se retirer dans un couvent.

Arraché à sa mère, leur fils Alexis est confié aux soins de sa tante – le tsarévitch en gardera une rancœur terrible contre son père. À l'égard des insurgés, le souverain se montre d'une incroyable férocité : en sa présence, des centaines de conjurés sont torturés et condamnés au supplice du knout, ce terrible fouet coupant comme une hache et destiné à flageller les criminels. Après quoi, leurs plaies sont brûlées au tisonnier. La plupart des comploteurs sont ensuite pendus et leurs dépouilles exposées le long de la Moskova. Les autres sont déportés en Sibérie, après avoir été marqués sur la joue droite au fer rouge. Débarrassé des *streltsy*, le tsar a les mains libres pour entamer la modernisation de son royaume.

Durant son règne, Pierre Ier n'aura de cesse de lancer des réformes dans les domaines les plus variés. Depuis son voyage, il a abandonné la mode russe du long manteau et de la barbe, et s'habille désormais à l'européenne, arborant une fine moustache. Il charge les tailleurs qu'il a ramenés avec lui de vêtir les élites russes à la mode occidentale et décide d'interdire dans tout le pays le port de la barbe – au grand dam des popes. Dans le même élan, il fait modifier le calendrier pour que l'année commence en janvier et non plus en septembre. Il supprime le patriarcat de Moscou qui subor-

En présence du tsar, des centaines de conjurés sont condamnés au supplice du knout.

donnait l'État russe à l'Église orthodoxe, le remplaçant par le Saint-Synode qui fait du tsar le chef de l'Église russe. Sur le plan institutionnel, il crée des ministères appelés « collèges », ainsi qu'un Sénat composé de neuf membres et chargé de gouverner en son absence. Par ailleurs, il instaure une Table des rangs, qui établit pour la première fois une hiérarchie selon le mérite et non la naissance, permettant à des fonctionnaires ou des officiers de basses couches sociales de devenir nobles. Le souverain favorise la création de manufactures, fonde plusieurs écoles et académies, et fait imprimer le premier journal russe : *Vedomosti* (« Les Informations »). Enfin, il échange officiellement son titre de « tsar », jugé trop russe, contre celui d'« empereur ».

Sur le plan extérieur, Pierre Ier veut introduire son pays dans le concert européen. Dans ce but, il contracte avec la Pologne et le Danemark, une alliance dirigée contre la Suède de Charles XII. Cet accord débouche en 1700 sur la grande guerre du Nord, un conflit qui va durer vingt et un ans et qui commence mal pour le tsar : le 30 novembre 1700, lors de la bataille de Narva (actuelle Estonie), les Russes, écrasés par des Suédois cinq fois moins nombreux, subissent une cinglante défaite. Cette humiliation contraint Pierre Ier à réformer son armée. Pour se doter d'un contingent professionnel et permanent, il instaure des quotas de recrutement forcé dans la paysannerie, inventant la conscription un siècle avant la France. Ses effectifs atteindront en quelques années 210 000 hommes, auxquels s'ajoutent 110 000 réservistes – une armée dont l'entretien se révélera un véritable fardeau pour le pauvre État russe, absorbant les neuf dixièmes de son budget. En 1703, profitant de la guerre entre Suédois et Polonais, l'empereur annexe Narva, ainsi que toute l'Ingrie, région côtière du golfe de Finlande.

En 1703, profitant de la guerre entre Suédois et Polonais, Pierre Ier annexe Narva, ainsi que toute l'Ingrie, région côtière du golfe de Finlande.

Afin de mieux défendre ce secteur stratégique du bord de la Baltique, Pierre Ier fonde dans une zone marécageuse, sur une petite île du delta de la Neva, une forteresse baptisée Pierre-et-Paul. C'est à partir de ce lieu désertique que le tsar va ériger en quelques années une ville nouvelle, dont il rêve de faire sa future capitale. Durant des mois, des dizaines de milliers de terrassiers sont chargés de bâtir sur la tourbe les fondations de la cité. Le tsar n'aurait pu choisir un site plus hostile : entre le froid glacial et les marécages, l'entreprise est titanesque. Les travaux ne cessent d'être ralentis par les crues de la Neva et les épidémies de choléra qui déciment les ouvriers. Pour remplacer les nombreux morts, on réquisitionne des villages entiers, recourant même à des prisonniers de guerre ou des condamnés de droit commun. Plus de 100 000

C'est à partir de ce lieu désertique qu'il va ériger en quelques années une ville nouvelle, dont il rêve de faire sa future capitale, Saint-Pétersbourg.

personnes auraient laissé la vie dans ce chantier pharaonique ! Cette ville nouvelle est baptisée Sankt-Pieterburgh (Ville sainte de Pierre), soit en français : Saint-Pétersbourg.

Pendant ce temps, la guerre contre la Suède se poursuit. Le 8 juillet 1709, Pierre Ier prend sa revanche sur Charles XII en défaisant les Suédois à la bataille de Poltava (Ukraine). Vaincu, le roi de Suède est contraint de demander asile au sultan ottoman Ahmed III. Durant cette campagne, le tsar a inauguré une tactique que reprendront après lui Alexandre Ier face à Napoléon et Staline face à Hitler : laisser son adversaire s'enfoncer dans l'immensité du territoire russe et pratiquer la politique de la terre brûlée afin d'affamer les envahisseurs. La victoire de Poltava met fin à l'hégémonie suédoise dans la Baltique et permet à la Russie d'accéder au statut de grande puissance européenne. Le le tsar élargit les frontières de son État en mer Baltique, s'octroyant la Carélie, l'Estonie et la Livonie. Cette victoire lui vaut le surnom de Pierre le Grand. Fort de ce triomphe, il entend continuer sur sa lancée. Il mène ainsi une expédition en Moldavie, alors possession ottomane. Encerclé par les Turcs, il n'évite le désastre qu'en restituant à ses ennemis la forteresse d'Azov, prise quinze ans plus tôt.

En mai 1712, un gigantesque incendie éclate à Moscou, ravageant 15 000 de ses 50 000 habitations. Le souverain en profite pour inviter les sinistrés à s'installer dans la toute neuve Saint-Pétersbourg – les mauvaises langues suspecteront le tsar d'avoir sciemment fait incendier la ville. Les élites moscovites renâclent à déménager, redoutant la rudesse du climat et le manque d'agréments. Bien décidé à peupler sa nouvelle capitale, Pierre Ier oblige des dizaines de milliers de bourgeois et d'aristocrates à s'y fixer. Exigeant une ville occidentale, l'empereur a confié son plan à des architectes européens, notamment au Français Jean-Baptiste Leblond, élève de Le Nôtre, qui participera aussi à l'édification du jardin d'Été. Le diktat architectural est tel que toute résidence dérogeant aux critères esthétiques fixés par le tsar se trouve implacablement démolie. À la fin du règne de Pierre Ier, Saint-Pétersbourg comptera 75 000 habitants.

En 1717, le tsar réalise son second voyage en Europe. Ce nouveau périple le conduit en France où, vingt ans plus tôt, Louis XIV avait dédaigné de le recevoir. Si le tsar propose aimablement de marier le jeune Louis XV à sa fille aînée, Élisabeth (née d'un second lit), il déçoit ses hôtes par son manque de raffinement : il a, par exemple, le mauvais goût de s'endormir à l'opéra ! Il quitte néanmoins la France après avoir conclu un traité d'alliance…

Le tsarévitch Alexis, de santé fragile et sous la coupe d'un entourage conservateur, s'oppose à la politique de modernisation de son père.

De retour en Russie, il est confronté à un problème de succession. Le tsarévitch Alexis, de santé fragile et sous la coupe d'un entourage conservateur, s'oppose frontalement à la politique de modernisation de son père. De son côté, l'empereur s'est remarié en 1712 avec une ancienne esclave balte, Marthe Hélène Skavronskaïa, dont il a déjà eu deux filles et qui lui donne un nouvel héritier, Pierre. Il préférerait voir ce dernier lui succéder à la place d'Alexis. Poussé à renoncer à ses droits sur le trône, le tsarévitch, craignant pour sa vie, accepte. Persuadé qu'il continue à comploter contre lui, le tsar ordonne son arrestation. Torturé en présence de son père, Alexis est reconnu coupable de crime contre l'État, le 24 juin 1718, par un tribunal présidé par Pierre Ier lui-même, et condamné au fouet jusqu'à ce que mort s'ensuive… Il serait mort durant sa séance de torture ou, dit-on, étranglé, voire empoisonné dans sa cellule de la forteresse Pierre-et-Paul.

Déclarée impératrice en 1721, Marthe Hélène Skavronskaïa est couronnée solennellement le 7 mai 1724 sous le nom de Catherine Ire.

Une fois Alexis supprimé, la voie est libre pour que le second fils du tsar lui succède, mais ce sordide calcul s'avère un échec puisque l'enfant meurt en avril 1719, à l'âge de 4 ans. Sans héritier masculin, vieillissant et malade, le tsar n'a d'autre choix que de désigner son épouse pour le remplacer. Déclarée impératrice en 1721, Marthe Hélène Skavronskaïa est couronnée le 7 mai 1724 sous le nom de Catherine Ire. Cinq mois plus tard, le tsar découvre qu'elle entretient une liaison avec son grand chambellan, William Mons. Saisi d'une rage folle, il déchire l'oukase adoubant Catherine, mais il se garde bien de prévenir l'intéressée, préparant sa vengeance. Un soir, après avoir dîné en compagnie de Catherine et de son amant, il ordonne à son épouse de se retirer dans ses appartements et fait arrêter Mons. Accusé de corruption, celui-ci est décapité à la hache. Le tsar force ensuite Catherine à l'accompagner dans une promenade en traîneau, s'arrangeant pour passer devant l'échafaud où le corps de Mons est exposé. Malgré cette vision d'horreur, Catherine parvient à rester maîtresse d'elle-même. Le soir même, l'impératrice découvre sur une de ses cheminées la tête de son amant dans un bocal de vodka… Elle sait que ses jours sont comptés. Un événement diplomatique va pourtant lui sauver la vie.

Le tsar Pierre Ier tenant dans ses bras le roi Louis XV à Versailles en 1717.

En France, les conseillers de Louis XV sont prêts à conclure un mariage entre le jeune Bourbon et Élisabeth, la fille du tsar et de Catherine. Cependant, les diplomates avertissent Pierre Ier qu'une condamnation à mort pour adultère de la future belle-mère du roi de France mettrait fin aux pourparlers, et affecterait grandement le prestige de la Russie en Europe. Le 16 janvier 1725, l'empereur est contraint d'organiser une réconciliation publique avec l'impératrice. Il n'a cependant pas dit son dernier mot : pour empêcher Catherine de lui succéder, il fait inscrire dans le contrat de mariage de sa fille aînée Anna et du prince allemand Charles-Frédéric de Holstein que le premier garçon né de cette union sera élevé à la cour de Russie et hissé au rang de futur héritier.

Le 28 janvier 1725 au matin, accablé depuis des années par des crises d'urémie, Pierre Ier est retrouvé mort dans son palais d'Hiver de Saint-Pétersbourg. Sans successeur désigné, il laisse le pays dans une situation instable.

Parfois hâtives ou incohérentes, ses réformes auront avant tout concerné l'élite russe, laissant à l'écart la masse rurale et renforçant même le poids du servage. Il faudra attendre l'avènement de Catherine II pour que l'occidentalisation de la Russie progresse réellement.

LE JARDIN D'ÉTÉ

Célébré par l'écrivain Alexandre Pouchkine qui s'y promenait chaque jour, le jardin d'Été de Saint-Pétersbourg est le plus ancien de la cité impériale. Le tsar Pierre Ier en esquissa le premier plan, désireux d'agrémenter sa nouvelle capitale d'un parc « plus beau que celui du roi des Français à Versailles ». Ce n'est donc pas un hasard s'il fit appel, pour œuvrer avec ses compatriotes Zemtsov et Matveïev, à un architecte français, Jean-Baptiste Leblond, élève du fameux Le Nôtre. Édifié entre 1704 et 1719, ce havre de paix se niche au bord de la Neva (dont les quais en granit seront aménagés en 1763).
Conçu à l'origine comme un jardin « à la française », le parc est composé de quadrilatères réguliers, séparés par de belles allées rectilignes, selon un classicisme parfait. Des sculptures italiennes en marbre saluent le promeneur, tandis que des fontaines illustrant des *Fables* d'Ésope font jaillir l'eau amenée par le canal Ligovski. Sur le flanc nord du jardin, une magnifique grille en fer forgé isole le parc du fleuve.

L'impression d'harmonie et de légèreté fait de l'ensemble l'un des plus beaux ornements de la ville. Au cœur du jardin, le flâneur d'aujourd'hui peut toujours admirer le palais d'Été de Pierre le Grand, construit entre 1710 et 1714.
C'est dans cette modeste bâtisse de deux étages (où le tsar dormait à l'équerre dans un lit bien trop petit pour lui) qu'il venait se ressourcer et donner des réceptions, organiser des bals et tirer des feux d'artifice. Tous les divertissements étaient autorisés, à l'exception d'un seul : les jeux de cartes !
D'abord destiné à l'usage exclusif du tsar, le jardin d'Été fut ouvert au public au XIXe siècle. Suite à de terribles inondations en 1824, il fut repensé « à l'anglaise » et subit de profondes transformations. Avec ses sentiers tortueux, ses allées ombragées, ses arbres immenses, ses petits bosquets non taillés et ses fleurs sauvages, le nouveau parc invitait les promeneurs à la rêverie, tandis que la poésie naturelle des lieux inspirait les grands auteurs russes.
Entre 2009 et 2011, un vaste programme de réaménagement entreprit de lui rendre son aspect originel. Le résultat, toutefois, a laissé les habitués dubitatifs. Face aux nouvelles statues immaculées et aux labyrinthes de buissons rectilignes, d'aucuns regrettent son charme désuet d'antan...

LOUIS XIV,
ET SES 79 MÉDECINS

La vie de Louis XIV fut affectée par une pénible succession de maladies. Au cours de sa longue existence, le Roi-Soleil souffrit ainsi de rhumes tenaces, de vertiges, d'étourdissements, de problèmes intestinaux, de maux de tête, de fièvres ou de crises de goutte, qui ne cessèrent d'inquiéter ses médecins. Échappant plusieurs fois de justesse à la mort, il construisit sa légende personnelle en partie autour de ses ennuis de santé. Et ses guérisons étaient célébrées dans tout le royaume !

Toutefois, le Roi-Soleil n'était ni douillet, ni hypocondriaque. Il fut au contraire un patient docile et stoïque, acceptant sans sourciller les remèdes les plus douloureux. Même dans les affres, il ne se dérobait jamais à ses obligations : il présida son Conseil et dîna en public jusqu'à la fin de ses jours. Cependant, s'il atteignit l'âge – remarquable pour le début du XVIIIe siècle – de 77 ans, c'est peut-être davantage en vertu d'une constitution exceptionnelle que grâce aux soins de ses médecins. Imposées par la science de l'époque, et en particulier la faculté de Paris, leurs prescriptions se révélaient souvent inutiles et parfois aggravantes.

La vie de Louis XIV fut affectée par une pénible succession de maladies.

Cordiaux médicinaux, emplâtres, cautérisations et autres opérations chirurgicales, sans oublier les sempiternels saignées, purges et lavements – Louis XIV dut subir ces remèdes à d'innombrables reprises. Y compris les traitements douteux moqués par Molière dans son Malade imaginaire *! De quoi souffrait exactement le Roi-Soleil ? Comment a-t-il pu supporter une telle quantité de traitements ? En fin de compte, n'a-t-il pas été davantage victime des médecins que des maladies ?*

À l'âge de 9 ans, le jeune Louis cause une première grande inquiétude.

Dès sa naissance, la santé du Roi-Soleil concentre toutes les attentions. Venu au monde au bout de vingt-trois ans de mariage (d'où le surnom d'« enfant du miracle »), le garçon a pour parents un roi considéré comme « valétudinaire » (qui meurt à seulement 41 ans) et une femme décrétée « lymphatique ». Déjà, les médecins décèlent en lui une délicatesse de poitrine et une faiblesse d'estomac. À l'âge de 9 ans, le jeune Louis cause une première grande inquiétude. Le 11 novembre 1647, il est atteint d'une violente douleur aux reins et au bas du dos. Au Palais-Royal, Anne d'Autriche convoque aussitôt l'archiatre (premier médecin du roi) François Vaultier. L'enfant se débattant avec une forte fièvre, il subit deux saignées successives. Sur son visage et son corps, le médecin constate l'apparition de pustules, symptômes de la petite vérole (la variole), une infection dangereuse et souvent mortelle. Vaultier se résout à appeler en renfort deux de ses collègues parmi les plus réputés de la capitale, François Guénault et Antoine Vallot, ainsi que les médecins d'Anne d'Autriche, Pierre Seguin et son neveu Claude.

Après délibérations, ils s'accordent pour poursuivre les soins. Lorsque leur patient commence à sombrer dans le délire, ils s'opposent sur le traitement à lui appliquer. Suivant les recommandations de la faculté de Paris, Vallot et Guénault proposent une troisième saignée – ce que refusent les Seguin, qui jugent ce remède périlleux et contraire aux règles de la médecine. Bientôt, le pronostic vital du roi est engagé et Vaultier se rallie à cette troisième saignée, pratiquée sur-le-champ. Si celle-ci a pour effet de mettre fin aux délires du souverain, les pustules se multiplient sur sa peau et son état ne tarde guère à se dégrader à nouveau. Le lendemain, les médecins réalisent une quatrième saignée. La fièvre diminue, mais le roi éprouve alors une soif inextinguible. Contre l'avis de ses confrères, qui préconisent une cinquième saignée, Vallot décide d'administrer un purgatif. Le médecin insiste à tel point qu'il emporte l'adhésion des autres. On apporte alors au roi un verre de calomel et de séné. Deux heures plus tard, la soif du monarque a disparu et l'adolescent se rétablit peu à peu. Grâce à ce remède miracle qui a sauvé la vie du futur souverain, Antoine Vallot succédera à François Vaultier comme archiatre de Louis XIV.

Huit ans plus tard, à l'âge de 17 ans, le Roi-Soleil contracte une blennorragie, maladie vénérienne qui pourrait le rendre infirme et stérile jusqu'à la fin de ses jours. Se pose alors un véritable dilemme. Le roi n'est pas encore marié et doit officiellement demeurer vierge. Or Anne d'Autriche avait confié à sa première femme de chambre, la baronne de Beauvais, la mission de déniaiser son fils. Feignant de croire à la chasteté du souverain, Vallot élabore alors une explication qui peut paraître plausible, prétendant que cette maladie résulterait des exercices d'équitation du jeune monarque ! Dans le plus grand secret, il lui administre un traitement d'urgence constitué de saignées, lavements et diverses mixtures. Se heurtant à l'hostilité de ses confrères, il obtient l'aval d'Anne d'Autriche pour prescrire au roi les eaux de Forges – source ferrugineuse qui aurait permis à la reine mère de soigner son infécondité. Le roi commence sa cure à Paris et la poursuit à Fontainebleau, tout en continuant de subir saignées et lavements. La cure semble prouver son efficacité, puisque le roi se rétablit en fin d'année, sans conserver aucune séquelle.

Trois ans plus tard, Louis XIV frôle à nouveau la mort. En juin 1658, il se trouve dans le nord de la France où ses troupes, alliées aux Anglais, sont venues à bout des Espagnols à la bataille des Dunes, permettant la libération de Dunkerque. Le 29 juin, à Mardyck (Nord), il tombe malade, victime d'une intoxication. Affaibli, sans appétit et les membres engourdis, le roi souffre de bouffées de chaleur et de terribles maux de tête. Il vient en réalité de contracter une fièvre typhoïde. Dans un état critique, il est transféré à Calais le 1er juillet, pour y subir un lavement et une saignée. Durant plusieurs jours, ses médecins lui administrent des cordiaux, le frictionnent, mais la fièvre ne tombe pas. Le 8 juillet, après une énième saignée infructueuse, le roi est entre la vie et la mort. Tandis qu'il reçoit les derniers sacrements et qu'on commence à préparer sa succession, Antoine Vallot tente le tout pour le tout en lui donnant un émétique à base de vin et d'antimoine – un produit toxique à haute dose et interdit depuis 1566 par le parlement de Paris. Contre toute attente, l'état de santé du

*Le 8 juillet 1658, le roi est entre la vie et la mort.
Tandis qu'il reçoit les derniers sacrements et qu'on commence
à préparer sa succession, Antoine Vallot tente le tout pour le tout.*

roi s'améliore. Saignées, lavements et usage de cordiaux reprennent. La fièvre retombée, le patient se remet peu à peu. Tant est si bien que, le 18 juillet, la faculté de Paris déclare Louis XIV guéri. Ces trois semaines d'épreuves laisseront des séquelles physiques et psychologiques sur le jeune souverain. La fièvre et les remèdes radicaux lui ont fait perdre une partie de ses cheveux. Pour dissimuler cette calvitie, le roi porte une perruque, dont il lancera la mode à la Cour. Par ailleurs, donné pratiquement pour mort, il a pu en profiter pour observer le dévouement sans faille de Mazarin et d'Anne d'Autriche à son égard, tandis que les courtisans se tournaient déjà vers son frère, alors seul héritier.

Après le décès d'Antoine Vallot en 1671, c'est Antoine d'Aquin qui prend la fonction de premier médecin du roi. Rompant avec les diagnostics de son prédécesseur, il impute les maladies de jeunesse de Louis XIV à la « chaleur excessive de son foie ». À l'âge de 35 ans, Louis XIV commence à éprouver de nouveaux malaises. Ses « vapeurs » se produisent presque toujours à la suite de grands banquets. Compte tenu de l'appétit gargantuesque du roi (exacerbé par un ténia), ces troubles pourraient résulter d'indigestions. Pour soulager le souverain, d'Aquin le saigne souvent. À une époque où les aristocrates mangent peu de légumes et pratiquent beaucoup l'équitation, le problème de santé majeur reste les déséquilibres intestinaux. Le Roi-Soleil n'y échappe pas, victime d'entérite (inflammation de l'intestin grêle). Ses selles sont chaque jour observées par les médecins et ses diarrhées consignées avec soin. Il se fait aussi purger une fois par mois, puis, à la fin de son règne, une fois toutes les trois semaines. Durant les périodes de crise, il lui arrive même d'être purgé quotidiennement. Cette fréquence inquiète ses proches. Sa belle-sœur, la princesse Palatine, affirmera que le roi aurait pu vivre plusieurs années supplémentaires s'il n'avait pas été autant purgé.

Passé 40 ans, Louis XIV commence un long déclin physique. À partir de 1681, il est atteint de la maladie royale par excellence : la goutte. Le roi ne cherchant pas à dissimuler ses infirmités, tout le monde constate sa claudication durant ses crises. Il est parfois obligé de traverser les couloirs de Versailles, poussé par des serviteurs, dans un fauteuil à roulettes. Après s'être démis le bras en 1683, il monte moins à cheval, se contentant de suivre les chasses à courre de l'intérieur d'une petite calèche. Lui qui aimait tant la marche à pied se voit désormais réduit à des promenades en chariot au milieu de ses jardins.

Passé 40 ans, Louis XIV commence un long déclin physique.

Dans un état général calamiteux, la dentition du souverain est une autre source de préoccupation et de souffrance. Si d'Aquin soulage ses infections avec de l'essence de girofle ou de thym, la plupart de ses dents sont cariées et doivent être arrachées. Réalisée sans anesthésie, une de ces interventions génère un orifice dans la voûte du palais, une fistule naso-palatine qui fait refluer par le nez tous les liquides que le roi absorbe, l'empêchant de se gargariser. Pour le soigner, le dentiste royal, un certain Dubois, doit, en janvier 1685, cautériser à quatorze reprises le sinus à l'aide d'un petit instrument à bout rond, chauffé à blanc et appelé « bouton de feu ». Si le roi finit par guérir de cette blessure, il est désormais à peine capable de mâcher ses aliments et obligé d'avaler des bouchées entières, mettant davantage encore à l'épreuve son appareil digestif.

Un autre épisode mémorable marquera les esprits. 1686 sera d'ailleurs surnommée « l'année de la fistule ». Dès janvier, le roi est incommodé par une tumeur placée près de son fondement, qui l'oblige à demeurer alité toute la journée. On soupçonne une plume du siège de son carrosse ou l'abus de ragoûts, mais cette fistule résulterait plutôt

Sur les conseils de son ministre Louvois, Louis XIV accepte de subir une opération d'ampleur.

d'une pratique excessive de l'équitation. Pour crever l'abcès, d'Aquin administre au malade un cataplasme de sa composition, ainsi que divers remèdes qui se révèlent tout aussi inefficaces. Il faut se résoudre à opérer ! Cette lourde tâche incombe à Charles-François Félix de Tassy, premier chirurgien du roi. Celui-ci, effrayé par une telle responsabilité, n'ose pratiquer qu'une timide incision, élargissant la plaie avec des pierres à cautère. L'abcès n'est pas entièrement vidé. De plus en plus incommodé, Louis XIV est contraint de rester au lit, endurant de vives souffrances. À la Cour, la rumeur le dit mourant. En mars, Félix procède à une nouvelle incision qui ne guérit pas le roi mais lui permet de se déplacer à nouveau. Ne sachant que faire, les médecins suggèrent une cure aux thermes de Barèges. Mais le projet ne se concrétise pas, les courtisans répugnant à abandonner Versailles pour les Pyrénées... Les douleurs persistent et gênent désormais le roi dans son exercice du gouvernement. Sur les conseils de Louvois, qui a succédé à Colbert, Louis XIV accepte de subir une opération d'ampleur. Celle-ci doit être préparée dans le plus grand secret. En dehors des médecins, seuls Louvois, Mme de Maintenon, le Dauphin et le confesseur du roi, le père La Chaise, sont mis dans la confidence.

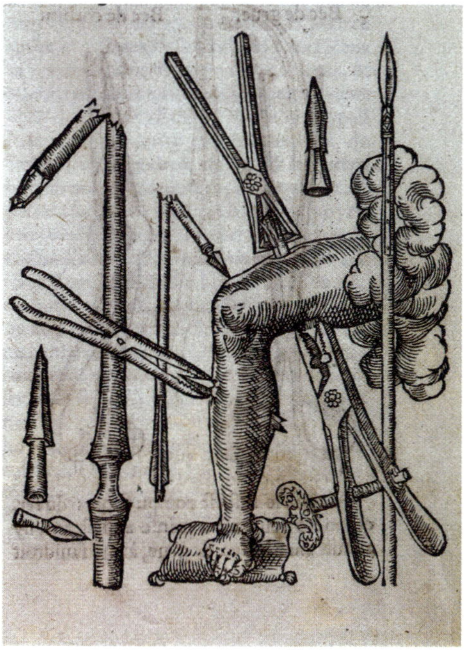

On fait fabriquer par un orfèvre un instrument spécial, le « bistouri à la royale ».

Rebaptisée « la grande opération », cette intervention à risques est d'autant plus redoutée que Félix ne l'a jamais pratiquée. Pour se faire la main, il s'entraîne au préalable sur d'autres patients. Il fait même fabriquer par un orfèvre un instrument spécial, le « bistouri à la royale ». L'opération a lieu le 18 novembre 1686, dans la chambre du roi, juste avant son lever. On fait placer le monarque sur le bord de son lit, un traversin sous le ventre, tandis que deux apothicaires lui maintiennent les jambes écartées. Durant l'intervention qui se déroule sans anesthésie, le roi serre la main de Louvois et demeure stoïque malgré l'extrême douleur... L'opération terminée, le lever officiel se déroule avec une heure de retard.

C'est le monarque lui-même qui dévoile aux courtisans la nature de l'opération subie et en relate le déroulement. Rétabli quelques heures plus tard, il préside le Conseil comme si de rien n'était. Or, une callosité s'étant formée sur la plaie, une seconde intervention se révèle nécessaire. Les 8 et 9 décembre, les chirurgiens procèdent avec succès. Quelques jours avant Noël, Louis XIV est officiellement guéri. L'événement est célébré dans tout le royaume, où depuis des mois le peuple prie pour son rétablissement. Le 30 janvier 1687, le roi reçoit un accueil triomphal dans les

Louis XIV récompense Félix et l'équipe médicale par un fastueux dîner à l'hôtel de ville.

rues de la capitale. D'aucuns y verront l'apothéose de son règne. Heureux d'être enfin débarrassé de cette infirmité, Louis XIV récompense Félix et toute l'équipe médicale par un fastueux dîner à l'hôtel de ville.

Malgré sa goutte, le Roi-Soleil conserve jusqu'à la fin de sa vie une étonnante vigueur, qui explique en partie sa longévité exceptionnelle. À près de 70 ans, le souverain dort encore les fenêtres ouvertes, ne craignant ni le chaud ni le froid. En dépit de ses rides, il exhibe toujours une bonne mine. Depuis 1693, le nouveau médecin du roi s'appelle Fagon, un homme d'un certain âge, mais dont les qualités de praticien laissent à désirer. Le 9 août 1715, le roi revient las d'un après-midi de chasse à courre. Le lendemain, alors qu'il travaille avec le chancelier Voysin de La Noiraye, il est pris d'un malaise. N'ayant pas remarqué l'extrême maigreur de son patient, Fagon se contente de lui administrer une purge. Tandis que le roi se plaint d'une douleur le long de la jambe, Fagon diagnostique une simple sciatique. Mais durant la nuit, l'état du souverain se dégrade.

Le Roi-Soleil se prépare à sa mort prochaine et fait ses adieux à ses proches, et en particulier au Dauphin.

Le roi souffre tellement des jambes qu'il ne parvient plus à marcher et doit se faire porter en fauteuil. L'inquiétude gagne la Cour. Dépassé, le médecin refuse pourtant de revoir son diagnostic. Surintendant des eaux minérales du royaume, il propose d'acheminer à Versailles de l'eau de Bourbonne pour mettre en cure son royal patient. Si Fagon estime que le monarque ne présente pas de fièvre, ce n'est pas l'avis du premier chirurgien Mareschal. L'état de santé de Louis XIV ne s'améliorant pas, le médecin inquiet appelle à la rescousse quatre de ses confrères de la faculté de Paris. Confirmant le diagnostic de Fagon, ils ordonnent de purger le malade. Le lendemain, quatre autres praticiens se précipitent à Versailles et prescrivent au roi du quinquina dilué dans de l'eau, ainsi que du lait d'ânesse... Ce n'est que le 24 août au soir qu'on comprend enfin, en découvrant la jambe du souverain striée de marques noires, que Louis XIV est atteint de la gangrène ! Conscient qu'il ne lui reste plus que quelques jours à vivre, le Roi-Soleil se prépare alors à sa mort prochaine et fait ses adieux à ses proches, en particulier au Dauphin. Il décédera une semaine plus tard, le 1er septembre 1715, laissant pour la postérité l'image du plus flamboyant des rois de France.

LES FOURBERIES DE MOLIÈRE

Trentième pièce et ultime comédie-ballet de Molière, *Le Malade imaginaire* est créée dans le théâtre de l'auteur, au Palais-Royal, le 10 février 1673. L'œuvre a pourtant été écrite pour une première représentation à la Cour lors du carnaval, avec la collaboration du musicien Marc-Antoine Charpentier, pour divertir Louis XIV tout juste rentré de guerre. Mais le souverain semblera ensuite vouloir favoriser la figure montante de Lully... Le thème de la nouvelle farce l'aurait-il quelque peu contrarié ?
Tourmenté par de lourds traitements quotidiens, qui exigent à son service pas moins de 79 médecins, le roi n'a peut-être pas envie de voir le sujet traité sur scène. D'autant que l'impertinent dramaturge n'a pas ménagé ses effets : Argan est un bourgeois hypocondriaque, veuf et remarié à Béline, qui ne lui épargne aucune saignée, purge et autre lavement dans le but de précipiter sa mort et d'hériter ainsi de sa fortune. Promise au médecin Diafoirus, sa fille Angélique convainc Argan de simuler sa propre mort, pour mettre au jour les noirs desseins de sa belle-mère, railler l'ordre des médecins et se débarrasser d'un fiancé inopportun.

La satire du monde médical est sans appel : les médecins sont caricaturés en hypocrites cupides, les remèdes dénoncés comme inefficaces. À grands renforts de formules latines et de vains préceptes académiques appliqués à la lettre, malades et médecins dansent un pas de deux absurde et mortifère. La pièce est finalement jouée devant Sa Majesté à l'hôtel Guénégaud, le 21 août 1674. Mais sans son illustre créateur dans le rôle d'Argan – puisque Molière est mort après la quatrième représentation, six mois plus tôt. Beau joueur, Louis XIV aurait déclaré : « Les médecins font assez souvent pleurer pour qu'ils fassent quelquefois rire ! »

LA GRANDE MADEMOISELLE,

COUSINE DU ROI LOUIS XIV, CONTRAINTE DE SE MARIER EN SECRET

Petite-fille d'Henri IV, nièce de Louis XIII et cousine de Louis XIV, Anne-Marie-Louise d'Orléans fut de son temps la plus riche héritière d'Europe. Soucieuse de son rang, elle avait pour père Gaston d'Orléans, le frère cadet de Louis XIII en révolte perpétuelle contre l'autorité royale. Sa fortune considérable lui vaudra d'être convoitée par les plus grands rois d'Europe – même la reine mère Anne d'Autriche songera un temps unir le jeune Louis XIV à cette richissime cousine germaine.

Mais la Grande Mademoiselle, comme on l'a surnomme, ne devint jamais reine. Impliquée dans la Fronde contre le roi, elle ruina toutes ses chances de l'épouser lorsqu'elle ordonna de tirer sur l'armée royale. Après s'être refusée à un empereur et plusieurs autres rois, elle jeta son dévolu sur un comte sans fortune qui ne l'aimait pas. Leur mariage donna lieu à une affaire d'État, qui nécessita de tenir secrète la cérémonie.

La plus riche héritière d'Europe de son temps,
Anne-Marie-Louise d'Orléans, se fera appeler « Grande Mademoiselle ».

Si quelques bonnes fées se sont penchées sur son berceau, cette cousine du Roi-Soleil n'a pas connu le destin qui semblait lui avoir été tracé. Anne-Marie-Louise d'Orléans doit-elle son infortune aux circonstances du temps ou à son caractère intraitable ? Promise à des alliances prestigieuses, qui récolta finalement ses faveurs et pourquoi finit-elle par contracter une union secrète ?

C'est au palais du Louvre qu'Anne-Marie-Louise d'Orléans voit le jour le 29 mai 1627. Elle est la fille de Gaston d'Orléans, frère de Louis XIII, et de Marie de Bourbon-Montpensier, fille unique du duc de Montpensier, Henri de Bourbon. Morte des suites de son accouchement, Marie de Bourbon-Montpensier lègue à sa fille des domaines immenses – principautés de Dombes et de La Roche-sur-Yon, duchés de Montpensier et de Châtellerault, comté d'Eu – dont les revenus rapportent 500 000 livres par an. En vertu de son rang royal, la princesse porte le titre officiel de « Mademoiselle », dévolu à la fille aînée

du frère du roi, appelé quant à lui « Monsieur ». Mais en ce XVIIe siècle où il est d'usage de faire précéder les titres de superlatif, Mademoiselle se fera appeler « Grande Mademoiselle », à l'instar du « Grand Monsieur », du « Grand Dauphin » ou du « Grand Condé ». Occupé à comploter contre son frère, Gaston d'Orléans, héritier présomptif du trône, s'intéresse peu à l'éducation de sa fille, qu'il confie aux bons soins des gouvernantes. La reine Anne d'Autriche, encore sans enfant, veille sur la petite orpheline. En raison de sa haute extraction et de sa fortune considérable, Mademoiselle est déjà désignée comme le plus beau parti d'Europe et suscite toutes les convoitises. Très tôt, la jeune fille est imprégnée de la supériorité de sa naissance et n'envisage d'épouser qu'un souverain digne de son rang.

En 1638, après plus de vingt ans de mariage sans enfant, Louis XIII et Anne d'Autriche ont enfin un héritier : le futur Louis XIV. Mademoiselle a 11 ans. Espérant fort avoir un garçon, Anne d'Autriche lui a promis durant sa grossesse qu'elle serait un jour sa belle-fille. Aussi, après la naissance de l'héritier au trône, Mademoiselle visite-t-elle chaque jour son cousin et le cajole-t-elle en l'appelant « mon petit mari ». Si la formule amuse le roi, elle mécontente Richelieu. Le cardinal n'a pas la moindre envie que son ennemi Gaston d'Orléans devienne le beau-père du futur monarque. Il convoque alors la jeune princesse pour lui expliquer qu'un tel mariage est impossible.

Lorsque Louis XIII s'éteint en 1643, Louis XIV devient roi bien qu'il n'ait pas encore atteint l'âge de 5 ans. Si la fille de Gaston d'Orléans, alors âgée de 16 ans, est devenue grande et majestueuse, ses traits sont ingrats, son nez proéminent et son allure assez masculine. Prenant prétexte

Mademoiselle, à 11 ans, rend visite chaque jour à son cousin qu'elle cajole en l'appelant « mon petit mari ».

de ce physique peu avenant, d'un caractère trop affirmé et de la différence d'âge, le nouveau ministre Mazarin désapprouve le mariage.

Prenant prétexte de la différence d'âge, le nouveau ministre Mazarin désapprouve le mariage.

En 1648, une fronde éclate contre le pouvoir royal. Le Parlement prenant la tête du soulèvement, Mademoiselle demeure, dans un premier temps, fidèle au roi et suit la Cour lorsque celle-ci quitte Paris pour se réfugier à Saint-Germain, en janvier 1649. Mais en 1651, le conflit change de nature. Ce sont désormais les princes qui prennent les armes contre Mazarin et Anne d'Autriche. Gaston d'Orléans s'étant rallié aux frondeurs, la régente et son ministre consentent à accorder la main de l'une de ses filles à Louis XIV. Cette fois, c'est Gaston qui ne donne pas suite aux négociations. Ne pouvant prendre lui-même les armes contre l'armée royale, il pousse Mademoiselle dans la bataille. La jeune femme de 25 ans est déterminée à forcer la main de Mazarin pour épouser le roi, d'autant qu'un astrologue a prédit dans sa vie « quelque chose d'extraordinaire ». Au début de l'année 1652, les deux camps s'affrontent dans le Val de Loire. Entraînant ses amies, la comtesse de Fiesque et la comtesse de Frontenac, ainsi qu'une petite troupe de fidèles, Mademoiselle parvient à se faire ouvrir, le 27 mars 1652, les portes d'Orléans et s'installe dans la capitale du domaine de son père. Convaincue que le contrôle d'une ville aussi stratégique lui permettra de négocier en position de force, elle envoie dire à Anne d'Autriche qu'elle consentira à la paix à la seule condition qu'on lui accorde le roi pour mari. Mais la reine mère s'y refuse, se justifiant avec ironie : « *Ce n'est pas pour son nez, quoiqu'il soit bien grand.* »

Le 27 mars 1652, Mademoiselle parvient à se faire ouvrir, les portes d'Orléans pour rallier les Frondeurs.

Ce trait d'esprit ne fait que renforcer la détermination de la princesse. Après la victoire du prince de Condé, chef des Frondeurs, à la bataille de Bléneau le 7 avril, elle décide de regagner Paris, où elle jouit d'une grande popularité. Le 2 juillet, les troupes de Condé sont assaillies sous les murailles de la capitale, dans le faubourg Saint-Antoine, par l'armée royale commandée par Turenne. Postés sur la colline de Charonne, le roi et Mazarin observent les combats, qui tournent à leur avantage. Mademoiselle ordonne alors, pour sauver les Frondeurs, de donner du canon sur l'armée royale depuis la hauteur des tours de la Bastille, tandis qu'elle fait ouvrir les portes de la ville à Condé et à ses hommes pour qu'ils s'y réfugient. Cet acte belliqueux ruine pour toujours le projet marital de la Grande Mademoiselle, ainsi que le proclame

La Grande Mademoiselle ordonne, pour sauver les Frondeurs, de donner du canon sur l'armée royale depuis les tours de la Bastille.

Mazarin : « *Ce canon-là vient de tuer son mari.* » Paris sera, à la suite de cet épisode, le théâtre d'une répression sanglante menée par l'impitoyable Condé. Mademoiselle, quant à elle, fera preuve d'humanité avec les royalistes en jouant un rôle de médiatrice, mais les maladresses de Condé et son alliance avec les Espagnols vont vite conduire à la défection de ses partisans. Le 21 octobre, Louis XIV opère son grand retour à Paris. Pour Mademoiselle, la défaite des Frondeurs est synonyme de disgrâce. À l'instar de son père, elle se voit gratifiée d'un ordre d'exil et regagne aussitôt l'une de ses propriétés en Bourgogne, le château de Saint-Fargeau. Arrivée en pleine nuit à destination, elle découvre une demeure sinistre et inhospitalière avant de fondre en larmes, envahie par l'angoisse et le chagrin.

Durant son exil, Mademoiselle entreprend la rédaction de ses *Mémoires* qui, rédigés dans un style soigné, resteront l'un des témoignages les plus riches sur le règne de Louis XIV. Elle charge aussi l'architecte François Le Vau d'améliorer l'aspect de son logement en rebâtissant les quatre façades intérieures du château. On peut d'ailleurs encore y lire aujourd'hui son monogramme : AMLO. Elle organise enfin des représentations théâtrales, accueillant même un marmiton italien promis à un grand avenir : le célèbre Lully. La disgrâce de Mademoiselle dure cinq ans. Puis, en juillet 1657, alors que la Cour se trouve à Sedan que Louis XIV tente de prendre aux Espagnols, Mademoiselle en profite pour venir demander officiellement le pardon de son cousin. Servant cette fois d'intermédiaire, Anne d'Autriche déclare à son fils : « *Voici une demoiselle que je vous présente et qui est bien fâchée d'avoir été méchante, elle sera bien sage à l'avenir.* » Le roi se montre magnanime.

Un an plus tard, Louis XIV contracte à Calais une fièvre typhoïde qui le conduit aux portes du trépas. Anne d'Autriche et Mazarin prennent conscience de l'urgence d'un mariage. Pour sceller la paix avec l'Espagne, il est convenu de le marier à sa cousine germaine : non pas Mademoiselle, mais Marie-Thérèse, fille de Philippe IV d'Espagne et d'Élisabeth de France. Le 9 juin 1660, Mademoiselle se résigne à se rendre au mariage de son cher cousin et de l'infante d'Espagne à Saint-Jean-de-Luz. Deux mois plus tard, elle assiste, du balcon de l'hôtel de Beauvais à l'entrée dans la capitale de Louis XIV et de la reine Marie-Thérèse. À plus de 30 ans, la plus riche héritière d'Europe n'est toujours pas mariée, même si les occasions n'ont guère manqué. Elle a envisagé d'épouser l'empereur Ferdinand III de Habsbourg, âgé de vingt ans de plus qu'elle et veuf depuis peu, mais le projet a avorté. Elle a aussi refusé de se fiancer au prince de Galles (le futur Charles II d'Angleterre), en raison de la guerre

Mademoiselle assiste au mariage de Louis XIV et de l'infante d'Espagne.

civile qui sévissait dans le royaume. Depuis son retour en grâce, Mademoiselle s'est vu proposer d'autres projets de noces, avec le duc Charles V de Lorraine, ou avec le roi de Portugal Alphonse VI, paralytique et mentalement instable, mais avec lequel le roi de France désire s'allier. Ce énième refus vaut à Mademoiselle une autre disgrâce et un second exil à Eu, qu'elle supporte encore plus mal que le premier.

Finalement, en 1664, la princesse de sang est de nouveau admise à la Cour. Alors qu'elle approche de ses 40 ans, elle n'a jamais connu l'amour et demeure vierge. Elle s'éprend soudain d'un gentilhomme de Guyenne, Antonin Nompar de Caumont, marquis de Puyguilhem et futur premier duc de Lauzun en 1692. Issu d'une bonne famille mais dénué de fortune, celui-ci se trouve dans les bonnes grâces du roi. Menant une brillante carrière militaire, il s'est distingué par sa bravoure au combat et a succédé à son père à la charge de capitaine de la compagnie des gentilshommes à bec-de-corbin – service de garde d'honneur à la Cour. Ce petit homme de six ans son cadet, plutôt laid, est réputé pour ses écarts de langage avec les femmes, qui lui ont valu plusieurs séjours à la Bastille. Néanmoins, l'homme plaît à la gent féminine et aurait séduit plusieurs favorites du Roi-Soleil : la marquise de La Vallière, la princesse de Monaco et même Mme de Montespan, dit-on. Appréciant sa hardiesse et son impertinence, Louis XIV le nomme en 1667 maréchal de camp, mais il lui refuse la charge de grand maître de l'artillerie qu'il lui a promise. À cette nouvelle, Lauzun se permet de briser son épée sous les yeux du monarque, en s'écriant qu'il ne la portera plus jamais à son service. Devant une telle insolence, le Roi-Soleil aurait jeté sa canne par la fenêtre pour ne pas avoir à rosser l'effronté. Pourtant, il ne lui en tient pas rigueur puisque Lauzun se voit propulsé capitaine des gardes du corps, puis lieutenant général des armées. C'est à ce moment que Mademoiselle s'éprend de lui. Faisant fi de leur différence de condition, elle saisit toutes les occasions de le rencontrer et ne dissimule rien à la Cour de son attirance pour lui. Le comte n'a quant à lui aucun sentiment pour la cousine de Louis XIV, cependant il voit

Mademoiselle s'éprend d'un gentilhomme de Guyenne, le premier duc de Lauzun.

dans la passion de la princesse le moyen de combler ses ambitions.

Pour des raisons politiques, Louis XIV fait volte-face et met son veto au mariage de sa cousine. Elle en perdra connaissance tant le choc est brutal.

À la fin de l'année 1670, Mademoiselle refuse d'épouser le duc d'Orléans, frère de Louis XIV devenu veuf. Elle préfère demander au roi la permission de se marier avec Lauzun. Déconcerté, le souverain adresse d'abord par écrit une réponse évasive, puis finit par céder aux supplications de sa cousine. Il exige que l'union soit célébrée le plus vite possible pour empêcher une éventuelle opposition de se constituer. Persuadée que personne n'osera contrarier le roi, la princesse annonce officiellement son mariage le 15 décembre 1670, faisant établir un contrat en bonne et due forme, qui cède à son futur mari les duchés de Montpensier, Saint-Fargeau et Châtellerault, ainsi que le comté d'Eu. Mais une telle dot ferait de Lauzun le plus grand seigneur du royaume et, à la Cour, la nouvelle provoque la stupeur, avant de prendre une tournure politique. De leur côté, les membres de la famille royale et les princes du sang considèrent l'union d'une princesse et d'un simple comte comme une mésalliance qui porte atteinte au prestige du royaume. D'ordinaire discrets, la reine Marie-Thérèse et Philippe d'Orléans expriment leur plus vive désapprobation. Finalement, le 18 décembre, avant la signature du contrat, Louis XIV fait volte-face et met son veto au mariage. La nouvelle terrasse Mademoiselle, qui en perd connaissance. Durant l'entretien que lui accorde le souverain, elle déclare : « *Je n'avais jamais rien aimé de ma vie ; j'aime et aime passionnément et de bonne foi le plus honnête homme de votre royaume. Je faisais mon plaisir et la joie de ma vie de son élévation. (...) Vous me l'aviez donné ; vous me l'ôtez, c'est m'arracher le cœur.* » Ému par les sentiments de sa cousine, Louis XIV se dédouane maladroitement : « *Les rois doivent satisfaire le public.* »

Malgré cette terrible déception, la princesse continue de fréquenter son bien-aimé, lequel affiche une certaine indifférence devant son désarroi et continue de fanfaronner à la Cour. D'autant que Louis XIV lui a octroyé les grandes entrées, privilège réservé aux seuls premiers gentilshommes de la chambre, et accordé la charge de gouverneur du Berry, ainsi qu'une gratification de 500 000 livres. Mais le comte est persuadé que Mme de Montespan intrigue contre lui. En octobre 1671, il s'introduit dans la chambre de la favorite et se cache sous son lit pour écouter ce que la marquise dit de lui. Après avoir entendu pis que pendre à son sujet, Lauzun se venge en la couvrant d'injures, allant jusqu'à la traiter de « grosse tripière ». Outré, le roi exige des excuses que Lauzun refuse de faire. En conséquence, il est arrêté le 25 novembre 1671 et conduit à la forteresse de Pignerol, où il restera enfermé dix ans, côtoyant le vaniteux Nicolas Fouquet et le célèbre « Masque de fer ». Durant sa détention, Mademoiselle ne ménage aucun effort pour obtenir du roi sa libération. Celle-ci est accordée à l'issue d'un marchandage orchestré par Mme de Montespan, qui contraint Mademoiselle à céder la principauté de Dombes et le comté d'Eu, ainsi qu'une importante partie de ses biens, au duc du Maine, fils naturel de Louis XIV et de la favorite.

Lauzun est arrêté le 25 novembre 1671 et conduit à la forteresse de Pignerol, où il restera enfermé dix ans, côtoyant le vaniteux Fouquet et le célèbre « Masque de fer ».

Après la libération de Lauzun, Mademoiselle épouse son bien-aimé dans le plus grand secret. À seulement quelques mois d'intervalle, ils sont imités par le Roi-Soleil et sa favorite, Mme de Maintenon. Comblant son époux de largesses, Mademoiselle lui lègue le duché de Saint-Fargeau, la baronnie de Thiers, ainsi que 10 000 livres de rente. Mais le rêve se transforme en cauchemar. D'une flagrante ingratitude, Lauzun se permet de la tromper aux yeux de tous. Au cours d'une des scènes qui déchirent les deux époux, il lui aurait lancé : « *Louise d'Orléans, tire-moi mes bottes !* » Le comte va jusqu'à la battre. Bien mal lui en prend car Mademoiselle, plus grande que lui, n'hésite pas à riposter et parvient à prendre le dessus ! Voulant en finir avec cet enfer domestique, la princesse se sépare de Lauzun en avril 1684 et consacre désormais sa vie à Dieu, avant de mourir en dévotion en 1693. Dans son testament, elle lègue l'essentiel de sa fortune à Philippe d'Orléans et ne fait aucune mention de Lauzun. Ce dernier ne s'exhibe pas moins en habits de deuil à la Cour, jouant au veuf éploré. Une bien triste fin pour une princesse promise à tant de grandeur...

LE CHÂTEAU D'EU

La Grande Mademoiselle fut habituée aux exils. Après avoir souffert durant plus de cinq ans dans son domaine inhospitalier de Saint-Fargeau, c'est au château d'Eu, entre Normandie et Picardie, qu'elle se retrouve en 1660 à nouveau écartée de la Cour. Elle décide d'achever l'aménagement de cette nouvelle demeure, dont la construction avait débuté avec Henri de Guise et Catherine de Clèves en 1578. Le soin particulier qu'elle place dans la décoration des lieux apparaît comme une évidence dans la Chambre dorée, que l'on peut encore admirer aujourd'hui, avec ses murs nuancés de blanc et de gris rehaussés d'or. La Grande Mademoiselle introduit une vaste collection de peintures, enchâssées le plus souvent dans des boiseries peintes en faux marbre et dont l'ensemble devient à l'époque célèbre dans toute l'Europe. C'est aussi dans ce cadre, plus chaleureux que ses terres de Saint-Fargeau, qu'elle termine l'écriture de ses célèbres *Mémoires*.
Entre 1830 et 1848, le château devient la résidence d'été du roi Louis-Philippe. Le souverain français y recevra par deux fois la reine Victoria d'Angleterre. Sollicité en 1874 par le comte de Paris rentré d'exil, l'architecte Viollet-le-Duc entreprend ensuite de grands travaux de modernisation. Et c'est dans cette admirable bâtisse, classée Monument Historique depuis 1985, que le visiteur peut désormais contempler le musée Louis-Philippe.

MIRABEAU,
L'ÉLOQUENCE À LA FRANÇAISE

Mirabeau est l'une des figures les plus fascinantes de la Révolution française. Il fut l'artisan principal de la chute de l'Ancien Régime, alors que Danton, Marat ou Robespierre n'avaient pas encore fait parler d'eux. À cette époque où les discours étaient déterminants, il s'imposa comme le plus grand orateur de l'Assemblée, ce qui lui vaudra plus tard le surnom « la voix de la Révolution » par l'historien Michelet. Le parcours de ce fils de bonne famille, devenu le personnage le plus brillant des états généraux et de l'Assemblée constituante, est sans doute la meilleure illustration du basculement de 1789.

Le personnage reste toutefois controversé. Car si Mirabeau s'est battu pour la fin de l'absolutisme et des privilèges aristocratiques, dont il était pourtant issu, il chercha aussi à sauver la monarchie en tentant de rallier le roi à la Révolution. Aventurier, jouisseur et corrompu, il n'hésita pas, moyennant finances, à conseiller en secret Louis XVI. Une découverte dans les archives royales qui lui assura, à titre posthume, une réputation détestable.

On se demande aujourd'hui encore ce qu'il serait advenu de la Révolution si Mirabeau n'était pas mort en 1791, quelques mois seulement avant l'arrestation de Louis XVI à Varennes.

Mirabeau est l'une des figures les plus fascinantes de la Révolution française.

Peu favorisé par la nature, haï par son père, défrayant la chronique judiciaire, comment est-il devenu cet acteur incontournable de notre Histoire ? Comment s'est-il hissé au rang de tribun incontesté ? Et quel est le jeu dangereux qu'il tenta de mener entre République et monarchie ?

Son père, Victor Riqueti, marquis de Mirabeau, est un économiste démographe proche de l'école des physiocrates.

De son vrai nom Honoré-Gabriel Riqueti, Mirabeau naît en 1749 dans une famille de la noblesse provençale. Son père, Victor Riqueti, marquis de Mirabeau, est un économiste démographe de renom, proche de l'école des physiocrates et auteur d'un ouvrage à succès : *L'Ami des hommes*. Né avec deux dents précoces et une incroyable chevelure, le jeune Mirabeau n'a pas été gâté par la nature : l'un de ses pieds part de travers, sa tête est disproportionnée et une petite vérole mal soignée le défigure à l'âge de 3 ans. D'ailleurs, le marquis déteste son fils, qu'il trouve « laid comme Satan » et qu'il traite avec une sévérité inouïe. Il l'oblige, à l'âge de 18 ans, à s'engager dans le régiment de Berry-Cavalerie. Rebelle, Mirabeau y connaît ses premières frasques, qui lui causent six mois d'enfermement dans la forteresse de l'île de Ré – une sanction exigée par son propre père ! En 1769, après avoir participé à la conquête de la Corse, le jeune homme est promu capitaine de dragons. Son père refusant de lui acheter un commandement, il abandonne son régiment en 1771 pour s'établir dans son château familial du Vaucluse où il épouse Émilie, la fille du riche marquis de Marignane. Or il ne tarde pas à délaisser sa femme pour mener une vie dissolue, accumulant dettes, aventures, duels et scandales. On l'accuse même d'une liaison incestueuse avec sa sœur.

Mirabeau fréquente les salons de Pontarlier et séduit Sophie de Monnier, une jeune fille de 17 ans.

Sous prétexte de le mettre à l'abri de ses créanciers, le marquis multiplie les procédures judiciaires à l'encontre de son fils. Grâce à des lettres de cachet, il obtient son internement à Manosque, puis au château d'If (Marseille) et enfin, en 1775, au redouté fort de Joux (dans le Jura). Profitant de son régime de semi-liberté, Mirabeau fréquente les salons de Pontarlier et séduit Sophie de Monnier, une jeune fille de 17 ans qui est l'épouse du président de la Cour des comptes de Dole. L'année suivante, lorsqu'il parvient à s'évader de Joux, l'intrépide aristocrate ne craint pas d'emmener avec lui sa maîtresse. Leur exil les mène en Suisse, puis à Amsterdam, où le fugitif obtient la citoyenneté hollandaise. Condamné à mort par contumace par la cour de Besançon pour rapt et adultère, Mirabeau est bientôt extradé en France en mai 1777. Sophie est enfermée dans un couvent, tandis que son amant se retrouve à nouveau sous les verrous du donjon de Vincennes, où il rencontre un autre libertin avec lequel il aura, dit-on, une violente altercation physique : le marquis de Sade.

Mirabeau mettra ces trois années de détention au service de ses idées, passant ses journées à écrire. Parmi ses nombreux textes figurent des réflexions politiques – telles un *Essai sur le despotisme* ou *Des lettres de cachet et des prisons d'État*, réquisitoire contre la justice – mais aussi un ouvrage érotique, *Erotika Biblion*, ainsi que de magnifiques lettres d'amour (qui seront publiées après sa mort sous le titre de *Lettres à Sophie*). Il est libéré en 1780, grâce à son propre père qui l'avait pourtant poursuivi de sa colère, mais qui est depuis séduit par ses écrits et avec qui il s'est réconcilié.

À sa sortie de prison, Mirabeau se préoccupe de faire annuler la condamnation de Besançon, en demandant l'absolution aux juges. Puis il doit faire face à la demande de séparation de corps présentée par son épouse Émilie de Marignane. S'il sort perdant de ce procès houleux jugé à Aix, il s'y montre brillant en assumant lui-même sa défense contre l'avocat Portalis, futur rédacteur du code civil. Cette première tribune publique lui vaut d'être connu jusqu'à Paris. Sans ressources, Mirabeau vit alors d'expédients. Ses voyages le mènent en Angleterre, dont il admire le système politique, et à nouveau en Suisse, où il rencontre bon nombre de ses futurs collaborateurs. Aristocrate déclassé, il ambitionne de conquérir la notoriété par la littérature, à l'instar de Voltaire, voie royale vers la gloire. Il multiplie les projets éditoriaux, publiant des essais politiques, souvent écrits par d'autres – en particulier son ami Brissot, futur chef des Girondins – et parfois commandés par des personnalités illustres, comme Benjamin Franklin ou l'empereur d'Autriche, Joseph II.

Durant les années 1780, le royaume de France se trouve en quasi-faillite et les polémiques financières monopolisent le débat intellectuel. Mirabeau met alors sa plume au service du banquier Étienne Clavière, futur ministre des Finances, qui lui offre en échange les moyens de rembourser ses créanciers et de mener grand train. En 1786, Mirabeau, qui commence à se faire un nom, est envoyé en mission à Berlin par le ministre des Affaires étrangères, Vergennes. Rêvant de devenir le conseiller de Frédéric II de Prusse, il noue des contacts avec le frère de ce dernier, le prince Henri de Hohenzollern – mais le souverain décède durant son séjour. À son retour, il publie *De la monarchie prussienne*, un ouvrage de quatre volumes louant le défunt Frédéric II. Ce texte a été en réalité rédigé par deux officiers français dont Mirabeau n'hésite pas à s'approprier le travail. En mars 1787, de nouveau victime d'une lettre de cachet pour avoir attaqué le ministre Calonne, le Provençal doit trouver refuge aux Pays-Bas, alors en proie à une dure révolution réprimée par la Prusse. De cette révolution batave manquée, Mirabeau tire une conclusion décisive : pour se libérer, la classe moyenne doit s'appuyer sur le peuple. À la même époque, il devient membre de la Société gallo-américaine, créée par ses amis Brissot et Clavière, participe à la fondation de la Société des amis des Noirs, qui milite pour l'abolition de l'esclavage, et fait aussi partie de la Société des Trente, opposée à la division en trois ordres (noblesse, clergé, tiers état).

Une première tribune publique, lors d'un procès houleux à Aix, vaut à Mirabeau d'être connu jusqu'à Paris.

À la fin de l'année 1788, pour endiguer le marasme économique du royaume, Louis XVI décide de convoquer les états généraux. L'événement ne s'était plus produit depuis 175 ans. Comprenant aussitôt l'importance de l'enjeu, Mirabeau rentre en France, bien décidé à devenir député de son fief d'origine, la Provence. Compte tenu de sa réputation sulfureuse, la noblesse locale refuse de lui accorder son soutien, l'excluant même de l'ordre. Plaidant pour une assemblée unique, pour le doublement du nombre de députés du tiers état, ainsi que pour le vote par tête (et non par ordre), l'ambitieux rédige un appel à la nation provençale – qui lui permet de se faire élire, le 6 avril 1789, député du tiers état de la sénéchaussée d'Aix.

Le 5 mai, les états généraux s'ouvrent à Versailles. À 40 ans, Mirabeau s'apprête à entrer dans l'Histoire. D'emblée, il s'impose comme le député le plus en vue du tiers état. D'abord, en raison de son physique atypique : son visage d'une laideur repoussante et son imposante chevelure attirent tous les regards et exercent, il faut le dire, une certaine fascination. Il confie lui-même : « *Quand je secoue ma terrible hure, il n'y a personne qui osât m'interrompre.* » Ensuite, bien sûr, pour son talent oratoire : s'il n'écrit pas lui-même ses discours, rédigés par un atelier de collaborateurs, il possède un don exceptionnel pour trouver le ton et les gestes appropriés, déclamant chaque phrase avec un lyrisme et une énergie inégalables. Enfant déjà, il travaillait son éloquence dans les champs du Gâtinais. Grâce à sa voix de ténor, ce tribun de la lignée de Démosthène devient le porte-parole du tiers état.

Si Mirabeau se retrouve ainsi propulsé sur le devant de la scène, c'est aussi parce que, en raison de son déclassement social, il est l'un des hommes les mieux préparés aux changements qui s'annoncent. Ayant lui-même été victime

À la fin de l'année 1788, pour endiguer le marasme économique du royaume, Louis XVI décide de convoquer les états généraux.

de l'arbitraire sous l'Ancien Régime, il en a d'autant mieux anticipé la chute et imaginé la succession. Atout supplémentaire : bien que siégeant avec le tiers état, il est issu de la noblesse et jouit du prestige de son ordre. En privé, il se fait d'ailleurs donner du « Monsieur le comte ». Inspiré de Montesquieu et de la monarchie britannique, son programme politique est simple : établir un régime parlementaire reposant sur un équilibre des pouvoirs entre le roi et l'Assemblée.

Le 17 juin 1789, les députés du tiers état, renforcés par quelques membres du clergé, se proclament Assemblée nationale. Trois jours plus tard, ils font le serment, dans

Dans la salle du Jeu de paume à Versailles,
Mirabeau fait face au marquis de Dreux-Brézé.

la fameuse salle du Jeu de paume à Versailles, de ne se séparer que lorsqu'ils auront achevé la rédaction d'une Constitution. Pourtant, le 23 juin, inquiet de la tournure des événements, Louis XVI ordonne aux députés de se séparer et de regagner leurs chambres respectives, ce qui déclenche une pluie de protestations. Lorsque le marquis de Dreux-Brézé, maître des cérémonies, répète l'injonction royale, Mirabeau lui rétorque l'une des phrases les plus célèbres de la Révolution : « *Allez dire à votre maître que nous sommes ici par la volonté du peuple, nous n'en sortirons que par la force des baïonnettes.* » Le lendemain, une quarantaine de députés de la noblesse conduits par le duc d'Orléans se rallient aux députés du tiers état et du clergé. Le roi doit céder, la nouvelle Assemblée nationale prend le nom d'Assemblée constituante.

« Quand je secoue ma terrible hure, il n'y a personne qui osât m'interrompre. »

À la tribune, Mirabeau est au centre de tous les grands débats politiques. Proclamant que le peuple est la source de tous les pouvoirs et que lui seul peut déléguer, il participe à la rédaction de la Déclaration des droits de l'homme et du citoyen, contribue à instaurer la liberté de la presse, approuve la confiscation des biens du clergé et exige des classes privilégiées qu'elles sacrifient un quart de leur fortune, pour éviter la banqueroute au royaume. Le 28 septembre, il prononce l'un de ses discours les plus enflammés, aussitôt suivi par un tonnerre d'applaudissements : « *Deux siècles de déprédations et de brigandages ont creusé le gouffre où le royaume est près de s'engloutir. Il faut le combler, ce gouffre effroyable ! (...) Aujourd'hui la banqueroute, la hideuse banqueroute est là ; elle menace de consumer vous, vos propriétés, votre honneur (...) et vous délibérez !* »

Au printemps 1790, un violent pamphlet intitulé « La Grande Trahison du comte de Mirabeau » circule dans Paris.

Dans le même temps, Mirabeau continue à défendre les privilèges royaux, votant par exemple pour le veto absolu du roi et parvenant à convaincre l'Assemblée de laisser au souverain le commandement de l'armée. Effrayé dès l'automne 1789 par les revendications de plus en plus radicales d'une frange des députés, il tente de jouer le rôle d'intermédiaire afin de concilier la défense des acquis de la Révolution et le maintien des prérogatives royales. Les constitutionnels (dont La Fayette) ne facilitent pas son projet en votant le 7 novembre 1789 une loi interdisant à un député de devenir ministre du roi. Il faut croire que son double jeu avec le pouvoir royal commence à éveiller les soupçons… Au printemps 1790, un violent pamphlet intitulé « La Grande Trahison du comte de Mirabeau », dans lequel on l'accuse d'œuvrer pour la monarchie, circule même dans Paris. Si certains de ses amis comme Barnave ou Lameth rompent tout lien avec lui, sa popularité n'est pas pour autant entamée.

Les soupçons de collusion entre Mirabeau et Louis XVI sont pourtant justifiés. En mai 1790, le député a même signé un accord secret avec la Cour, par l'intermédiaire de son ami le comte de La Marck et de l'ambassadeur d'Autriche, Mercy d'Argenteau. Ce dernier fait de Mirabeau le conseiller de la famille royale, chargeant le révolutionnaire de rédiger à leur intention des mémoires et notes confidentiels. En contrepartie, Mirabeau se voit soulagé de plus de 200 000 livres de dettes et reçoit une rente mensuelle de 6 000 livres. On lui promet aussi un million, lorsque l'Assemblée sera dissoute. Mirabeau rêve depuis longtemps de cette fonction officieuse de « ministre » de Louis XVI, et n'a ménagé aucune intrigue pour l'obtenir. Ayant toujours aspiré à gouverner, il la considère comme un magistère et donne l'impression de présider le Conseil du roi. Cette opportunité est une savoureuse revanche sur sa jeunesse et sur son père. Sans rien avoir perdu de son hédonisme, Mirabeau multiplie les liaisons, vit dans le luxe et s'entoure d'une véritable cour.

De leur côté, connaissant son passé et sa vénalité, le roi et la reine ne font guère confiance à Mirabeau et ils le rémunèrent davantage pour le consulter que pour suivre ses conseils. Le 3 juillet 1790, Marie-Antoinette le reçoit en privé à Saint-Cloud, malgré sa répulsion pour celui qu'elle surnomme « le monstre » et qu'elle exècre. L'entrevue ne débouche sur rien de concret. Peut-on en conclure qu'en communiquant en secret avec la famille royale, Mirabeau trahit son camp ? En réalité, si sa démarche est intéressée, le révolutionnaire y voit surtout le moyen de transmettre ses idées au roi, qu'il tente de convaincre d'accepter les acquis irréversibles de la Révolution : l'égalité des citoyens devant la loi, la fin de la féodalité, la souveraineté de la nation... Mirabeau ne souhaite en aucun cas le retour à la monarchie de droit divin, il demeure favorable à un pouvoir royal fort, qu'il tient comme la meilleure garantie de préserver la souveraineté nationale contre la mainmise du Parlement. Dans les notes secrètes qu'il glisse au roi, il propose la création d'un parti monarchiste à l'Assemblée, qui serait sa caisse de résonance. Il suggère aussi de corrompre certains opposants ou même de réclamer l'élection d'une nouvelle Assemblée. En cas d'échec, Mirabeau va jusqu'à envisager un coup de force : le roi quitterait Paris pour se mettre en sûreté à Rouen. Puis, à la tête de troupes acquises à sa cause, il reviendrait à la conquête de la capitale et mettrait fin à la Révolution. Mais Louis XVI ne donnera pas suite à ce plan rocambolesque.

Seul révolutionnaire à jongler entre les deux camps, Mirabeau se trouve dans une position difficile à tenir, d'autant que son train de vie luxueux le rend suspect de corruption. Cela ne l'empêche pas d'être porté en février 1791 à la présidence de l'Assemblée, nomination dont il ne profitera guère. Usé par le travail et par une vie dispendieuse, il décède prématurément le 2 avril 1791, à 42 ans et au sommet de sa popularité, en prononçant ces mots : « *J'emporte dans mon cœur le deuil de la monarchie, dont les débris vont devenir la proie de factieux.* » C'est un député promis à un grand avenir qui se charge de lire son oraison funèbre, un certain Talleyrand. La rumeur se répand, prétendant que Mirabeau aurait été empoisonné. Le lendemain, une autopsie publique pratiquée devant une cinquantaine de témoins conclut à une mort naturelle. Sa

Mirabeau décède le 2 avril 1791 au sommet de sa popularité, à l'âge de 42 ans.

disparition provoque une immense émotion dans le pays. Aussitôt, l'Assemblée décrète que ses restes seront déposés en l'église Sainte-Geneviève, transformée pour l'occasion en sépulture destinée aux grands hommes de la Nation. Mirabeau aura l'honneur d'être le premier hôte du Panthéon. Dignes d'un roi, ses funérailles, célébrées deux jours plus tard, rassemblent plus de 300 000 personnes ! Ses bustes se vendent par milliers. Pourtant, en juin, l'arrestation de la famille royale à Varennes met un terme définitif au grand projet de réconciliation de Mirabeau. Après la chute de la monarchie en 1792, on découvre des preuves de sa connivence avec le roi dans la célèbre Armoire de fer des Tuileries. En représailles, la Convention ordonne qu'on retire du Panthéon la dépouille de l'homme qui, le 23 juin 1789, avait été le premier à oser défier l'Ancien Régime.

L'ARMOIRE DE FER DES TUILERIES

Le 20 novembre 1792, trois mois après l'arrestation de Louis XVI et son emprisonnement au Temple, le ministre de l'Intérieur Roland prend ainsi la parole à l'Assemblée nationale : « *Je viens rapporter à la Convention nationale plusieurs cartons remplis de papiers qui, par la nature et par le lieu où ils ont été trouvés, m'ont paru de la plus grande importance.* » Et il révèle que ces documents « *propres à jeter un très grand jour sur les événements [...] de la Révolution* » se trouvaient « *dans un lieu si particulier, si secret que si la seule personne de Paris qui en avait connaissance ne l'eût indiqué, il eût été impossible de les découvrir* ».

Cette personne n'est autre que François Gamain, entrepreneur de serrurerie à Versailles, celui-là même qui avait initié Louis XVI à la serrurerie, devenu depuis un fervent jacobin. Le roi l'a chargé quelques mois plus tôt, en mai 1792, d'aménager une armoire secrète dans un mur de son appartement des Tuileries et de la fermer par une porte de fer qui a été recouverte d'une couche de peinture imitant la pierre.

Cette armoire était destinée à dissimuler des actes divers, des comptes, mais surtout à la correspondance secrète que Louis XVI avait échangée avec ses conseillers et ses banquiers.

La découverte de lettres de Mirabeau provoque alors un scandale retentissant. Et encore, selon les dires de Mme Campan, femme de chambre de la reine, celles ayant trait aux subsides versés en récompense de ses services, avaient-elles été retirées peu de temps auparavant par le roi. Celui qui, un an plus tôt, en avril 1791, fut le premier à être inhumé en grande pompe au « Panthéon des gloires nationales », sera aussi le premier à en sortir !

LA PRINCESSE DE LAMBALLE,

SE SACRIFIA-T-ELLE POUR LA REINE MARIE-ANTOINETTE ?

Cinq mois avant Louis XVI et un an avant Marie-Antoinette, la princesse de Lamballe fut la première grande victime de la Terreur. À la différence de ses « cousins », elle ne fut pas guillotinée au terme d'un procès, mais assassinée dans des circonstances effroyables, lors des massacres de septembre 1792. Pourquoi cette innocente et jolie princesse, louée par tous pour sa simplicité, sa douceur, sa modestie et son extrême sensibilité, a-t-elle été visée par une telle barbarie ?

Certains avancent l'hypothèse que l'aristocrate aurait payé ainsi sa trop grande proximité avec la reine Marie-Antoinette, dont elle avait été durant presque vingt ans la surintendante. Leur relation fusionnelle fut à l'origine de quantité de rumeurs, qui contribuèrent à discréditer, avant même la Révolution, celle que l'opinion appelait avec mépris « l'Autrichienne ».

Qui était la princesse de Lamballe ? Quelles circonstances et quelles relations lui valurent son statut privilégié auprès de la reine Marie-Antoinette ? À quoi la menèrent ses louables qualités d'amitié et de loyauté ?

La princesse de Lamballe fut la première grande victime de la Terreur.

Veuve à 18 ans, la princesse est prise en affection par son beau-père, le duc de Penthièvre.

Marie-Thérèse-Louise de Savoie-Carignan naît à Turin en 1749. Elle est la fille du prince Louis-Victor de Savoie-Carignan, arrière-arrière-grand-père du roi d'Italie Victor-Emmanuel II, et d'une princesse allemande, Christine-Henriette de Hesse-Rheinfels-Rothenburg. À 17 ans, elle épouse un aristocrate français, le prince de Lamballe (Louis-Alexandre-Joseph-Stanislas de Bourbon-Penthièvre), fils unique du duc de Penthièvre et arrière-petit-fils naturel (mais légitimé) de Louis XIV. Dès son arrivée en France, la princesse de Lamballe trouve une place de choix à la cour de Louis XV. Compte tenu de l'ascendance royale de son époux, elle a même le privilège de se faire appeler « cousine » par le Dauphin, futur Louis XVI. Infidèle et imprudent, le prince de Lamballe contracte une maladie vénérienne qui l'emporte un an à peine après leur mariage. Veuve à 18 ans, elle est prise en affection par son beau-père, le duc de Penthièvre, un homme bon, paré d'une telle générosité qu'elle lui assure le surnom de « roi des pauvres ».

Par sa piété, sa douceur, sa modestie et son dévouement, la jeune femme émeut la Cour et suscite l'admiration générale. Rebaptisée « Bon Ange », la princesse se montre d'un naturel mélancolique et d'une sensibilité presque morbide. On pense un moment lui faire épouser le prince de Lambesc, Charles-Eugène de Lorraine, mais le projet échoue, en raison des compensations financières qui auraient dû être versées à la jeune femme pour la perte de son prestigieux rang. Elle ne se remariera pas.

Au printemps 1770, arrive à Versailles une princesse autrichienne, fille de l'impératrice Marie-Thérèse : Marie-Antoinette. Âgée de 14 ans, la jeune fille vient d'épouser le petit-fils de Louis XV, dauphin du trône de France et futur Louis XVI. Appartenant au premier cercle du roi, la princesse de Lamballe est aussitôt présentée à la dauphine. Ce n'est toutefois que l'année suivante que les deux jeunes femmes deviennent amies.

Marie-Antoinette arrive à Versailles au printemps 1770.

Leur rencontre a lieu lors des fêtes du carnaval, qui marquent le début du Carême. À cette occasion, la comtesse de Noailles, première dame d'honneur de Marie-Antoinette, organise dans ses appartements une série de bals luxueux. La dauphine s'entend peu avec celle qu'elle surnomme « Madame l'Étiquette ». Elle est à la recherche d'une confidente sur laquelle elle pourrait compter au sein de cette Cour qui lui est si peu familière. À Vienne, Marie-Antoinette était très proche de sa sœur Marie-Caroline et, depuis son arrivée en France, elle regrette de n'avoir pu reproduire cette intimité avec une autre jeune femme. Son amitié avec la princesse de Lamballe s'impose

L'amitié entre Marie-Antoinette et la princesse de Lamballe s'impose comme un coup de foudre.

alors comme une sorte de coup de foudre. La future reine apprécie que la jeune veuve, de six ans son aînée, n'ait rien d'une intrigante, et ses origines allemandes la mettent en confiance. Lorsque Versailles est sous la neige, les deux amies aiment se promener à traîneau à travers la campagne. La blondeur rayonnante de la princesse emmitouflée dans ses fourrures fera dire à Mme Campan, femme de chambre de Marie-Antoinette, qu'elle est « le printemps sous la martre et l'hermine ».

À la Cour, la respectabilité de la princesse de Lamballe demeure sans faille. Mais à cette époque où les bons mots font fureur, le peu de spiritualité dont elle fait preuve la dessert, au point que le précepteur de Marie-Antoinette, l'abbé de Vermond, met en garde la dauphine contre le manque d'esprit de sa confidente. Le caractère simple et naïf de la princesse est en outre accentué par une sensibilité exacerbée. Un jour, celle-ci se serait même évanouie en public à la simple vue d'un bouquet de violettes. Toutefois, ces défauts ne sont pas suffisants pour remettre en cause le profond attachement de Marie-Antoinette pour son amie. D'autant que les deux jeunes femmes ont un autre point commun : aucune n'a trouvé le bonheur conjugal. La dauphine souffre d'un mari trop timide, tandis que celui de la princesse se complaisait dans une sexualité débridée.

La dauphine appelle sa confidente « mon cher cœur », alimentant les rumeurs.

La relation entre la princesse de Lamballe et Marie-Antoinette devient fusionnelle. La dauphine appelle sa confidente « mon cher cœur » ou « mon ange » et signe ses lettres « un cœur entièrement vôtre ». Mais, contrairement à ce qu'on pourrait penser, ces mots ne sont pas l'expression d'une passion amoureuse entre les deux femmes. Répandu parmi la gent féminine de l'époque, ce langage s'inspire de celui forgé par Rousseau dans *La Nouvelle Héloïse*, ouvrage paru en 1761. Marie-Antoinette l'utilisera d'ailleurs avec d'autres femmes, dont sa belle-sœur, Madame Élisabeth. Plus tard, une rumeur, largement diffusée par les satiristes, prétendra que l'affection existant entre Marie-Antoinette et la princesse s'accompagnait de rapports intimes, dont on s'amusera à décrire les détails les plus outrés (orgies, utilisation d'accessoires...) dans des pamphlets orduriers. Dans la réalité, aucun échange sensuel n'a pu être établi entre les deux amies.

Le 10 mai 1774, le roi de France Louis XV meurt et le Dauphin lui succède sous le nom de Louis XVI. Nouvelle reine de France, Marie-Antoinette choisit de maintenir à leur place toutes les personnes attachées à son service. Mais un an plus tard, elle modifie l'organisation de sa Maison en nommant la princesse de Lamballe surintendante. Par

Marie-Antoinette vient de faire la connaissance d'une jeune femme plus fascinante: Gabrielle de Polignac.

sa fonction, cette dernière accède à un rang supérieur à toutes les dames d'atours et reçoit des appointements considérables s'élevant à 150 000 livres annuelles. Cette promotion ne manque pas de créer de vives jalousies ! D'abord parce que la charge honorifique de surintendante, jugée trop dispendieuse et génératrice d'interminables querelles de préséance, avait été supprimée en 1768 par Louis XV après la mort de la reine Marie Leczinska. Ensuite parce que le choix de sa bénéficiaire apparaît déplacé au regard de la tradition de Cour : la princesse de Lamballe n'est que la veuve d'un prince royal et, de ce fait, elle semble moins légitime que Mlle de Clermont, fille du prince de Condé et dont la tante avait été la dernière à occuper la fonction. La nouvelle surintendante ne tarde pas à essuyer ses premières critiques : elle n'organiserait pas les luxueux soupers pour lesquels ses conséquents émoluments sont prévus. Ironie du sort, c'est au moment précis où Marie-Antoinette accorde à son amie cette fonction prestigieuse que la reine commence à se lasser d'elle. Cette lucrative charge serait en quelque sorte un cadeau de rupture.

Pour comprendre la soudaine défaveur, plusieurs raisons sont avancées : le caractère effacé et trop docile, voire ennuyeux, de la princesse de Lamballe, sa sensiblerie

Après les journées d'octobre 1789,
la princesse de Lamballe accompagne la reine aux Tuileries.

de petite fille, mais aussi une santé fragile qui l'oblige à s'absenter souvent et à ne pas être aussi disponible que souhaité. Mais surtout, Marie-Antoinette vient de faire la connaissance d'une jeune femme plus fascinante : Gabrielle de Polignac, avec qui la relation se révèle plus intense. Cependant, une fois le poste de surintendante attribué, il ne peut être retiré. C'est pourquoi, quand bien même la princesse se voit remplacée auprès de la reine par Gabrielle de Polignac, elle demeure dans son proche entourage. Souffrant d'être évincée par Marie-Antoinette, elle insiste pour exercer certaines de ses prérogatives, comme celle de poser le petit déjeuner sur le lit de la reine ou de l'assister durant ses accouchements.

Près de quinze années s'écoulent ainsi jusqu'au déclenchement de la Révolution. Après les journées d'octobre 1789, la famille royale est contrainte de quitter Versailles pour Paris. La princesse de Lamballe accompagne la reine aux Tuileries, continuant à donner des soirées dans ses appartements, comme ses fonctions l'exigent. En juin 1791, Louis XVI prépare un repli à l'étranger. Un certain nombre de serviteurs sont mis dans la confidence pour qu'ils puissent se mettre en sûreté hors de Paris et quitter le royaume au cas où les choses tourneraient mal. Parce qu'elle est proche du duc d'Orléans, acquis à la Révolution, la princesse de Lamballe n'est informée de rien. Après l'arrestation de la famille royale à Varennes, elle parvient à quitter la capitale, se réfugiant à Bruxelles, puis à Aix-la-Chapelle, sous le nom d'emprunt de « comtesse d'Amboise ». L'échec de Varennes ayant en une nuit modifié la couleur des cheveux de Marie-Antoinette, celle-ci fait parvenir à sa suivante en exil une bague contenant une de ses mèches, accompagnée de l'inscription : « blanchis par le malheur ».

En dépit de cet épisode malheureux, de nombreux révolutionnaires souhaitent le maintien de la monarchie, craignant qu'une déchéance de Louis XVI n'entraîne la France dans une guerre contre les autres monarchies européennes. Parmi eux, se trouve Barnave, l'un des chefs de file des modérés. Pour restaurer un minimum de confiance entre le roi et la Révolution, il aimerait obtenir le retour des émigrés. Il demande ainsi à Marie-Antoinette de convaincre sa surintendante de revenir en France. La reine est opposée à ce projet, elle implore même son amie par courrier de demeurer à l'étranger : « *Non, encore une fois, ne revenez pas, mon cher cœur ; ne vous jetez pas dans la gueule du tigre ; j'ai déjà trop de mes inquiétudes pour mon mari et mes pauvres petits enfants.* » Mais Barnave sait se montrer convaincant. Démontrant à la reine que le retour de la princesse de Lamballe constituerait un acte

Le 10 août 1792, des milliers de sans-culottes prennent d'assaut le palais des Tuileries.

patriotique et témoignerait de bonnes intentions, il obtient son accord le 29 septembre. Un mois plus tard, en réponse aux messages de sa maîtresse, la loyale princesse accepte de quitter l'Allemagne. Après avoir rendu visite au duc de Penthièvre, elle rejoint la capitale à la mi-novembre et s'installe dans un appartement voisin de celui de la reine aux Tuileries. Connaissant la passion de Marie-Antoinette pour les chiens, elle lui a apporté en cadeau un épagneul blanc et roux, qu'on baptise « Mignon ». Par précaution, la princesse a tout de même rédigé son testament...

Dans les milieux révolutionnaires, on accuse aussitôt la surintendante d'être revenue pour s'adonner à des pratiques lesbiennes avec la reine. Reprenant ses fonctions initiales, la princesse de Lamballe profite de ses liens avec le duc d'Orléans et de son appartenance à la franc-maçonnerie – elle a été élue quelques années plus tôt Grande Maîtresse des Loges Écossaises Féminines – pour intercéder en faveur de la famille royale. Hélas, à partir du printemps 1792 et de la déclaration de guerre à l'Autriche, la

situation devient explosive. Le 10 août, des milliers de sans-culottes prennent d'assaut le palais des Tuileries. Au terme d'une journée sanglante, la famille royale est constituée prisonnière et la monarchie renversée. Marie-Antoinette abandonne toutes ses dames d'honneur, mais obtient la permission de conserver à ses côtés sa surintendante, ainsi que la gouvernante de ses enfants, la marquise de Tourzel. Protégée par des gardes, la famille royale est conduite jusqu'à la salle de réunion de l'Assemblée. Elle y demeurera trois jours avant d'être envoyée à la tour du Temple. Le roi, la reine, leurs enfants et les deux compagnes de Marie-Antoinette sont entassés dans un carrosse, qui traverse la capitale sous les quolibets et les injures.

Le 19 août, alors que les armées ennemies viennent d'envahir la France, la princesse de Lamballe et la marquise de Tourzel sont extraites de la tour du Temple, sous prétexte d'être interrogées dans le cadre d'une enquête portant sur des crimes que des royalistes auraient commis lors de la prise des Tuileries. Marie-Antoinette s'oppose de toutes ses forces à cette décision, invoquant les liens de parenté de la surintendante avec le roi. Elle supplie qu'on autorise celle-ci à demeurer auprès d'elle. Sa requête rejetée, elle prie alors la marquise de Tourzel de veiller sur la princesse. Les deux femmes sont transférées à l'hôtel de ville, puis à la prison de La Force, l'une des plus sinistres de Paris. Durant des semaines, le vieux duc de Penthièvre met à profit son immense fortune pour tenter de faire libérer sa belle-fille. En vain. Dans le même temps, les chefs révolutionnaires font courir le bruit que, profitant de l'avancée des troupes étrangères à l'est du pays, les royalistes s'apprêtent à libérer et armer les prisonniers pour mettre fin à la Révolution. En conséquence, les 2 et 3 septembre 1792, des centaines de sans-culottes déchaînés pénètrent dans les prisons parisiennes, commettant des massacres

Le roi, la reine, leurs enfants et les deux compagnes de Marie-Antoinette sont entassés dans un carrosse qui traverse la capitale sous les injures.

effroyables parmi les détenus suspectés d'être des agents de la contre-révolution. Plus d'un millier de personnes vont périr dans ces sanglantes exactions.

À la prison de La Force, la princesse de Lamballe comparaît devant un « tribunal populaire ». Face à ses soi-disant juges, elle refuse d'accuser le roi et la reine ou de crier « Vive la Nation ». L'ordre est donné de la conduire dans la prison de l'Abbaye, lieu d'exécution des condamnés. Dans la cour, la princesse est massacrée à coups de marteau. Plus tard, on racontera qu'elle aurait été violée, ses seins et ses parties génitales découpés, son cœur arraché, puis mangé sur le lieu même du supplice par la foule. Difficile de connaître la vérité. Ce qui est certain, c'est que son

*Dans la cour, la princesse est massacrée
à coups de marteau, son corps éventré, sa tête décapitée.*

corps nu fut décapité et éventré. Ses viscères furent ensuite plantés sur une pique et sa tête sur une autre. La dépouille de la princesse sera exhibée dans la capitale, avant que la foule ne décide d'apporter la tête de la martyre à la prison du Temple, pour que Marie-Antoinette embrasse les lèvres de sa prétendue maîtresse.

Lorsque la foule entre dans la cour du Temple, le couple royal, qui se trouve au deuxième étage, demande la cause de cette agitation. Cléry, le valet du roi, explique à Louis XVI l'horrible situation. Marie-Antoinette s'évanouit d'effroi. Pour empêcher la reine d'apercevoir la tête de son amie promenée sur une pique, des rideaux sont suspendus aux fenêtres et l'accès au bâtiment barricadé. Horrifiée par le sort de sa fidèle et loyale favorite, se sentant coupable de sa mort, la reine pleurera toute la nuit.

MIGNON, L'ÉPAGNEUL DE LA REINE

Mops, la petite boule de poils que Marie-Antoinette amena avec elle lorsqu'elle vint en France pour épouser le futur Louis XVI, a été rendu célèbre par le film de Sofia Coppola, *Marie-Antoinette* – il a même obtenu à Cannes en 2006 la Palm Dog. La future reine aimait particulièrement ces petits chiens, carlins ou épagneuls nains, qui lui tenaient compagnie à la cour de Vienne. Elle n'était pas la seule : ces animaux familiers étaient au XVIIIe siècle très en vogue à la Cour. La princesse de Lamballe, sur le tableau qui la représente avec le duc de Penthièvre et sa famille, *La Tasse de chocolat*, joue elle aussi avec l'un d'entre eux. En offrir ou donc s'en faire offrir était un gage d'amitié et de fidélité. C'est tout naturellement que la princesse pensa à offrir un petit chien nommé Thysbe à la reine quand celle-ci se trouva enfermée aux Tuileries. Marie-Antoinette le rebaptisa Mignon.

Toute une légende s'est établie autour de ce petit épagneul. Il aurait suivi la reine lorsqu'elle fut transférée au Temple, puis à la Conciergerie où on ne l'aurait pas laissé entrer. Malgré les coups de baïonnette que lui auraient donnés les gendarmes pour le chasser, il serait resté là à attendre sa maîtresse, et l'aurait même suivie jusqu'à l'échafaud où les spectateurs étonnés l'auraient entendu hurler à la mort.

Quant à Coco, dernier chien de Marie-Antoinette, une stèle rappelle qu'il est enterré dans le jardin de l'hôtel de Seignelay, 80 rue de Lille à Paris, qui abrite depuis 2012 le ministère de la Fonction publique.

L'INCROYABLE
MADAME TALLIEN

Alors qu'elle fut la femme la plus influente du Directoire, Mme Tallien est aujourd'hui presque tombée dans l'oubli. Pourtant elle fut, de manière indirecte, à l'origine de la chute de Robespierre, lors du célèbre « 9 Thermidor », alors qu'elle attendait d'être guillotinée dans la prison des Carmes en compagnie de Joséphine de Beauharnais. Son rôle crucial durant la Terreur lui valut d'ailleurs le surnom de Notre-Dame de Thermidor.

Considérée comme l'une des plus belles femmes de son temps, Thérésa Tallien a, au cours de sa vie, multiplié les conquêtes, les maris, les titres et les nationalités. Mariée trois fois et mère de onze enfants, elle fut successivement espagnole, française, hollandaise, belge, marquise de Fontenay et princesse de Chimay. Courtisée par Bonaparte, elle aurait même pu être la première impératrice de l'histoire de France. Mme Tallien, avec ses mœurs légères et sa profonde humanité, démontra que la morale n'est pas nécessairement vertueuse. Retour sur la vie haute en couleur de celle qui fut la « reine du Directoire ».

Comment cette intrigante débarquée d'Espagne en pleine Terreur française parvint-elle à sauver des vies de l'échafaud ? De quelle manière sut-elle user de ses charmes pour tirer profit d'amants toujours plus influents ? Enfin, comment fit-elle, après avoir échappé de justesse à la décapitation, pour se réinventer en égérie de la mode ?

Mme Tallien fut la femme la plus influente du Directoire et à l'origine de la chute de Robespierre.

Dès son plus jeune âge, Thérésa apprend à user de son charme et obtient tout ce qu'elle désire.

C'est en 1773 que Thérésa Cabarrus voit le jour dans le château de San Pedro de Carabanchel de Arriba, près de Madrid. Son père, François Cabarrus, est un banquier français originaire de Bayonne, qui a choisi d'émigrer en Espagne à l'âge de 20 ans avec l'ambition de devenir ministre des Finances du roi d'Espagne Charles III. Parvenu à son but, il fonde en 1782 la banque San Carlos, premier établissement financier du pays. Dès son plus jeune âge, Thérésa apprend à user de son charme et obtient tout ce qu'elle désire par la grâce de son sourire enjôleur. D'abord élevée chez les religieuses, elle regagne à 12 ans le château familial. D'une remarquable précocité, cette adolescente qui possède déjà les manières d'une jeune femme et un vif tempérament envoûte même son oncle maternel, qui envisage de la demander en mariage ! Pour éviter un scandale qui favoriserait ses adversaires et pourrait causer sa disgrâce, François Cabarrus décide d'éloigner sa fille de Madrid. Cherchant à consolider ses appuis en France, il envoie Thérésa à Paris afin qu'elle puisse parfaire son éducation et rencontrer un bon parti.

L'ambiance et le rayonnement de Paris, alors capitale de la galanterie, enchantent Thérésa. Adorant plaire et séduire, elle ne tarde pas à gagner une certaine notoriété en suscitant curiosité et convoitise. Un mariage est ainsi conclu

Son père, François Cabarrus, devient ministre des Finances en Espagne.

le 21 février 1788 avec Jean-Jacques Devin de Fontenay, conseiller à la troisième chambre des enquêtes du Parlement de Paris, bien qu'elle n'ait pas encore 15 ans. De onze ans son aîné, cet homme n'a rien de séduisant, mais dispose d'une fortune confortable. Avec la dot de son épouse, de Fontenay achète le titre de marquis. Thérésa – désormais marquise de Fontenay – devient l'une des coqueluches de la vie parisienne, jusqu'à être présentée à Louis XVI et à la cour de Versailles, ainsi qu'à la famille royale espagnole. Grande et élancée, la peau blanche sous une chevelure de jais, la jeune femme aux yeux sombres fait tourner les têtes. À la veille de la Révolution, son salon est fréquenté par de brillants esprits : Mirabeau, La Fayette, Rivarol, ou le juriste Louis-Michel Lepeletier de Saint-Fargeau, avec lequel elle entretient une liaison et qui serait le père de son premier enfant, Théodore.

Acquise aux idées nouvelles, la marquise accueille avec enthousiasme les événements de 1789, porte avec élégance la cocarde tricolore et participe, le 14 juillet 1790, à la mémorable fête de la Fédération. Elle est proche du « club de 1789 » qui rassemble l'aile modérée des révolutionnaires, comme La Fayette, Mirabeau, Barnave ou Condorcet. Mais son couple se délite. Après quelques années de vie commune, le couple se sépare et Thérésa se console dans les

Séparée de son mari, Thérésa se console dans les bras de l'influent député Alexandre de Lameth.

bras d'un influent député, Alexandre de Lameth. À partir de l'été 1792, avec la chute de la monarchie et le tournant de plus en plus radical pris par la Convention, la plupart des amis de Thérésa tombent en disgrâce. Lameth mis en accusation et emprisonné, la marquise retourne vivre chez son mari. Le couple, appartenant à la noblesse, suscite l'hostilité des jacobins, et fait face à une situation financière d'autant plus délicate que le marquis a dilapidé la dot de son épouse. Sans le sou, elle doit se résoudre à quitter la capitale ! Un retour en Espagne est exclu, car son père a été arrêté et emprisonné pour escroquerie. Thérésa décide de rejoindre Bordeaux, fief des députés modérés de la Convention, où réside une partie de sa famille. Le 6 mars 1793, les deux époux quittent Paris. À peine arrivée à Bordeaux, la jeune femme se sépare définitivement de son encombrant mari en lui offrant ses bijoux comme cadeau d'adieu. Leur divorce est prononcé en avril 1793.

Le 2 juin suivant voit les députés girondins exclus de la Convention, sous la pression des sans-culottes parisiens, de tendance jacobine. Aussitôt, la ville de Bordeaux se révolte et tombe aux mains des fédéralistes. Pour étouffer

Adorant plaire et séduire, Thérésa ne tarde pas à gagner une certaine notoriété en suscitant curiosité et convoitise.

l'insurrection, la Convention envoie un commissaire, le député Claude-Alexandre Ysabeau, lequel est rejoint à la fin du mois d'août par le député Marc-Antoine Baudot. Menacés de mort par les fédéralistes, les deux hommes sont expulsés de la ville. À la tête du Comité de salut public, Robespierre choisit de dépêcher un homme à poigne pour mettre fin aux tentatives de contre-révolution : Jean-Lambert Tallien. Principal animateur de la section parisienne des Lombards, ce dernier porte une part de responsabilité non négligeable dans les massacres de Septembre. Député de la Seine-et-Oise, il siège à la Convention dans les rangs des Montagnards. Tallien arrive à Bordeaux le 17 octobre 1793, avec une armée de 3 000 hommes, et décrète d'emblée le gouvernement révolutionnaire. Pour restaurer l'ordre dans la ville, le nouvel homme fort se livre

à d'impitoyables exactions contre tous ceux qu'on soupçonne d'être contre-révolutionnaires, et en premier lieu les aristocrates. Instaurateur de la Terreur, il commence par faire guillotiner le maire, François-Armand Saige, puis crée une commission militaire chargée d'éliminer les fédéralistes. C'est ainsi que plus de 5 000 personnes sont arrêtées – dont les 86 comédiens du Théâtre de la Nation – et plusieurs centaines condamnées à mort. On raconte que Tallien assiste aux exécutions depuis sa fenêtre...

Thérésa accepte sans déplaisir de devenir la maîtresse de Tallien, trouvant à son libérateur allure et charisme.

Cette sanglante répression permet au jeune commissaire de la Convention d'asseoir son autorité sur la ville. Tallien pousse l'humiliation des Bordelais jusqu'à faire rebaptiser le département de la Gironde « Bec-d'Ambès ». Il impose aux plus riches des confiscations de biens, tout en vivant dans un luxe et un faste qui choquent les habitants. Quant à Thérésa, après être intervenue auprès des révolutionnaires pour faire libérer sa famille, elle est arrêtée en novembre 1793 en vertu de la « loi des suspects », avant d'avoir pu fuir en Espagne. Elle est emprisonnée dans le sinistre fort du Hâ, où nombre de détenus attendent que la Commission militaire de Gironde annonce leur sentence. La jeune femme parvient alors à entrer en contact avec Tallien, rencontré quelques années plus tôt à Paris, à l'époque où elle fréquentait Lameth.

Envoûté par ses charmes, il ordonne sa libération. Thérésa sait qu'en contrepartie elle devra consentir à devenir sa maîtresse, un rôle qu'elle accepte sans déplaisir, trouvant à son libérateur allure et charisme.

À la prison des Carmes, elle fait la connaissance d'une aristocrate d'origine créole : une certaine Joséphine de Beauharnais.

Le 30 décembre 1793, les Bordelais fêtent la reprise de Toulon aux Anglais. À cette occasion, Tallien organise une « Fête de la Raison », cérémonie civique et athée instaurée par les jacobins pour supplanter le christianisme. Dans l'église Notre-Dame de Bordeaux, transformée en « Temple de la Raison », le commissaire pose en grand uniforme républicain au côté de sa resplendissante maîtresse. Thérésa lit pour l'occasion un discours sur l'éducation qu'elle a elle-même rédigé, avant d'être ovationnée par la foule. Subjuguant Tallien, elle comprend tout le profit qu'elle pourra tirer de son ascendant sur le premier personnage de Bordeaux. Elle s'en sert pour obtenir de multiples mesures de clémence à l'égard des prisonniers, allant jusqu'à mettre en place un « bureau des grâces », qui sauve de l'échafaud grand nombre de condamnés à mort. Parallèlement, la jeune femme se démène en faveur des plus démunis et s'improvise infirmière et institutrice. Elle acquiert ainsi une immense popularité à Bordeaux, où elle est surnommée « Notre-Dame de Bon Secours » !

Le 9 Thermidor, à la Convention, Tallien déclenche les hostilités en interrompant Saint-Just qui vient de prendre la parole.

Toutefois, l'indulgence de Tallien envers les adversaires de la Terreur n'est pas du goût de la Convention, et sa liaison avec une marquise divorcée lui vaut de violentes critiques. Accusé de « modérantisme », il est sommé de rentrer à Paris en mars 1794 pour y justifier son action bordelaise. Si la Convention lui réitère son soutien, il est dans la ligne de mire de Robespierre. Or, Thérésa a commis l'erreur de suivre son amant à Paris, où les nobles sont interdits de séjour. Arrêtée le 30 mai sur ordre du Comité de salut public, elle est incarcérée à la prison de la Force, puis à la prison des Carmes, où elle fait la connaissance d'une aristocrate d'origine créole, épouse de l'ancien président de l'Assemblée constituante et qui, comme elle, risque la guillotine : une certaine Joséphine de Beauharnais. Se livrant à un sordide marchandage, Robespierre propose à Thérésa la vie sauve en échange de son témoignage contre son amant, confession que la jeune femme lui refuse farouchement.

L'arrestation de sa maîtresse met Tallien hors de lui. Chassé du club des jacobins par Robespierre et craignant d'être à son tour arrêté, il fomente avec Fouché un complot visant à renverser « l'Incorruptible ». Mais le temps passe et, le 25 juillet, il reçoit ce message de Thérésa : « *On me dit que je monterai bientôt sur l'échafaud. Je meurs d'appartenir à un lâche.* » Cette lettre le décide à avancer le coup d'État. L'événement se déroule à la Convention deux jours plus tard, le 9 Thermidor (27 juillet 1794). Ce jour-là, Tallien déclenche les hostilités en interrompant Saint-Just qui vient de prendre la parole. Alors que Robespierre tente d'intervenir, il brandit un poignard à la tribune et annonce qu'il va le lui planter dans le cœur si la Convention ne le soumet pas au « décret d'accusation », une procédure qui permet de contourner l'immunité des députés. Devenu l'un des hommes les plus en vue, Tallien fait son entrée au Comité de salut public et obtient en quelques jours la libération de Thérésa. Les deux amants se marient quelques mois plus tard et baptisent leur fille « Thermidor » !

Comme à Bordeaux un an plus tôt, la nouvelle Mme Tallien use de son influence auprès de son mari afin d'obtenir des mesures de clémence à l'égard des adversaires du régime, et sauve encore de nombreuses vies. Pour empêcher les arrestations, elle fait disparaître des actes d'accusation, et des listes entières de suspects, ce qui lui vaut le nouveau surnom de « Notre-Dame de Thermidor ». Sa réputation dépasse même les frontières du pays, puisque le Premier ministre britannique, William Pitt le Jeune, déclare à son sujet : « *Cette femme serait capable de fermer les portes de l'enfer.* » Or, durant l'été 1795, Tallien se signale par de nouvelles exactions contre les royalistes et en particulier la répression sanglante de l'expédition de Quiberon, qui se solde par des centaines d'exécutions sommaires. Son mari ayant trop de sang sur les mains, Thérésa décide de le quitter. Bientôt discrédité par ses choix, Tallien sera ensuite relégué à un rôle politique mineur.

Elle scandalise le peuple parisien qui voit en elle une femme corruptrice et légère, la surnommant « la plus grande putain de Paris ».

Un an après la chute de Robespierre, un nouveau régime naît sur les cendres de la Terreur : le Directoire, qui s'accompagne d'un relâchement des mœurs et du retour des femmes dans la sphère publique. Surnommées les « Merveilleuses », ces jeunes femmes refusent les contraintes vestimentaires imposées par les sans-culottes, qu'elles défient en arborant des tenues affriolantes et en faisant étalage de leurs richesses. Avec son amie Joséphine de Beauharnais, devenue la maîtresse de Barras – l'homme le plus influent du pays –, Mme Tallien se retrouve propulsée égérie du nouveau régime à tout juste 22 ans. Elle donne ainsi le ton de la mode, inaugurant ce qu'on appellera le style « néo-grec ». Leurs toilettes affolent la mode européenne, telles ces robes de mousseline diaphanes dans lesquelles les Merveilleuses aiment se promener, même en plein hiver. Thérésa se parfume à l'huile de néroli, pare ses orteils de bagues et porte d'extravagantes perruques blondes à bouclettes. En octobre 1795, Barras, qui souhaite rompre avec Joséphine de Beauharnais, lui présente un jeune officier prometteur et ambitieux, Napoléon Bonaparte. Lors de ses visites à Joséphine, le Corse fait la connaissance de sa meilleure amie, Mme Tallien. Troublé par cette dernière, il lui fait une cour effrénée. Mais Thérésa refuse de céder aux avances de ce petit général sans affectation. Elle se permet même de l'humilier en lui offrant du drap pour un nouvel uniforme et insiste, cruelle : « *Eh bien, mon ami, vous les avez, vos culottes !* » Cette plaisanterie n'amuse pas le futur empereur, qui saura se venger plus tard de cet affront. En attendant, il reporte son intérêt sur Joséphine, de dix ans l'aînée de Thérésa, pour l'épouser en mars 1796.

En 1797, Mme Tallien devient à son tour la maîtresse de Barras, qui est l'homme le plus puissant du Directoire. Tenant un salon fréquenté par la nouvelle élite, elle scandalise une partie du peuple parisien qui voit en elle une femme corruptrice et légère, la traitant de « plus grande putain de Paris ». L'ancien député montagnard Pierre-Amable de Soubrany écrit d'elle : « *Cette femme remplace aujourd'hui Marie-Antoinette : elle affiche le luxe le plus insolent au milieu de la misère publique, paraît au spectacle couverte de diamants, vêtue à la romaine, et donne le ton à tout ce que Paris renferme d'impur dans les deux sexes.* » En 1798, tandis que son mari, dont elle n'est toujours pas divorcée, accompagne Bonaparte en Égypte, elle devient la maîtresse du banquier Gabriel-Julien Ouvrard, qui l'installe dans un luxueux hôtel particulier rue de Babylone. Thérésa et Ouvrard auront quatre enfants.

Exclue des grandes soirées parisiennes, Thérésa se lie à Mme de Staël, chez qui elle rencontre un aristocrate émigré, le comte de Caraman.

En 1799, la prise de pouvoir de Bonaparte lors du 18 Brumaire marque la disgrâce de Thérésa. Le nouveau consul refuse de l'admettre à sa Cour et interdit à Joséphine de revoir son amie. Exclue des grandes soirées parisiennes, elle se lie à Mme de Staël, chez qui elle rencontre un aristocrate émigré, le comte de Caraman. Son divorce avec Tallien ayant été prononcé le 8 avril 1802, elle se remarie trois ans plus tard avec le comte, devenu entre-temps prince de Chimay. Retirée dans son château en Belgique, Thérésa donnera quatre enfants à son nouvel époux. Et c'est en tant que princesse de Chimay que l'ancienne reine du Directoire finit paisiblement sa vie en bonne mère de famille, préférant les concerts musicaux à l'agitation parisienne. La « merveilleuse » Mme Tallien s'éteint dans son château à 61 ans, en 1835.

INCROYABLES ET MERVEILLEUSES

Après la chute de Robespierre le 9 Thermidor, en réaction à la folie sanguinaire de la Terreur, une frénésie de plaisirs et de divertissements s'empare de la société parisienne. On court les bals et les théâtres. La frivolité et le luxe font leur apparition au sein d'une « jeunesse dorée » caractérisée par l'extravagance vestimentaire. Chez les hommes, baptisés « Incroyables », ce sont les gilets à grand revers, les jabots immenses, les culottes plissées, les bas rayés, les poulaines, qui vont avec une coiffure en « oreilles de chien » et un langage affecté d'où sont bannis les « r » : « Pa'ole d'honneu', c'est inc'oyable ! » Chez les femmes, c'est l'antiquomanie, portée par la découverte récente d'Herculanum et Pompéi, qui est de mise : coiffures attachées à la grecque, robes de tulle ou de mousseline – à la façon de Diane, Cérès, Flore, ou à la Vestale, c'est-à-dire ceinturées juste sous la poitrine –, sandales attachées aux chevilles par des lanières… Elles ne craignent pas de dénuder bras et jambes. Ainsi le veut celle qui, avec son amie Joséphine de Beauharnais, fait et défait la mode : Mme Tallien, la première à avoir proscrit la chemise « qui dépare la taille et s'arrange gauchement » au profit de tuniques si légères qu'elles en sont translucides. La plus merveilleuse de ces « Merveilleuses ».

DÉSIRÉE CLARY,

LE PREMIER AMOUR DE NAPOLÉON

Le destin de Désirée Clary est l'un des plus incroyables du XIXe siècle. Cette riche Marseillaise, un brin fantasque, sans guère d'ambition et d'un caractère casanier, n'aspirait qu'à une existence simple et paisible aux côtés des siens, et surtout d'une sœur qu'elle adorait. Loin des « reines du Directoire » qu'étaient Mme Tallien, Juliette Récamier ou Joséphine de Beauharnais, elle fut néanmoins courtisée par deux des frères Bonaparte, puis par les célèbres généraux Duphot et Junot, avant d'épouser un autre militaire illustre, Jean-Baptiste Bernadotte.

Convaincue que sa destinée était d'être désirée par des héros, elle aurait pu devenir duchesse d'Abrantès en choisissant Junot, reine de Naples et d'Espagne avec Joseph Bonaparte, ou encore impératrice avec Napoléon. Elle sera couronnée reine de Suède en choisissant Bernadotte. Une ascension aussi fulgurante qu'inattendue, qui lui inspira ce commentaire désabusé : « *Que c'est triste les cours, lorsqu'on n'y a pas été élevé !* »

Quel fut l'itinéraire de cette Méridionale dont les descendants règnent aujourd'hui encore sur la Suède ? Comment a-t-elle conquis puis perdu le cœur du jeune Napoléon ? Par quels détours de l'Histoire une jeune fille gâtée par la vie et si peu aventureuse embrassa-t-elle une telle destinée ?

Loin des reines du Directoire, la discrète Désirée Clary sera courtisée par deux des frères Bonaparte avant de devenir reine de Suède.

Après le mariage de ses aînés, Désirée demeure proche de sa sœur Julie, qui a six ans de plus qu'elle.

Dernière enfant d'une famille nombreuse, Désirée Clary naît à Marseille en 1777. Son père, François Clary, est un riche négociant spécialisé dans la savonnerie et le commerce des étoffes avec le Levant. Sa mère, Françoise Somis, est la fille de l'ingénieur en chef du port. Désirée grandit dans un hôtel cossu de la rue de Rome. Après le mariage de ses aînés, elle demeure proche de sa sœur Julie, qui a six ans de plus qu'elle. Si les filles Clary ne sont pas réputées pour leur grande beauté, elles sont en revanche convoitées pour leur dot, leur père étant l'un des hommes les plus fortunés de la région. Le destin de Désirée va basculer durant la Terreur, lorsqu'elle croise le chemin d'une famille promise à la postérité...

En juin 1793, les Bonaparte sont chassés de Corse, à la suite de leur rivalité avec les Paoli. Débarqués à Toulon, ils s'installent près de Marseille. Alors que Napoléon est affecté dans la troupe chargée d'étouffer l'insurrection fédéraliste du Midi, son frère aîné Joseph est nommé commissaire des guerres à l'armée d'Italie. Dans la cité phocéenne, ce dernier fait la connaissance des Clary et devient un familier de la maison. Âgée de 22 ans, Julie tombe aussitôt amoureuse et rêve de l'épouser. S'il se réjouit d'une union avec une si riche héritière, Joseph lui préfère sa sœur Désirée, à peine âgée de 16 ans mais bien plus jolie. Il ne tarde pas à leur présenter sa famille, et notamment son cadet qui vient d'accomplir un premier fait d'armes en reprenant Toulon aux royalistes alliés des Anglais. C'est ainsi que Napoléon rencontre la jeune fille convoitée par son frère et s'en éprend lui aussi ! Prétextant que le caractère bien trempé de Julie s'accorderait mieux avec la nature indécise de Joseph que le caractère docile de Désirée, il réussit à convaincre ce dernier de choisir l'aînée pour épouse. C'est ainsi que, le 1er août 1794, cinq jours après la chute de Robespierre et la fin de la Terreur, Julie Clary épouse Joseph Bonaparte.

Joseph Bonaparte, nommé commissaire des guerres à l'armée d'Italie, fait la connaissance de la famille Clary.

De son côté, Napoléon a promis le mariage à Désirée. Cependant, le jeune général est affecté depuis mars dans l'armée d'Italie – mission qu'il conserve après avoir purgé une courte peine de prison en raison de ses sympathies robespierristes. Il ne rentre donc à Marseille que l'année suivante, au printemps 1795, pour se fiancer à Désirée. Durant près d'un mois, les jeunes amoureux s'offrent de longues promenades, se plaisent à évoquer leur bonheur futur et projettent d'acheter, avec la dot de la promise, une maison où l'on élèvera des abeilles ! Comme plus tard avec

Joséphine, Bonaparte appelle Désirée par son deuxième prénom, Eugénie, pour que ses mots doux ne puissent être prononcés par un autre. Admirative et attentive aux moindres requêtes de son soupirant, Désirée apprend, pour lui faire plaisir, à chanter et à jouer du piano.

Le 8 mai 1795, Napoléon est rappelé à Paris pour servir dans l'armée de l'Ouest comme général d'artillerie. Durant cette nouvelle séparation forcée, les amants s'échangent des lettres passionnées. Désirée se morfond : « *Chaque instant me perce l'âme, il m'éloigne du plus chéri des amis. Mais tu es toujours présent à mon cœur. Mon imagination croit te voir dans tous les chemins où je passe. Ta pensée me suit partout et me suivra jusqu'au tombeau. Oh ! Mon ami, puissent tes serments être aussi sincères que les miens et puisses-tu m'aimer autant que je t'aime.* » Leur idylle souffre de leur éloignement. Et la famille de la jeune Marseillaise, déjà embarrassée d'avoir pour gendre un premier Bonaparte sans fortune, se montre hostile à l'idée de voir Désirée épouser un jeune général sans avenir et tout aussi désargenté. Car, après avoir refusé de partir combattre en Vendée, Napoléon se retrouve à errer dans la capitale, sans argent ni commandement. Les lettres entre les deux fiancés s'espacent peu à peu, d'autant qu'à la mort de son père, Désirée suit sa famille à Gênes. Leurs amours contrariées inspirent à Napoléon un petit roman, rédigé durant l'automne 1795 et qui constitue l'ultime tentative littéraire du futur empereur : *Clisson et Eugénie*.

En octobre, le nouvel homme fort du moment, Paul Barras, qui souhaite rompre avec sa maîtresse Joséphine de Beauharnais, décide de la présenter à Bonaparte. L'ambitieux général s'est illustré quelques jours plus tôt en réprimant l'insurrection royaliste du 13 Vendémiaire. Le Corse ne se fait pas prier pour faire la cour à cette

Quand, en mars 1796, Désirée apprend le mariage de son fiancé avec Joséphine de Beauharnais, le choc est violent.

« reine du Directoire », non sans avoir cherché auparavant de séduire sa meilleure amie, Madame Tallien. Quand, en mars 1796, Désirée apprend le mariage de son fiancé avec Joséphine de Beauharnais, le choc est si violent qu'elle lui adresse un message empli de désespoir : « V*ous m'avez rendue malheureuse pour toute ma vie et j'ai encore la faiblesse de vous pardonner. Vous êtes donc marié ! Il n'est plus permis à la pauvre Eugénie de vous aimer, de penser à vous. [...] Je ne puis m'accoutumer à cette idée, elle me tue, je n'y puis survivre [...]. Au milieu de votre bonheur, n'oubliez pas Eugénie et plaignez son sort.* » La rupture entre Napoléon et son premier amour est consommée, mais le désarroi de Désirée marquera le général qui, toute sa vie, tentera de se racheter auprès de celle dont il a brisé le cœur.

Bel homme, doué de prestance, le général Bernadotte s'est distingué dans l'armée du Rhin.

En 1797, Désirée se fiance avec un général prometteur, du même âge que Napoléon : Léonard Duphot. Ce dernier se trouve à Rome, où il a été nommé aide de camp de Joseph Bonaparte, ambassadeur auprès du pape Pie VI. Or, le 28 décembre 1797, deux jours à peine avant la noce, Duphot est abattu par les gardes pontificaux alors qu'il tentait d'apaiser une émeute anti-française... La jeune femme est aussitôt courtisée par un héros des guerres d'Italie, Jean-Andoche Junot, qui commet la maladresse de charger un jeune colonel, Viesse de Marmont, de déclarer sa flamme en son nom à l'attrayante héritière. Si Désirée refuse d'épouser Junot, elle reconnaîtra qu'elle n'aurait pas dit non à son émissaire, futur maréchal d'Empire... C'est pourtant un autre maréchal en devenir qui épousera la jeune Marseillaise. Béarnais, l'heureux élu est Jean-Baptiste Bernadotte, devenu proche de Joseph Bonaparte depuis le départ de Napoléon pour l'Égypte. Bel homme, doué de prestance, autrefois surnommé « le sergent Belle-

Jambe », le général Bernadotte s'est distingué dans l'armée du Rhin avant de participer à la campagne d'Italie. Il ne rencontre aucune difficulté pour séduire la jeune fille, mais doit requérir l'intervention de Joseph Bonaparte pour convaincre la famille Clary d'accepter le mariage de leur cadette avec un général peu fortuné, de quatorze ans son aîné. L'action du gendre se révèle efficace et le mariage est célébré le 17 août 1798, en présence de Joseph et Lucien Bonaparte.

Le couple s'installe à Paris dans une maison de la rue Cisalpine (actuelle rue de Monceau). Un an plus tard, Désirée donne naissance à leur premier (et seul) enfant : Oscar. Sans doute pour signifier à son ex-fiancé qu'elle ne lui garde pas rancune, c'est à Napoléon qu'elle propose d'en être le parrain. Alors en Égypte, le futur consul accepte cet honneur de bon cœur. Désirée se satisfait de sa nouvelle existence sans intervenir dans les affaires de son mari. Sa principale occupation consiste à gérer avec son frère le patrimoine familial et à profiter de la compagnie de sa famille – en particulier de Julie – ou de ses meilleures amies : Germaine de Staël, Juliette Récamier et Félicité de Genlis. En dépit des absences prolongées du général, elle se montre une épouse aussi aimante que dévouée, à laquelle il est sincèrement attaché. Lorsque Bernadotte part en campagne, elle vit entre son hôtel parisien de la rue d'Anjou, où elle tient un salon réputé, son château de La Grange-la-Prévôté (à Savigny-le-Temple) et celui de Mortefontaine, chez sa sœur Julie et son beau-frère Joseph. Par son mariage avec Désirée Clary, Bernadotte est devenu un proche parent de Napoléon et s'est attiré les bonnes grâces de l'Empereur. Les deux hommes ne se sont pourtant jamais appréciés. Farouche républicain, le Béarnais a refusé de participer au coup d'État du 18 Brumaire et a même pris part à diverses conjurations contre

Napoléon ou son régime, comme le « complot des pots de beurre » – ainsi nommé parce que les pamphlets antibonapartistes circulaient cachés dans des récipients destinés à transporter le beurre avec la complicité de son célèbre ami Fouché. Sans être dupe de son double jeu, l'Empereur démontre à l'égard de Bernadotte une exceptionnelle indulgence – il l'aurait fait fusiller depuis longtemps, confiera-t-il, s'il n'avait pas été l'époux de Désirée ! C'est en raison de cette affection pour son premier amour et du lien familial unissant Bernadotte à son frère Joseph qu'il favorise même la carrière du général. Ce dernier se voit offrir en 1804 le bâton de maréchal, avant d'être promu, deux ans plus tard, prince de Ponte-Corvo. Napoléon ne se privera pas de lui reprocher à maintes reprises son manque d'implication durant les batailles, et même d'avoir fait preuve d'un attentisme frôlant la lâcheté à Ulm, Austerlitz ou Iéna. Durant des années, Désirée va jouer les médiatrices, s'efforçant d'apaiser les relations entre les deux hommes.

Le 21 août 1810, la nouvelle parvient de Suède que le roi Charles XIII, malade et sans enfant, est à la recherche d'un prince héritier. Or, contre toute attente, mais conformément à sa politique de rapprochement avec la France pour contrer la Russie, le Parlement suédois (le *Riksdag*) désigne Bernadotte ! Il faut dire que, durant la campagne de Prusse quelques années plus tôt, le général français s'était comporté avec mansuétude à l'égard des prisonniers suédois. Et cet acte de clémence lui vaut alors d'être proposé comme nouveau prince royal de Suède et successeur officiel de Charles XIII. Avec l'assentiment de Napoléon, qui voit là un excellent moyen de sceller une alliance entre les deux pays, Bernadotte accepte la proposition et s'installe aussitôt à Stockholm. L'élévation aussi soudaine qu'inattendue de son mari au rang de

Le 21 août 1810, la nouvelle parvient de Suède que le roi Charles XIII, malade et sans enfant, est à la recherche d'un prince héritier.

prince royal de Suède est mal reçue par Désirée. Celle-ci n'a pas l'intention d'aller vivre dans un royaume dont elle ignore tout et qui est si éloigné de sa famille. Peu pressée de rejoindre son mari dans la capitale suédoise, elle prétexte des problèmes de santé pour différer plusieurs fois son départ. Ce n'est qu'en janvier 1811 qu'elle se décide à gagner Stockholm. Supportant mal le climat, l'austérité de la religion luthérienne et surtout l'éloignement de sa sœur (devenue, de son côté, reine d'Espagne), elle prépare bientôt son retour à Paris, laissant son fils en Scandinavie. Désirée aurait-elle eu un mauvais pressentiment ? Toujours est-il qu'à la suite de la retraite de Russie, la Suède retourne ses alliances et rejoint en 1812 la coalition contre la France. Bernadotte devient un ennemi de sa propre patrie ! L'année suivante, lors de la bataille de Leipzig, le nouveau prince héritier de Suède combat même contre ses anciens compagnons d'armes, ce qui lui vaut d'être accusé de haute trahison en France. Pourtant, à la chute de Napoléon, les alliés envisageront un temps de le choisir comme successeur de Bonaparte à la tête du pays ! Quoi qu'il en soit, le 5 février 1818, Charles XIII meurt et Bernadotte est sacré

Lors de la bataille de Leipzig, le nouveau prince héritier de Suède doit combattre contre ses anciens compagnons d'armes.

roi de Suède et de Norvège, sous le nom de Charles XIV. Désirée devient reine consort de Suède. Apprenant la nouvelle alors qu'elle joue du piano avec l'une de ses nièces, elle referme le clavier et soupire : « *C'est inutile de travailler puisqu'on dira toujours que je joue comme une reine.* » De telles dispositions d'esprit ne peuvent rien augurer de bon entre une reine et son royaume. Conscient de l'impopularité de sa femme auprès de son peuple, le nouveau souverain la dispense d'assister aux fêtes du couronnement.

Pendant cinq ans, Désirée préfère voyager sous le nom de « comtesse de Gothland », tantôt en Belgique où réside alors Julie, déchue du trône d'Espagne, tantôt à Paris où elle entretient une liaison platonique avec le vieux duc de Richelieu, ministre des Affaires étrangères de Louis XVIII. C'est la nécessité de marier son fils qui la ramènera en Suède et la convaincra d'exercer, enfin, ses devoirs de souveraine. Les retrouvailles avec Oscar ont lieu à Aix-la-Chapelle. Étonnamment, la séparation a noué une forte complicité entre la reine et son fils. Pourtant, Désirée ne parvient pas à le dissuader de choisir pour épouse la princesse Joséphine de Leuchtenberg – une jeune femme charmante, intelligente et spirituelle, mais qui a le défaut d'être la petite-fille de sa grande rivale, l'impératrice Joséphine. Après des années d'atermoiement, elle accepte de le rejoindre à Stockholm. Une fois acclimatée, elle est sacrée, le 21 août 1829, reine de Suède et de Norvège, sous le nom de Desideria, onze ans après son mari dans la cathédrale Saint-Olav de Trondheim. À la différence de Bernadotte, elle ne se convertit pas au luthéranisme, choisissant de demeurer dans la foi catholique.

Désirée semble s'être résignée, mais sa nouvelle condition n'a pour elle rien d'idéal. Souffrant des fréquentes absences de son mari, la reine tente de rompre la monotonie des interminables journées hivernales en écrivant de longues lettres à sa sœur. Dans le même temps, elle se mêle de politique en tentant de faciliter le retour en Europe de son beau-frère Joseph Bonaparte, exilé aux États-Unis, et qu'elle désigne par précaution dans sa correspondance sous le pseudonyme de « Monsieur Roux ». Au fil des années, elle se sent de plus en plus isolée. Son mari a appris à se passer de sa présence, tandis que son fils Oscar a organisé son existence dans une autre aile du palais, auprès de sa jeune épouse. Or, le pire est à venir, car à partir de 1844, la reine est confrontée à une succession de deuils qui la frappent d'un inconsolable chagrin. Le 8 mars, Bernadotte succombe à une attaque d'apoplexie – leur fils accède alors au trône suédois, sous le nom d'Oscar Ier. Le 28 juillet, c'est Joseph Bonaparte qui disparaît. Enfin, l'année suivante, s'éteint Julie, sa sœur chérie. Si elle en fait plusieurs fois le projet, la reine ne trouve plus la force de revenir en France. Désormais, sa vie est en Suède, où elle a fini par gagner l'affection de ses sujets.

Désirée est sacrée reine de Suède et de Norvège sous le nom de Desideria, le 21 août 1829.

Durant les dernières années de sa vie, Désirée sera hantée par le souvenir de Napoléon. Ne se pardonnant pas d'avoir égaré les lettres d'amour de son illustre soupirant, la reine de Suède se laisse envahir par le remords de n'avoir pas su le retenir. Sa dernière sortie officielle a lieu en mai 1860, à l'occasion du couronnement de son petit-fils Charles XV, succédant à Oscar. Le 17 décembre, alors qu'elle projette de rejoindre ses petits-enfants au théâtre pour assister à une pièce de Calderon, la reine est prise de malaise et décède, à l'âge de 83 ans. Bien que catholique, elle sera inhumée, selon ses volontés, dans l'église luthérienne de Riddarholmen de Stockholm, aux côtés de son mari.

CLISSON ET EUGÉNIE

En 1795, Napoléon a 26 ans. Il n'est encore qu'un petit général à l'avenir incertain qui vient de reprendre Toulon. Il se trouve un temps éloigné de celle qu'il aime, Désirée, et il pressent que cette dernière se détache peu à peu de lui. Empreint de doutes, il ébauche un roman très personnel. Ce n'est pas son premier écrit : fervent lecteur, il a déjà rédigé, pour tromper l'ennui des salles de classe ou des garnisons, des nouvelles et des essais, mais celui-ci ressemble davantage à une autobiographie.
Clisson – référence au frère d'armes de Du Guesclin et aussi à un ami personnel connu à la caserne de Valence – est un jeune général français d'origine corse, déjà las de la guerre, qui tombe amoureux d'une jeune fille de 15 ans prénommée Eugénie (le deuxième prénom de Désirée). Il est bientôt appelé au combat et, en son absence, Eugénie semble l'oublier, ne répondant plus à ses lettres. Il ne lui reste plus qu'à aller chercher la mort sur le champ de bataille : « *Il est deux heures après minuit. Tout est prêt pour la mort. Les ordres sont donnés, la bataille se prépare. Demain, que de sang jonchera cet endroit ! Mais toi, Eugénie, que diras-tu, que feras-tu, que deviendras-tu ? Réjouis-toi de ma mort, maudis ma mémoire, et vis heureuse.* »

Ce court roman, d'une vingtaine de pages, ne fut jamais publié du vivant de l'auteur et ne lui apporta aucune gloire littéraire. Mais cette histoire d'amour malheureux témoigne d'une vraie passion pour Désirée qui aurait peut-être pu, qui sait, changer le cours de l'Histoire.

NAPOLÉON Ier

POUVAIT-IL GAGNER À WATERLOO ?

À Waterloo, le 18 juin 1815, Napoléon a perdu en une seule journée le bénéfice de toutes ses victoires passées. C'est dans cette « morne plaine » de Belgique – pour reprendre l'expression chère à Victor Hugo – que s'est achevée une série de conquêtes triomphales menant l'empereur des Français depuis le pont d'Arcole jusqu'à Marengo, Iéna, Wagram et, bien sûr, Austerlitz. Considérée par les historiens comme la dernière bataille « façon XVIIIe siècle », Waterloo demeure la plus célèbre défaite de Napoléon.

Pourtant, loin d'écorner la légende napoléonienne, le triomphe des Anglais et des Prussiens l'a au contraire consolidée, offrant à celui qui a ébranlé l'Europe entière durant vingt ans un épilogue à sa mesure. Car dans cette sanglante débâcle, l'Empereur parviendra à déstabiliser ses adversaires. Certains affirment que même si l'armée impériale n'était plus une invincible machine de guerre, Napoléon aurait pu obtenir la victoire.

Comment sa formidable ascension militaire a-t-elle été stoppée ? Pourquoi Napoléon a-t-il perdu l'offensive à Waterloo ? Qui porte la responsabilité de ce mémorable échec ? Le plus grand génie militaire de son temps avait-il encore les moyens de changer le cours de l'Histoire ?

Loin d'écorner sa légende, le triomphe de ses ennemis l'a consolidée, offrant à celui qui a ébranlé l'Europe durant vingt ans un épilogue à sa mesure.

KAROLVS. MAGNVS

Bonaparte s'évade de l'île d'Elbe,
escorté par une petite armée d'un millier de fidèles.

Vaincu lors de la campagne de France et contraint d'abdiquer en mai 1814, Napoléon vit en exil sur l'île d'Elbe, au large des côtes italiennes. En février 1815, informé du mécontentement des Français face à la Restauration monarchique – qui a porté sur le trône Louis XVIII, le frère de Louis XVI –, Bonaparte y voit une chance de retour. Il s'évade alors et, escorté par une petite armée d'un millier de fidèles, rejoint la France pour restaurer son pouvoir. Débarqué à Golfe-Juan le 1er mars 1815, avant même que soit rendue publique la nouvelle de son évasion, il remonte vers le nord en empruntant une route secondaire qui traverse les Alpes, surnommée depuis « route Napoléon », bénéficiant en chemin d'un impressionnant soutien populaire. Mieux, les troupes envoyées pour l'arrêter se rallient à lui ! C'est le cas de son ancien ami le maréchal Ney, qui avait pourtant fait défection l'année précédente. Le 20 mars, l'Empereur déchu entre dans Paris. La manœuvre est facilitée par la fuite de Louis XVIII hors de la capitale. Le régime impérial est restauré, c'est le début des Cent-Jours.

La riposte des États européens ne se fait pas attendre : l'Empereur est déclaré hors la loi et une nouvelle coalition se forme entre l'Angleterre, la Prusse, la Russie et l'Autriche. Ensemble, les alliés réunissent 700 000 hommes, alors que l'armée rassemblée par Napoléon n'en compte que 280 000. Pour Bonaparte, le seul espoir de victoire réside dans des attaques séparées. Il doit affronter sans tarder ses ennemis les plus proches, à savoir les Anglais et les Prussiens, stationnés en Belgique (les premiers à Bruxelles, les seconds le long de la Sambre et de la Meuse), avant l'arrivée des renforts russes et autrichiens. Commandés par le duc de Wellington, les Anglais disposent d'environ 95 000 hommes, tandis que les Prussiens du feld-maréchal Blücher sont au nombre de 115 000. L'Empereur ne pouvant compter dans l'immédiat sur la totalité de ses effectifs, son premier souci est d'empêcher les troupes anglaises et prussiennes de faire jonction. Le 15 juin 1815, les Français envahissent la Belgique et traversent la Sambre à Charleroi, pour se positionner entre les-

Les troupes venues arrêter Napoléon se rallient à lui, dont son vieil ami le maréchal Ney.

Le maréchal Grouchy commande l'aile droite de l'armée française.

deux armées. Or, une trahison précipite les événements : le général Bourmont, vendéen et royaliste, passe à l'ennemi et communique aux Prussiens les plans de Napoléon. Dès le lendemain, le 16 juin, la bataille s'engage. L'aile droite de l'armée française, commandée par le maréchal Grouchy, affronte les Prussiens à Ligny, tandis qu'à Genappe, l'aile gauche confiée au maréchal Ney combat une partie de l'armée anglaise pour le contrôle des Quatre-Bras, un carrefour stratégique sur la route de Bruxelles. Quant à Napoléon, il est contraint de naviguer entre les deux fronts. À Genappe, aucune des deux armées n'arrive à s'imposer. La bataille s'achève par un repli en bon ordre des Britanniques. À Ligny, en revanche, les Français réussissent à vaincre les Prussiens, à l'issue d'un violent combat. Mais l'ennemi n'est pas anéanti pour autant, parvenant à échapper aux Français en se réfugiant sur les ailes. Napoléon commet alors la terrible erreur de laisser aux Prussiens toute une nuit pour organiser leur repli vers le nord, en direction de Wavre. Ce n'est que le lendemain, vers 11 heures, qu'il confie au maréchal Grouchy, pourvu d'une armée de 33 000 hommes, la mission de les poursuivre et de les empêcher de rejoindre leurs alliés anglais. Cette décision sera fatale pour la suite des événements.

De son côté, Wellington a eu toute la matinée du 17 pour se retrancher à une vingtaine de kilomètres au nord, sur la crête du mont Saint-Jean, près du village de Waterloo situé au sud de Bruxelles. Comme à son habitude, il a opté pour une position défensive, repérée l'année précédente. Le front de son armée est délimité par le chemin reliant Braine-l'Alleud à Ohain. Le général anglais dissimule la plupart de ses troupes sur la contre-pente, cachant le gros des effectifs dans trois bâtiments situés en avant-poste : le château d'Hougoumont à l'ouest, la ferme de la Haye-Sainte au centre et la ferme de Papelotte à l'est. La force

Le 17 juin, Napoléon prend position à la ferme du Gros-Caillou, située à moins de 3 kilomètres au sud des positions ennemies.

du dispositif provient de son aile droite, protégée par le château d'Hougoumont. L'aile gauche, qui lui permettrait de prendre l'ennemi à revers, dispose de moins d'appuis. Or, si Wellington la délaisse, c'est parce qu'il attend les Prussiens de ce côté. Toute sa stratégie repose sur l'arrivée imminente de Blücher, lequel devra se charger de la partie offensive de la bataille. Est-ce un hasard si le plan de l'Anglais s'apparente à celui mis au point par Napoléon à Austerlitz ? Une stratégie défensive, une aile volontairement négligée et une armée en route qui doit prendre l'adversaire en tenaille. Mais Wellington pèche par excès de prudence : pour ne pas être débordé sur sa droite et risquer d'être coupé de la mer, il choisit de détacher plusieurs milliers d'hommes et 30 canons. Une précaution superflue, car une telle attaque rejetterait les Anglais du côté de leurs alliés prussiens. Au total, il reste néanmoins à Wellington près de 68 000 hommes et 184 canons.

Surpris par d'efficaces tirs de barrage, les Français sont décimés !

Le 17 juin, Napoléon se dirige vers l'armée anglaise et prend position à la ferme du Gros-Caillou, située à moins de trois kilomètres au sud des positions ennemies. Malgré les pertes enregistrées la veille et l'envoi de 33 000 hommes à la rencontre des Prussiens, Napoléon peut aligner sur le champ de bataille 74 000 combattants et 266 pièces d'artillerie. Les Français bénéficient d'une légère supériorité numérique sur les Britanniques. Ils ont en revanche le désavantage du terrain, puisqu'ils évolueront à découvert, face à un ennemi protégé par ses retranchements. Par ailleurs, l'étroitesse du champ de bataille, constitué sur cinq kilomètres de front, rend impossible l'utilisation des manœuvres complexes dans lesquelles Napoléon excelle. Elle obligera aussi les Français à attaquer de manière frontale, en abordant les pentes du plateau où les Anglais sont stationnés. Le plan de l'Empereur est simple : fixer les ailes anglaises, avant d'effectuer une attaque centrale sur le mont Saint-Jean, où ses hommes pourront s'établir et attendre les Prussiens de pied ferme. Napoléon n'est toutefois pas au mieux de sa forme physique, il souffre d'une crise d'hémorroïdes qui le rend irritable. En outre, il sous-estime le danger de la coalition, persuadé que les renforts de Blücher n'arriveront jamais.

Dans la soirée, un violent orage éclate sur Waterloo, perturbant les Français dans leur reconnaissance du terrain. Napoléon a prévu d'engager la bataille le 18 juin à 9 heures du matin par une attaque des lignes anglaises. Cependant, en raison des fortes intempéries de la nuit, les chemins détrempés ralentissent le déplacement des troupes et de l'artillerie. L'Empereur reporte de deux heures le démarrage des hostilités, le temps pour le soleil de sécher le terrain afin que les boulets de canon puissent rebondir et la cavalerie charger avec sûreté. Ces heures perdues seront déterminantes ! À 11 heures 30, Napoléon lance une manœuvre de diversion : une division de son aile gauche, commandée par son frère le prince Jérôme, se porte à l'attaque du château d'Hougoumont, un des trois bastions avancés de l'ennemi. Le but est de forcer les Anglais à dégarnir leur centre. Or, au lieu de se contenter de sa mission, Jérôme, qui rêve d'égaler les succès militaires de son frère, fait du zèle et s'acharne sur cette cible secondaire, alors même que l'artillerie n'a pas assez dégagé le terrain. Surpris par d'efficaces tirs de barrage, les Français sont décimés ! Jérôme se voit contraint d'appeler des renforts, ce qui fragilise le centre. La tentative de diversion aboutit à l'inverse du résultat escompté. Les Anglais tiennent le coup, interdisant aux Français de prendre position.

À 13 heures, Napoléon intercepte un message du général Bülow, qui dirige l'avant-garde prussienne : près de 30 000 Prussiens font route vers Waterloo pour attaquer l'aile droite française ! L'Empereur, qui a fait porter un mot à Grouchy dans la matinée pour lui ordonner de s'orienter vers Wavre à la poursuite des Prussiens, l'enjoint désormais de rallier Waterloo. L'ordre mettra plus de trois heures à parvenir à son destinataire ! Entre-temps, le maréchal français est resté inactif quand il a entendu à 11 heures les premières fusillades à Waterloo ; il a préféré suivre sa mission à la lettre, persuadé que sinon, il laisserait la voie libre à la totalité de l'armée prussienne. Cet attentisme lui sera durement reproché. À Wavre, Blücher a disposé en rideau un seul corps prussien, qui sert de leurre pour Grouchy, tandis que ses autres troupes, Bülow en tête, contournent les Français et marchent vers le mont Saint-Jean. Durant toute la bataille, l'Empereur attendra en vain les renforts de Grouchy.

À 13 heures 30, Napoléon ordonne l'assaut principal contre le point faible du dispositif de Wellington : son aile gauche. À la tête du 1er corps, le général d'Erlon entame la progression avec ses quatre divisions d'infanterie, soit près de 20 000 hommes au total. Une fois encore, les conditions météorologiques freinent l'artillerie. Et les divisions françaises se déplacent en colonnes trop serrées (environ 200 hommes sur 24 rangs), offrant une cible de choix pour l'ennemi dissimulé derrière une haie dense. Alors que les Français commencent à gravir le plateau, les soldats anglais, couchés derrière la contre-pente, se relèvent d'un coup et déchargent leurs fusils sur les assaillants avec une précision redoutable. Surpris, ces derniers ne peuvent répliquer et doivent se replier en désordre, sans être parvenus à percer les défenses anglaises. Les dragons écossais (*Scots Greys*) en profitent pour mener une foudroyante contre-attaque, qu'ils poussent jusqu'à la grande batterie française. Il faudra l'intervention des cuirassiers de Milhaud pour enrayer l'avance des Britanniques et empêcher le désastre. L'attaque ordonnée par Napoléon a échoué, lui coûtant près de 5 000 hommes. Néanmoins,

Les dragons écossais en profitent pour mener une foudroyante contre-attaque, qu'ils poussent jusqu'à la grande batterie française.

à 15 heures, l'Empereur décide sans attendre de renouveler l'offensive, pour porter le fer avant l'irruption des Prussiens. Ses effectifs étant insuffisants pour briser l'ensemble du front, il canalise ses efforts sur le centre et ordonne au maréchal Ney de prendre la ferme de la Haye-Sainte, verrou de la bataille, qui permettrait d'ouvrir la marche aux colonnes françaises. À la suite de la canonnade, Wellington fait replier son centre. En réaction, Ney lance une charge de cavalerie, interprétant ce simple redéploiement comme un début de retraite. Il commet l'erreur d'attaquer l'aile droite anglaise, là où l'infanterie ennemie est intacte. Aussitôt, les Anglais se disposent en carrés pour résister. Les cuirassiers français sont fauchés, tandis que les chevaux s'enlisent dans les fondrières créées par les pluies torrentielles.

L'avant-garde prussienne de Bülow arrive enfin à 16 heures 30, menaçant l'aile droite française. Dans les rangs, c'est l'affolement général ! Au centre, Napoléon envoie en renfort la cavalerie de Kellermann, ainsi que la division Lefebvre-Desnouettes, portant à 10 000 le nombre total de cavaliers français à l'assaut de la Haye-Sainte. Sous les ordres de Ney, ceux-ci multiplient les charges, mais les carrés anglais continuent de résister avec ardeur. En outre, les Français accumulent les erreurs. D'abord, ils laissent en place l'artillerie ennemie, sans prendre la peine d'emporter les canons ou de les enclouer pour les neutraliser. Les pièces sont réemployées par les Anglais, aussitôt la charge passée. Ensuite, la cavalerie n'est pas appuyée par l'infanterie, alors que celle-ci aurait pu nettoyer, puis défendre le terrain. En dépit de ces manquements, vers 18 heures 30, les Français réussissent à prendre la ferme de la Haye-Sainte. Les Anglais sont alors en grande difficulté et l'armée impériale, tout près de la victoire.

Pour l'assaut final, Ney demande des renforts à Napoléon. Celui-ci refuse, car son aile droite affronte les Prussiens au même moment, dans le secteur de Plancenoit. Quand, à 19 heures, l'attaque ennemie est stoppée, l'Empereur a sacrifié une partie de ses réserves. Le centre de la ligne anglaise demeurant ouvert, il engage l'ultime assaut contre Wellington en mobilisant sa Garde impériale, unité d'élite composée de vétérans qui ne combat qu'en dernier ressort. Ney en prend le commandement. Ses précédentes charges, quasi suicidaires, ayant provoqué la mort de cinq de ses chevaux, le maréchal part à pied, l'épée en main, à l'assaut du mont Saint-Jean, comptant sans doute mourir au combat. Au son du tambour, les soldats de la redoutable Garde, reconnaissables à leurs bonnets en peau d'ours, marchent en direction du plateau. Or l'arrivée d'un nouveau corps prussien, dirigé par Ziethen, a permis aux Anglais de renforcer leur centre. Aussi, quand la Garde attaque la pente du plateau, elle se retrouve impuissante

C'est le général anglais Wellington qui, comme à son habitude, donnera à la bataille le nom du lieu où il a dormi la veille : Waterloo.

face à la combinaison de l'artillerie, de l'infanterie et de la cavalerie de Wellington. Pour la seule et unique fois de son histoire, la Garde recule et bat en retraite. Le choc est considérable pour les autres bataillons. Et lorsque Wellington lance la contre-offensive, c'est toute l'armée française qui s'enfuit dans le désordre le plus total, abandonnant sur place armes et matériel ! Seuls quelques bataillons de la Garde, dont l'un commandé par le célèbre Cambronne, se regroupent en un dernier carré et combattent avec acharnement. Leur résistance héroïque permettra d'éviter l'anéantissement du reste de l'armée. Quant à Napoléon, il réussit à quitter le champ de bataille en direction de Charleroi, protégé par les grenadiers de la Garde.

À 21 heures, Blücher et Wellington se retrouvent près de la ferme Belle-Alliance pour officialiser leur victoire. Le Prussien propose de baptiser la bataille du nom de cet endroit prédestiné, mais Wellington préfère, comme à son habitude, lui donner le nom du lieu où il a dormi la veille : Waterloo. Les Anglais épuisés, ce sont les Prussiens qui se chargent de poursuivre les fuyards. Le bilan humain est terrible : sur les 74 000 hommes engagés à Waterloo, les Français compteront 30 000 victimes, dont plus de 11 000

Napoléon réussit à quitter le champ de bataille en direction de Charleroi, protégé par des grenadiers de la Garde.

morts et 10 000 prisonniers en une seule journée ! De leur côté, 21 000 Anglo-Prussiens ont été mis hors de combat. À Waterloo, Napoléon – qui abdiquera quatre jours plus tard, le 22 juin 1815 – a été dépassé par les événements. Il est certain qu'un retour de Grouchy n'aurait pas pu changer l'issue de la bataille, puisque ses renforts restaient trop peu nombreux par rapport aux Prussiens pour permettre de combler le déséquilibre des forces. Toutefois, et en dépit des erreurs tactiques évoquées, les Français auraient pu remporter la victoire si Napoléon avait « donné la Garde » une heure plus tôt, au moment où Ney lui réclamait des renforts. À ce moment-là, la victoire se trouvait encore à portée de main et l'Histoire en eût peut-être été à jamais modifiée...

LA BERLINE DE L'EMPEREUR

Le soir du 18 juin, l'Empereur quitte en silence le champ de bataille et regagne Charleroi à cheval, abandonnant sa « dormeuse », une berline de campagne aménagée et équipée pour qu'il puisse y dormir, s'y restaurer, y travailler… Les Prussiens s'en emparent et font main basse sur sa bibliothèque de voyage, sa vaisselle personnelle, son linge de toilette, ses armes, sa redingote, son chapeau, ainsi que des pièces d'or, des bijoux et ses décorations… Un butin à forte charge symbolique, qui va exciter leur imagination et donner lieu à une propagande grossière. On colporte par exemple que Napoléon, après avoir tiré au pistolet sur un officier prussien, s'est jeté par la portière opposée de sa berline à l'arrivée de l'ennemi et, honteux, s'est enfui à cheval, sans chapeau ni arme. En réalité, la voiture s'était embourbée et il n'a pu, dans le chaos qui a suivi la retraite de la Garde, la rejoindre ; le bicorne que Blücher gardera comme un trophée n'est pas, comme il l'affirme, celui que l'Empereur portait à Waterloo, mais un chapeau de rechange. Cette berline sera vendue, à l'insu de Blücher, en Angleterre et exhibée à Londres dans un musée privé, avec un grand succès : elle aurait attiré plus de 100 000 visiteurs, avides de contempler les dépouilles de l'Aigle, et qui se disputèrent pour s'y asseoir ! Le chapeau et le pistolet de Bonaparte, mais aussi ses précieuses décorations, dont sa Légion d'honneur, seront, quant à eux, exposés à Berlin. La légende de Napoléon ne fait que commencer.

CHARLES X,

FOSSOYEUR DE LA MONARCHIE FRANÇAISE ?

Si Louis-Philippe Ier porta le titre de « roi des Français », le dernier roi de France demeure Charles X. Issu de la branche aînée des Bourbons et descendant direct de Louis XIV, celui-ci dut attendre 66 ans pour monter sur le trône. Ce nostalgique de l'Ancien Régime, persuadé que son frère Louis XVI a été déchu à cause de sa faiblesse, gouverna le pays sans la moindre prudence et au mépris des acquis de 1789.

La sanction fut sans appel : chassé du pouvoir après six années de règne, Charles X mourra en exil, à l'instar de Napoléon. Compte tenu de ses échecs et de son extrême impopularité, on est tenté de se demander si l'intransigeance de ce roi et son obstination à restaurer un mode de gouvernement suranné n'ont pas détourné pour toujours les Français du système monarchique et contribué à l'instauration de la République.

Comment ce monarque est-il parvenu à susciter autant de défiance et de haine ? Âgé et réactionnaire, n'ayant tiré aucune leçon de son exil et de la Révolution française, ce roi ne serait-il pas une sorte d'anachronisme de l'Histoire ? En un mot, Charles X a-t-il été le fossoyeur de la monarchie française ?

Issu de la branche aînée des Bourbons et descendant direct de Louis XIV, Charles X dut attendre 66 ans pour monter sur le trône.

Le comte d'Artois est un homme élégant et gracieux, aux manières affectées, qui affiche davantage de prestance que ses deux frères.

À vrai dire, rien ne destinait Charles X à monter sur le trône de France. Né en 1757, ce petit-fils de Louis XV, portant le titre de comte d'Artois, est le cinquième fils du dauphin Louis de France et de Marie-Josèphe de Saxe. Compte tenu de ce rang éloigné, son éducation s'en trouve quelque peu négligée, d'autant que l'intéressé ne montre aucun goût particulier pour les études. Grand et mince, Charles-Philippe est un homme élégant et gracieux, aux manières affectées, qui aime parader à cheval et affiche davantage de prestance que ses deux frères. Surtout, comme un grand nombre d'aristocrates de la fin du XVIIIe siècle, il fait montre d'une certaine frivolité : il dépense sans compter, s'adonne au jeu et multiplie les conquêtes féminines. À l'âge de 16 ans, il a épousé la princesse Marie-Thérèse de Savoie, une jeune fille qui ne se distingue ni par son esprit, ni par sa beauté, et qu'il délaisse bien vite au profit de ses nombreuses maîtresses. Le couple aura cependant quatre enfants, dont deux fils : le duc d'Angoulême et le duc de Berry.

À la mort de Louis XV, le 10 mai 1774, c'est le frère aîné de Charles-Philippe, Louis XVI, qui monte sur le trône, leur père – frère du roi – étant décédé lorsqu'il avait à peine 8 ans. À la Cour, ce dernier devient l'un des intimes de Marie-Antoinette, qu'il initie aux délices de la vie parisienne. Par son insouciance et sa légèreté, il contribue à compromettre sa jeune belle-sœur, favorisant cette image de reine inconsciente et coupée de ses sujets.

À l'âge de 16 ans, il a épousé la princesse Marie-Thérèse de Savoie, qu'il délaisse bien vite au profit de ses nombreuses maîtresses.

C'est en 1787 que le comte d'Artois fait son entrée dans l'arène politique. Le royaume se trouve en situation de quasi-faillite et Louis XVI se voit contraint de rassembler un grand conseil de 147 membres, « l'Assemblée des notables », afin de leur soumettre le programme du ministre des Finances Calonne. À cette occasion, le frère du roi affiche des opinions radicales et conservatrices, s'opposant à toute réduction des privilèges dont jouissent la noblesse et le clergé. Un an plus tard, une nouvelle Assemblée se réunit. Avec les autres princes du sang, le comte d'Artois signe un mémoire mettant en garde le roi contre le risque de révolution et l'exhorte à rejeter toute concession. Hostile à la convocation des états généraux, il s'oppose avec véhémence au doublement des effectifs du tiers état, ainsi qu'au vote par tête.

S'il ne siège pas aux états généraux en mai et juin 1789, le comte d'Artois apparaît pourtant comme le chef de file des conservateurs. Il convainc la majorité des députés de la noblesse de refuser toute association avec le tiers état et incite son frère à interdire aux trois ordres de siéger ensemble. Il joue aussi un rôle fondamental dans le remaniement ministériel qui se conclut, le 11 juillet 1789, par le renvoi de Necker – décision qui sera l'une des causes du soulèvement du 14 juillet. Trois jours à peine après la prise de la Bastille, inquiet de la tournure des événements, Charles-Philippe choisit de fuir à l'étranger, devenant ainsi le premier émigré de la Révolution. Il ignore que son exil durera vingt-cinq ans...

Imité par des dizaines de milliers d'aristocrates, le comte d'Artois complote à distance pour renverser la Révolution et restaurer l'Ancien Régime. Si sa démarche est désapprouvée par Louis XVI, son fanatisme et sa vanité provoquent également une certaine exaspération chez les princes étrangers qui ont accepté de lui accorder asile. Ainsi, sa période d'errance le conduit dans plusieurs lieux d'exil : Bruxelles, Turin, Coblence, Hamm (en Westphalie) ou Londres. En juin 1791, il est rejoint par son frère, le comte de Provence (futur Louis XVIII). L'année suivante, alors que les puissances étrangères s'apprêtent à envahir la France, il participe à la formation d'une « armée des émigrés ». Forte de 20 000 hommes, celle-ci se veut à l'avant-garde du combat contre-révolutionnaire, pour libérer la famille royale et restaurer la monarchie. Mal équipé et mal commandé, ce corps de « gentilshommes-soldats » cumule les échecs. Après une première tentative avortée de débarquement à Quiberon, le comte d'Artois prend part à une nouvelle expédition destinée à prêter main-forte aux insurgés vendéens menés par Charette. Cette fois, le fiasco est total. À peine arrivé à l'île d'Yeu, au large des côtes vendéennes, il juge la situation sans espoir et repart sans même avoir posé le pied sur la terre ferme. Empêché de débarquer en Angleterre où il a contracté des dettes considérables, et sous la menace d'un emprisonnement, il se réfugie en Écosse.

Dans le même temps, ses relations avec son frère s'enveniment. Après la mort de Louis XVI, puis, en juin 1795, celle du Dauphin – que les émigrés nommaient déjà Louis XVII –, le comte de Provence est reconnu par les royalistes comme successeur légitime sous le nom de Louis XVIII. Ce dernier n'ayant pas d'enfant, le comte d'Artois occupe désormais le premier rang dans l'ordre de succession. Ce statut exacerbe davantage la rivalité entre les deux frères, chacun complotant de son côté auprès des puissances étrangères. Et ce alors même qu'en France, la prise de pouvoir par Bonaparte et la proclamation de l'Empire entravent toute velléité de retour de la famille royale !

Après la mort de Louis XVI et du dauphin, c'est le comte de Provence qui est reconnu comme successeur légitime sous le nom de Louis XVIII.

En 1814, la coalition européenne a raison de Napoléon et les alliés envahissent la France. Nommé par son frère lieutenant général du royaume (c'est-à-dire régent temporaire), le comte d'Artois est autorisé à les suivre. Le 12 avril, il fait une entrée triomphale à Paris, monté sur un cheval blanc et arborant une cocarde blanche à la boutonnière, confiant pour l'occasion : « *Plus de divisions ; la paix et la France. Je la revois enfin ! Et rien n'y est changé, si ce n'est qu'il s'y trouve un Français de plus.* » Il gouverne la France jusqu'au 3 mai, date à laquelle son frère entre à son tour dans Paris. Vingt-cinq ans après le déclenchement de la Révolution, la monarchie est restaurée.

Durant la première année de règne de Louis XVIII, le comte d'Artois s'impose en chef du parti des ultras, adversaires de la Charte octroyée par son frère, jugée trop libérale. Les partisans du comte d'Artois ont pour signe de ralliement une cocarde verte, ce qui leur vaut le surnom de « Verdets ». En mars 1815, lorsque Napoléon s'évade de l'île d'Elbe, le prince tente vainement d'arrêter l'empereur déchu dans sa route vers Paris, mais il est de nouveau contraint de s'exiler avec son frère en Belgique. Jusqu'à ce que la défaite de Waterloo, trois mois plus tard, entraîne une seconde Restauration. Le comte d'Artois continue alors, à la tête du parti des ultraroyalistes, de mener une opposition discrète mais immuable à la politique de compromis et d'unité nationale conduite de manière pragmatique par son frère et le président du Conseil Élie Decazes.

Le 13 février 1820, se produit un événement aux conséquences effroyables : le duc de Berry, second fils du comte d'Artois, et seul capable de donner un héritier à la famille royale, est poignardé à la sortie de l'Opéra. Son meurtrier, Louis Louvel, un ouvrier républicain, voulait ainsi mettre fin à la dynastie des Bourbons. Cet assassinat suscite une vive

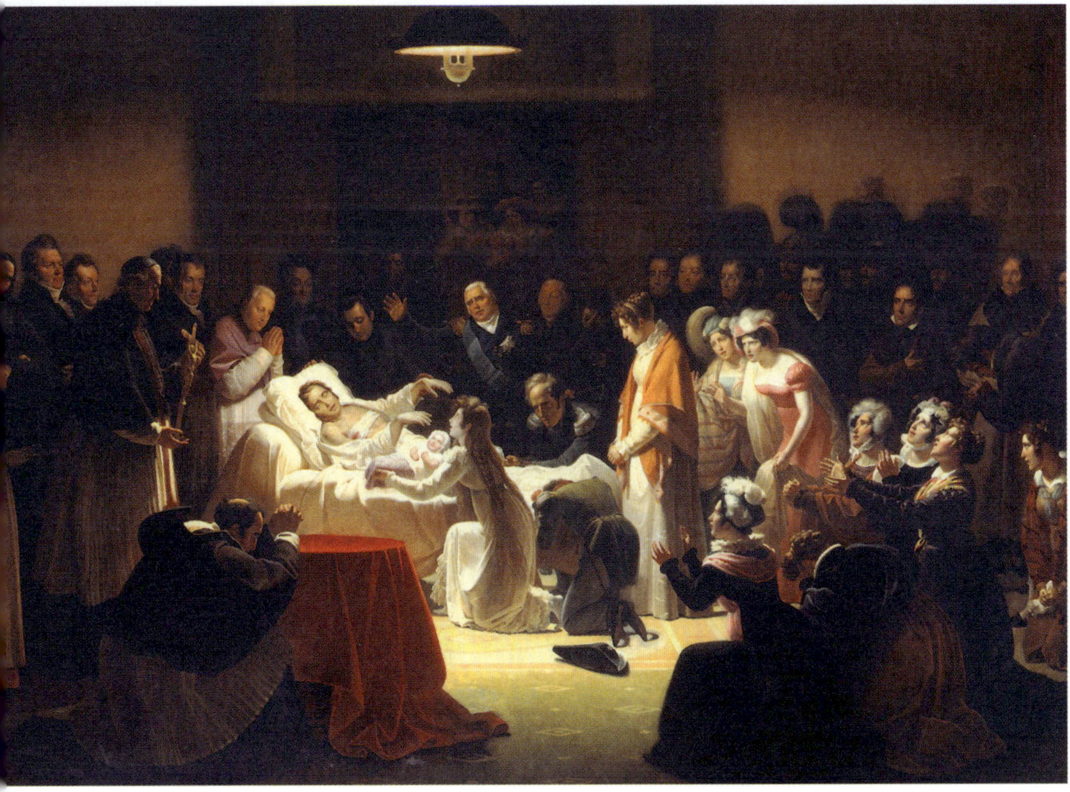

Le 13 février 1820, le duc de Berry – seul capable de donner un héritier à la famille royale – est assassiné.

émotion dans le clan royaliste, déclenchant une campagne virulente contre Élie Decazes, dont on accuse la politique libérale d'avoir armé le bras de l'assassin. Chateaubriand va jusqu'à écrire au sujet du ministre : « *Le pied lui a glissé dans le sang.* » Le comte d'Artois obtient aussitôt son renvoi et son remplacement par un ultra : l'ancien maire de Toulouse Joseph de Villèle, qui se maintiendra à la tête du gouvernement durant sept années.

Le 16 septembre 1824, Louis XVIII s'éteint à son tour. Son frère devient roi de France, sous le nom de Charles X, à l'âge de 66 ans. Dès son accession au trône, le nouveau

Le comte d'Artois décide de se faire sacrer roi en grande pompe à Reims, le 29 mars 1825.

souverain s'applique à rétablir de nombreuses coutumes archaïques de l'Ancien Régime, recréant même une vie de cour. C'est ainsi qu'à la différence de son prédécesseur, il décide de se faire sacrer en grande pompe à Reims, le 29 mars 1825. Un rite anachronique et onéreux, qui ravive de nombreuses critiques. Après la mort brutale de sa dernière maîtresse, Louise de Polastron, vingt ans plus tôt, Charles X est tombé dans un excès de religion qui confine à la bigoterie. Il s'évertue à renforcer l'influence des congrégations religieuses, encouragées à mettre en œuvre de vastes campagnes de prosélytisme. Le 20 avril 1825, une loi sur le sacrilège est votée, qui condamne aux travaux forcés quiconque se rendrait coupable du vol d'un objet sacré. Pour un ciboire dérobé contenant des hosties consacrées, le malheureux encourt même la peine de mort ! Considérés comme des parricides, les profanateurs sont condamnés à avoir le poignet droit coupé et à être conduits à l'échafaud, un voile noir sur la tête, après avoir fait amende honorable en public. Même des partisans du roi comme Chateaubriand se montrent hostiles à une telle mesure, qui ne sera par chance jamais appliquée. Faisant fi des acquis de la Révolution, le souverain mène une politique en totale contradiction avec les transformations intervenues depuis 1789. Désireux de réduire le pouvoir du Parlement pour régner seul, il déclare préférer « *scier du bois plutôt que de régner à la façon du roi d'Angleterre* ». Par ailleurs, Charles X obtient le vote d'une loi d'indemnisation des émigrés qui ont perdu leurs biens durant la Révolution. Si cette mesure a le mérite de clore une fois pour toutes l'épineux sujet qui agite depuis trente ans le débat politique, le montant total de la réparation – supérieur à un milliard de francs – choque la population qui considère cette attribution, appelée « le millard des émigrés », comme un privilège exorbitant. En outre, le roi tente de rétablir le droit d'aînesse, aboli à la Révolution, mais il se heurte au veto de la Chambre des pairs, ancêtre du Sénat.

À la fin de l'année 1827, les élections donnent la majorité aux libéraux. À la tête du gouvernement, Charles X est contraint de remplacer Villèle par un modéré, le vicomte de Martignac. Ce dernier entreprend quelques timides réformes en réduisant l'influence des religieux (en particulier des jésuites) dans l'enseignement et en favorisant la libéralisation de la presse, avant d'être renvoyé un an plus tard. En août 1829, Charles X en profite pour constituer un nouveau gouvernement composé d'ultraroyalistes et présidé par l'un de ses amis d'enfance, le prince de Polignac. L'intransigeance de cet ancien émigré l'oppose d'emblée à la majorité des députés, attachés aux libertés constitutionnelles. Leurs rapports se tendent. Le

18 mars 1830, à l'occasion de l'ouverture de la session parlementaire, 221 d'entre eux (sur 402) adressent une motion de défiance à l'égard du prince de Polignac. Plutôt que de renvoyer son ministre, le roi choisit de dissoudre l'Assemblée.

Cherchant, dit-on, à faire diversion, Charles X lance une expédition en Algérie. L'entreprise aboutit le 5 juillet 1830 à la prise d'Alger, première étape de la conquête du pays. Ce succès militaire n'empêche pas les libéraux de remporter les élections. Le roi prend ce revers électoral pour une défaite personnelle. Ulcéré, il décide de se passer de l'Assemblée. Le 26 juillet, quatre ordonnances sont publiées : la liberté de la presse est supprimée, l'Assemblée est dissoute, le droit de vote – déjà restreint – est encore limité, ainsi que le nombre de députés, et de nouvelles élections sont fixées au mois suivant. Ces ordonnances suscitent un tollé général et provoquent le soulèvement du peuple parisien. Au terme de trois journées d'insurrection, plus connues sous le nom de « Trois Glorieuses » (les 27, 28 et 29 juillet), les révolutionnaires envahissent le Louvre et les Tuileries. La violente répression, qui fait des centaines de morts, n'ayant pas permis de rétablir l'ordre, le roi est contraint de retirer ses ordonnances. Désemparé, il quitte son château de Saint-Cloud pour Rambouillet, où il abdique le 2 août en faveur de son petit-fils, le duc de Bordeaux (fils posthume du duc de Berry et futur comte de Chambord), alors âgé de 10 ans. Celui-ci ne montera pas sur le trône puisque l'Assemblée a désigné comme successeur de Charles X son cousin, le duc d'Orléans, qui devient roi des Français sous le nom de Louis-Philippe Ier. Le roi déchu prend quant à lui le chemin de l'exil. Après s'être installé en Angleterre et en Écosse, il emménage à Prague, puis à Goritz, en terre autrichienne, où il s'éteint le 6 novembre 1836.

Au terme de trois journées d'insurrection, les révolutionnaires envahissent le Louvre et les Tuileries.

Par sa conception dépassée de l'exercice du pouvoir, Charles X a sans doute contribué à discréditer la royauté d'Ancien Régime... C'est un autre roi qui lui succède toutefois, offrant à la monarchie française un sursis de 18 années. En 1871, après la chute du second Empire et la victoire des royalistes aux élections, la monarchie sera de nouveau sur le point d'être restaurée. Mais le comte de Chambord, petit-fils de Charles X, pèche à son tour par orgueil : il impose comme condition préalable à son retour sur le trône le remplacement du drapeau tricolore par le drapeau blanc. Une intransigeance qui sera bien sûr rédhibitoire et qui n'est pas sans rappeler celle de son grand-père.

Lith de Langlumé

La plus grande bête qu'on ait jamais vue.

au Magasin de Caricatures d'Aubert, Passage Véro dodat

LA GIRAFE DU ROI

En 1826, le pacha d'Égypte décide d'offrir une girafe au roi de France. Méhémet Ali souhaite entretenir le lien entre les deux pays et obtenir le soutien diplomatique des Français dans sa quête d'indépendance au sein de l'Empire ottoman. Charles X, quant à lui, voit dans cette amitié l'opportunité de redorer son blason auprès d'un peuple qui commence à le détester. C'est ainsi que le prestigieux quadrupède, âgé de 2 ans et demi et déjà haut de 3,50 mètres, débarque à Marseille le 23 octobre 1826. Conservée au chaud à la préfecture jusqu'au printemps suivant, la girafe se met ensuite en route pour la capitale, à pied (ou plutôt à sabot), escortée de trois vaches (ses nourrices) et vêtue d'un manteau de pluie, sous l'œil attentionné du naturaliste Étienne Geoffroy Saint-Hilaire.
Lorsque l'animal – que l'on baptisera au XXe siècle « Zarafa » – fait son entrée triomphale à Paris, le 30 juin 1827, il a déjà conquis le cœur des Français et déclenché une véritable « girafomania » qui fait la richesse des artistes, artisans et commerçants. Dix jours plus tard, au château de Saint-Cloud, la présentation officielle se déroule en grande pompe : l'animal diplomatique accepte même de galoper devant la Cour réunie, de brouter des pétales dans les mains du roi et de baisser la tête pour recevoir autour de ses cornes une couronne de fleurs des mains de sa belle-fille, la duchesse de Berry. Mais l'opération de communication est un échec cuisant : jugé collet monté et trop proche du clergé, Charles X se retrouve caricaturé sous les traits d'une girafe en uniforme, tenue en longe par un curé obèse ! Une médaille sera même frappée, montrant l'animal royal entouré de cette parodie de citation, qui n'est pas sans rappeler les mots du roi à son retour d'exil en avril 1814 : « *Rien n'a changé en France, il n'y a qu'une bête de plus.* »

VICTOR-EMMANUEL II,

PREMIER ROI D'ITALIE, MAIS À QUEL PRIX ?

À la différence de la France, l'Angleterre ou l'Espagne – qui sont constituées en États-nations depuis le Moyen Âge –, la péninsule italienne est divisée en plusieurs États depuis la fin de l'Empire romain, bien que chacun de ses territoires partage une même langue et une même religion. Or, si au début du XIXe siècle, Napoléon Ier s'est attribué, un temps, le titre de roi d'Italie, en plus de celui d'empereur des Français, sa chute et la mainmise de l'Autriche sur la plupart des principautés italiennes ont entériné un retour aux divisions antérieures. Pourtant, dans les années 1820, des jeunes bourgeois libéraux, imprégnés de romantisme révolutionnaire, développent avec ferveur le rêve d'une Italie réunifiée, comme à l'époque de la Rome antique.

C'est chose faite, le 20 septembre 1870, lorsque l'armée italienne commandée par le général Cadorna franchit la brèche ouverte par son artillerie, au nord-est de Rome, près de la Porta Pia. En envahissant la Ville éternelle, les hommes de Cadorna achèvent l'unification de la péninsule et permettent au royaume d'Italie de se doter d'une seule et nouvelle capitale. C'est l'aboutissement d'un long processus, qui fait de Victor-Emmanuel II, roi de Piémont, le premier roi d'Italie.

Victor-Emmanuel II, premier roi d'Italie et symbole d'une Italie réunifiée.

Le combat qui a permis cette unification italienne a engendré plusieurs guerres coûteuses en vies humaines. Il a néanmoins marqué le triomphe d'un droit nouveau, celui des nationalités. Un phénomène qui va bientôt ravager une grande partie de l'Europe et entraîner deux guerres mondiales.

Quelles péripéties ont retardé la réalisation de l'unité italienne ? Quel rôle exact a joué Victor-Emmanuel II dans cette unification baptisée « Risorgimento » ? Et comment celle-ci va bouleverser durablement l'équilibre d'une Europe déjà fragile ?

Après la chute de Napoléon et le redécoupage de l'Europe, la configuration italienne présente une situation des plus originales : la moitié sud, Sicile incluse, est rassemblée dans le royaume des Deux-Siciles, dirigé par la Maison de Bourbon-Siciles. Au centre, sous influence autrichienne, on trouve les États pontificaux, qui ont pour capitale Rome, ainsi que les duchés de Modène, de Parme et de Toscane. Au nord enfin, la Lombardie et la Vénétie sont sous contrôle direct de l'Autriche, au sein d'un royaume lombardo-vénitien. Seul le royaume de Piémont-Sardaigne, où règne la Maison de Savoie, jouit d'une complète indépendance. Or, au milieu du XIXe siècle, une partie des élites italiennes, sans doute portées par les idéaux de la Révolution française, rêve de s'affranchir de la tutelle autrichienne et de réunir la totalité de la péninsule en un seul et même État. Certains, à l'instar de Giuseppe Mazzini, fondateur du mouvement « Jeune Italie », souhaitent l'instauration d'une république. De son côté, à Turin, le comte Camillo Cavour ambitionne d'agréger le nord de la péninsule au royaume de Piémont. En 1847, il crée le journal *Il Risorgimento* (La Résurgence), qui donnera son nom au processus d'unification de l'Italie.

L'armée de Charles-Albert Ier est vaincue le 30 mai à Goito par les troupes du feld-maréchal Radetzky.

C'est en mars 1848 que ce grand mouvement voit le jour. Quelques semaines plus tôt, en France, la révolution de février 1848 a écarté du pouvoir le roi Louis-Philippe Ier, donnant naissance à la IIe République. L'insurrection se propage bientôt dans toute l'Europe. Dans cet élan contestataire commun, que l'on appellera le « Printemps des peuples », des émeutes éclatent dans plusieurs villes d'Italie. À Milan, les insurgés chassent les troupes autrichiennes. Souhaitant tirer parti des troubles pour annexer la Lombardie, le roi de Piémont, Charles-Albert Ier, déclare la guerre aux Autrichiens. Son armée est vaincue le 30 avril 1848, lors de la bataille de Pastrengo, par les troupes du feld-maréchal Radetzky – en l'honneur de ce dernier, le compositeur autrichien Johann Strauss père composera la célèbre *Marche de Radetzky*. Elle est de nouveau vaincue le 30 mai à Goito et le 27 juillet 1848 à Custozza. Le roi de Piémont ne peut faire autrement que de se retirer, sans gloire, après avoir signé un armistice. Durant l'automne, l'émeute gagne Rome, entraînant la fuite du pape Pie IX. Profitant de ce départ, Mazzini proclame la République et reçoit l'appui militaire de Garibaldi et de ses volontaires – les célèbres Chemises rouges. De son côté, en mars 1849, Charles-Albert Ier rompt l'armistice qu'il a signé avec l'Autriche et reprend la guerre. Le 23 mars, démoralisée et mal commandée, l'armée piémontaise est encore écrasée à la bataille de Novare par celle de Radetzky. Charles-Albert Ier demande un nouvel armistice, mais les clauses sont cette fois si féroces qu'il préfère abdiquer le soir même en faveur de son fils, Victor-Emmanuel. Réfugié au Portugal, le souverain déchu mourra quatre mois plus tard.

Le nouveau roi de Piémont, Victor-Emmanuel II, gagne vite une grande popularité grâce à ses manières simples, sa spontanéité et son esprit galant.

Victor-Emmanuel est marié à sa cousine, Marie-Adélaïde de Habsbourg-Lorraine, qui lui donnera huit enfants.

Âgé de 29 ans, le nouveau roi de Piémont, Victor-Emmanuel II, diffère de son père, à la fois par son physique et par sa personnalité. De forte carrure, doté d'un indéniable courage et de bonnes aptitudes pour la chasse – qu'il préfère aux questions politiques ! – et la guerre, il gagne vite une grande popularité grâce à ses manières simples, sa spontanéité et son esprit galant. Cependant, tenant plus que tout à ses prérogatives, le souverain pèche parfois par impulsivité. Marié à sa cousine Marie-Adélaïde de Habsbourg-Lorraine, qui lui donnera huit enfants, il multiplie les conquêtes et succombe, en 1847, au charme d'une jeune roturière, Rosa Vercellana, fille d'un militaire niçois issu de la Garde impériale napoléonienne. Malgré l'hostilité de la Cour, qui lui reproche de fréquenter une fille du peuple, le roi la fait élever au rang de comtesse. Intronisé alors qu'il n'a aucune expérience du pouvoir, le souverain doit commencer par négocier l'armistice avec Radetzky. Signé le 6 août, le traité de paix de Milan interdit au Piémont toute extension territoriale et tout soutien au mouvement révolutionnaire italien. N'ayant échappé à l'annexion autrichienne que grâce à la France, le royaume doit en outre payer une indemnité de guerre colossale. Cette défaite de Novare provoque un traumatisme chez les partisans de l'unité italienne, d'autant qu'une terrible répression s'abat sur l'ensemble des villes révoltées. À Rome, le pape a fait appel à la France pour chasser les républicains : le 2 juillet, la République romaine tombe, contraignant Mazzini à l'exil. Quelques semaines plus tard, Venise, la dernière ville insurgée, rentre à son tour dans le giron autrichien, ravagée par les bombardements et une épidémie de choléra. La première guerre d'indépendance italienne se solde par un échec.

Durant les trois premières années de son règne, Victor-Emmanuel II est initié aux affaires par son Premier ministre, Massimo d'Azeglio. Qualifié de « Grand Vizir », celui-ci est convaincu du rôle majeur que peut encore jouer le royaume de Piémont dans l'unification italienne. Aussi, avec l'assentiment du roi, il mène une politique libérale et consolide les institutions du royaume, qui s'impose comme une monarchie parlementaire, c'est-à-dire un compromis entre la République révolutionnaire et l'absolutisme. Cette attitude pondérée fait de Victor-Emmanuel II le champion des libertés et lui vaut le surnom de « roi gentilhomme ». En mai 1852, d'Azeglio est remplacé à la tête du gouvernement par le comte de Cavour. De caractères opposés, le roi et son nouveau Premier ministre ne s'entendent guère. Pourtant, grâce à son incontestable talent, Cavour se maintiendra à ce poste durant presque dix années. Autrefois partisan d'un simple agrandissement du Piémont, l'homme s'est rallié à l'idée d'une unification italienne autour de Victor-

Le 14 janvier 1858, Napoléon III échappe à un attentat fomenté par un patriote italien proche de Mazzini, Felice Orsini.

Emmanuel II. Or, en bon pragmatique, il sait que l'expulsion de l'Autriche ne pourra s'obtenir sans concours extérieur. Ses attentes se portent alors vers la France où règne Napoléon III, ardent partisan du droit des peuples à disposer d'eux-mêmes. Durant sa jeunesse, l'empereur français a d'ailleurs combattu avec son frère aîné aux côtés des patriotes italiens.

Pour s'attirer les bonnes grâces de Napoléon III, Cavour engage l'armée piémontaise dans la guerre de Crimée, qui oppose la France, l'Angleterre et l'Empire ottoman à la Russie, en janvier 1855. Cet engagement n'est cependant pas du goût de Victor-Emmanuel II, qui envisage d'évincer son Premier ministre. Si l'opération se révèle désastreuse

(plus de 2 500 morts italiens), elle permet au petit Piémont de faire son entrée sur la scène diplomatique internationale. En novembre, le roi de Piémont se rend à Paris en compagnie de Cavour. Dans la capitale française, il a droit aux mêmes égards que la reine Victoria : dîner de gala aux Tuileries, bal à l'Hôtel de Ville, revue militaire au Champ-de-Mars et chasse à Saint-Germain. C'est d'ailleurs lors d'une visite à Compiègne que Victor-Emmanuel II s'entretient pour la première fois avec Napoléon III de la question de l'unification italienne, plaidant pour obtenir l'aide logistique de la France. En dépit de sa sympathie pour le roi et l'Italie, l'empereur demeure hésitant. Il faut attendre plus de deux ans avant que la situation évolue.

Le 14 janvier 1858, Napoléon III échappe à un attentat fomenté par un patriote italien proche de Mazzini, Felice Orsini. La veille de son exécution, celui-ci adresse à l'empereur une lettre dans laquelle il le supplie de secourir l'Italie. Sa lettre émeut Napoléon III, ainsi qu'une partie de l'opinion publique, au point que, les 20 et 21 juillet, l'empereur organise un rendez-vous secret avec Cavour dans la station thermale de Plombières (Vosges). Le Premier ministre parvient à convaincre son interlocuteur de conclure une alliance défensive avec le Piémont contre l'Autriche. Par cet accord, il est prévu qu'en cas d'agression autrichienne, la France apportera son aide militaire à Victor-Emmanuel II pour libérer l'Italie du Nord et la rattacher au Piémont. En échange, ce dernier cédera à la France la Savoie et Nice. Fort de cette alliance, le Piémont va multiplier les provocations contre l'Autriche, poussant celle-ci à lui déclarer la guerre le 26 avril 1859. Fidèle à leur accord secret, Napoléon III envoie les troupes françaises à Gênes pour prendre les Autrichiens à revers. Après avoir engrangé plusieurs succès en Lombardie durant le mois de mai, les troupes franco-piémontaises remportent une victoire décisive sur les Autrichiens, le 4 juin 1859 à Magenta. Quatre jours plus tard, Victor-Emmanuel II et Napoléon III font une entrée triomphale dans Milan.

Alors que la victoire de Magenta connaît un retentissement considérable dans toute l'Italie, les républicains commencent à voir en Victor-Emmanuel II le seul dirigeant capable d'unifier la péninsule. La guerre avec l'Autriche n'est pas terminée pour autant. Le 24 juin se déroule, au sud du lac de Garde, la terrible bataille de Solférino. Si les Français et les Piémontais en sortent vainqueurs, les combats, une véritable boucherie, provoquent la mort de 40 000 hommes. Choqué par tant d'horreurs et craignant de voir les Prussiens s'allier aux Autrichiens, Napoléon III décide de suspendre son aide aux Piémontais. Le 11 juillet, il signe un armistice avec l'Autriche, sans

Quatre jours après la victoire de Magenta, Victor-Emmanuel II et Napoléon III font une entrée triomphale dans Milan.

même en informer ses alliés. Furieux, Cavour démissionne du gouvernement. En novembre 1859, l'Autriche signe le traité de paix de Zurich, par lequel elle cède la Lombardie au Piémont, par l'intermédiaire de la France. Dans le même temps, dans les principautés d'Italie centrale (Toscane, Modène, Parme), des assemblées constituantes votent leur intégration au royaume piémontais. Napoléon III impose alors que la décision de ces assemblées soit approuvée par un plébiscite. Pour la première fois dans l'Histoire, une consultation populaire est organisée au nom du « droit des peuples à disposer d'eux-mêmes »... En janvier 1860, Cavour revient aux affaires et conclut le traité de Turin, qui cède comme prévu Nice et la Savoie à la France, mécontentant Garibaldi, natif de Nice. Celui-ci s'embarque cependant le 5 mai avec un millier de Chemises rouges (d'où le terme d'« expédition des Mille ») pour la Sicile, où une insurrection vient d'éclater contre le jeune roi sicilien, François II, qui succède à son père Ferdinand II. Et le 15 mai, à Calatafimi, Garibaldi bat l'armée sicilienne, pourtant supérieure en nombre. Désormais maître de la Sicile, il entre victorieusement à Palerme et s'attribue le titre de dictateur au nom du roi Victor-Emmanuel II. Il franchit ensuite le détroit de Messine et remonte vers Naples que François II quitte le 5 septembre pour éviter que la ville ne soit détruite. Le sud de la péninsule est à présent sous son contrôle.

Victor-Emmanuel II et Cavour redoutent que Garibaldi, républicain et anticlérical, envoie ses troupes sur Rome, ce qui obligerait la France et l'Autriche à intervenir. Aussi le roi et son ministre choisissent-ils de le prendre de vitesse. Ils font route vers Naples avec leur armée, en prenant soin de longer l'Adriatique pour éviter Rome. Le 18 septembre, l'armée piémontaise défait les troupes pontificales à la bataille de Castelfidardo, permettant l'annexion des pro-

Le 26 octobre 1860, Garibaldi se rallie à Victor-Emmanuel II à Teano en proclamant : « Je salue le premier roi d'Italie ! »

vinces des Marches et d'Ombrie, et ne laissant au pape que Rome et ses environs. Pendant ce temps, les troupes de Garibaldi affrontent l'armée de François II, qui sera définitivement vaincue le 1er octobre, à Volturno. Enfin, le 26 octobre 1860, Victor-Emmanuel II et Garibaldi se rencontrent à Teano. Le Niçois se rallie officiellement au souverain, en proclamant : « *Je salue le premier roi d'Italie !* » Ainsi, le 7 novembre, Victor-Emmanuel II peut faire une entrée triomphale à Naples. L'intégration de l'ancien royaume des Deux-Siciles, ainsi que des provinces des Marches et d'Ombrie, est aussitôt approuvée par un plébiscite. Plus rien ne s'oppose à l'unification ! Le 18 février 1861, un parlement rassemblant des représentants de tous les États annexés se réunit à Turin. Le 23 mars, Victor-Emmanuel II est proclamé « roi d'Italie par la grâce de Dieu et la volonté de la nation ». À peine trois mois plus tard, le 6 juin, Cavour décède, épuisé par le travail et terrassé par la malaria.

Les premières années d'existence de l'État italien sont difficiles, car le pays traverse une grave crise économique. Par ailleurs, deux provinces ont échappé à l'unification : la Vénétie, toujours sous contrôle autrichien, et Rome, protégée par les Français – et que Victor-Emmanuel II s'est engagé auprès de Napoléon III à ne pas annexer. En juin 1866, cherchant de son côté à unifier l'Allemagne, la Prusse déclare la guerre à l'Autriche. Profitant de l'occasion, le roi d'Italie propose une alliance à Bismarck, en échange de la Vénétie. Le 24 juin, les Italiens affrontent les Autrichiens à la bataille de Custozza. Par sa présence au quartier général, le roi perturbe le commandement et provoque la défaite de son armée, alors que celle-ci était deux fois plus nombreuse. Néanmoins, les Autrichiens sont écrasés par les Prussiens à Sadowa, le 3 juillet. En raison de la prestation décevante des troupes italiennes, il faut toute la diplomatie française pour que l'Italie obtienne la Vénétie. Reste la question romaine. Par ses initiatives intempestives et l'usage d'une diplomatie parallèle, le roi gêne l'action gouvernementale. C'est ainsi qu'en 1862, croyant avoir l'aval du souverain, Garibaldi lève une troupe pour partir à la conquête de la Ville éternelle. La France somme Victor-Emmanuel II de l'en empêcher, et c'est l'armée italienne qui intervient contre les garibaldiens à la bataille de l'Aspromonte, le 29 août. Un combat fratricide qui fait une dizaine de morts et blesse le héros de l'unification. Cinq ans plus tard, Garibaldi et ses Chemises rouges se lancent de nouveau à l'assaut de Rome. Ils sont défaits par les troupes pontificales et le corps expéditionnaire français, à la bataille de Mentana. Finalement, c'est un nouveau conflit extérieur qui va permettre à l'Italie d'achever son unité : la guerre franco-prussienne.

Lorsque, durant l'été 1870, la guerre éclate entre les deux puissances, le pouvoir italien est divisé. Estimant avoir une dette vis-à-vis de Napoléon III, le roi se range du côté français et envisage même de prendre les armes. Or, une grande partie de la classe politique, hostile à la France à cause de la question romaine, reste favorable à la Prusse. De son côté, le gouvernement préfère opter pour la neutralité. Pourtant, profitant du départ des troupes françaises de Rome et de la chute du second Empire, les troupes italiennes annexent la ville le 20 septembre 1870, tandis que le pape se constitue prisonnier au Vatican. En juillet 1871, Rome est déclarée capitale de l'Italie et Victor-Emmanuel II fait son entrée solennelle dans la ville. Installé au palais du Quirinal, et ayant accepté son rôle de souverain constitutionnel, le roi d'Italie ne mettra plus

Veuf depuis 1855, Victor-Emmanuel II se remarie en octobre 1877 avec sa maîtresse, Rosa Vercellana, après avoir reconnu leurs deux enfants.

aucun veto à l'action de son gouvernement. Veuf depuis 1855, Victor-Emmanuel II se remarie en octobre 1877 avec sa maîtresse de toujours, Rosa Vercellana, après avoir reconnu les deux enfants nés de leur liaison. Bénéficiant d'une grande popularité, celle-ci est surnommée « la Bella Rosina ». Le 9 janvier 1878, le premier roi d'Italie s'éteint, à l'âge de 58 ans, laissant tout un pays orphelin.

LES CHEMISES ROUGES

Le ralliement de l'Italie méridionale, c'est à Giuseppe Garibaldi que Victor-Emmanuel II le doit, et à ses « Chemises rouges » (*Camicie rosse*), ce millier de patriotes venus de tout le pays, qui conquirent pour lui le royaume des Deux-Siciles. Leur chemise rouge deviendra un signe de ralliement pour tous ceux qui luttent afin d'obtenir leur indépendance. Pour comprendre ce symbole, il faut remonter en 1843 : à cette époque, Garibaldi, condamné à mort en Italie pour avoir participé à un complot insurrectionnel en 1834, s'est exilé en Amérique du Sud où il s'est mis au service de la jeune cause uruguayenne contre les Argentins, eux-mêmes soutenus par les Anglais. Il forme une légion avec les immigrés italiens de Montevideo, environ 500 hommes.
Or il manque de moyens pour les équiper. La faillite d'une maison de commerce ruinée par la guerre lui permet de mettre la main sur un lot de chemises à bas prix, destinées aux ouvriers des abattoirs de Buenos Aires et qui n'ont pas pu être livrées : elles sont rouges car la couleur du sang des animaux y est moins visible. Elles ne passeront pas inaperçues sur les champs de bataille, notamment lors de cette fameuse « expédition des Mille » qui va, en 1860, consacrer la renommée des « Chemises rouges ».

Si bien que l'année suivante, Garibaldi est même sollicité pour aller se battre aux États-Unis aux côtés de l'Union contre les confédérés. Il ne pourra s'y rendre, mais, au cœur de la guerre de Sécession, le 39e régiment de volontaires de New York, composé d'immigrés européens, portera lui aussi des chemises de laine rouge... emblème de l'indépendance !

DOM PEDRO II DU BRÉSIL :

POURQUOI A-T-IL RENONCÉ AU POUVOIR ?

Le 15 novembre 1889, une révolution sans aucune effusion de sang met fin à l'unique empire d'Amérique latine, consacrant la naissance de la République du Brésil. Pourtant, le souverain déchu, Dom Pedro II, proclamé empereur cinquante-huit ans plus tôt à la suite de son père, n'était pas si impopulaire. Passionné de sciences et de culture, il régnait en monarque constitutionnel, avait mené le Brésil à la victoire dans d'importants conflits avec ses voisins et œuvré à la modernisation comme à l'essor économique de son pays. Dom Pedro II venait même de prendre part à l'abolition de l'esclavage, qui subsistait encore dans son empire.

Le souverain était-il lassé de certaines de ses prérogatives, comme il le confiait dans son journal : « *Je suis né pour me consacrer aux lettres et aux sciences, et à occuper une position politique, je préférerais celle de président de la République.* » Toujours est-il qu'il n'a rien tenté pour conserver son trône, comme s'il avait conscience que le régime impérial appartenait au passé et qu'il était dans l'ordre des choses de voir son bel édifice s'écrouler.

Le 15 novembre 1889, Dom Pedro II capitule sans effusion de sang, donnant naissance à la République du Brésil.

Dom Pedro II a-t-il été victime de son légalisme ? Montrant si peu de dispositions naturelles pour l'exercice du pouvoir, comment est-il parvenu à assumer si longtemps son rôle d'empereur ? Quels combats a-t-il su mener pour son pays, le Brésil ? Enfin, pourquoi a-t-il renoncé à se battre pour sauver son trône ?

Accusé de vouloir régner en autocrate et de s'intéresser davantage à l'Europe qu'à son propre pays, Dom Pedro Ier affronte une forte opposition.

L'empire du Brésil est né en 1822. Venant d'obtenir son indépendance de Lisbonne, cette colonie portugaise choisit pour empereur l'ancien régent, le prince Pierre de Bragance, fils du roi Jean VI de Portugal. Sous le nom de Dom Pedro Ier, celui-ci est sacré à Rio de Janeiro le 1er décembre de la même année. Le nouvel empereur est marié à Marie-Léopoldine de Habsbourg-Lorraine, archiduchesse d'Autriche. Trois ans plus tard, le 2 décembre 1825, celle-ci donne naissance à un garçon, Pedro, futur héritier du trône. Le règne de Dom Pedro Ier sera bref. Accusé de régner en autocrate et de s'intéresser davantage à l'Europe qu'à son propre pays, l'empereur affronte d'emblée une violente opposition. Il abdique le 7 avril 1831 en faveur de son fils, s'embarquant aussitôt pour le Portugal. Ce renoncement soudain prend les contestataires au dépourvu et sauve la couronne impériale brésilienne : l'enfant, âgé de 5 ans à peine, devient Dom Pedro II, tandis qu'un triumvirat se voit confier la régence.

Pour former le futur empereur, on désigne comme tuteur José Bonifácio de Andrada, un des artisans de l'indépendance brésilienne et ancien ministre de l'Intérieur et des Affaires étrangères. Celui-ci dispense au jeune monarque une formation politique sérieuse. Mais, malade et suspecté de comploter en faveur du retour de Dom Pedro Ier, Andrada est destitué. En octobre 1835, la régence est confiée au libéral Diogo Antônio Feijó, qui se maintient deux ans au pouvoir avant d'être remplacé par un conservateur, Pedro de Araújo Lima. Les périodes de régence étant souvent propices au déclenchement de révoltes, des troubles sécessionnistes éclatent dans plusieurs provinces périphériques, fomentés par des libéraux et des républicains. C'est le cas au Pará, au Maranhão, à Bahia ou dans le Rio Grande do Sul, à l'extrême sud du pays, où s'illustre le célèbre révolutionnaire italien Garibaldi.

Pour former le futur empereur, on désigne José Bonifácio de Andrada comme tuteur.

Durant sa minorité, Dom Pedro II jouit d'une grande popularité. Le régent l'exhibe au peuple dès qu'il le peut et envoie son portrait dans les villes et provinces séditieuses. Consciente que la figure impériale est la meilleure garante de l'unité nationale, l'Assemblée décide d'avancer la majorité du souverain, espérant endiguer la contestation. C'est ainsi que

Dom Pedro II est déclaré majeur le 23 juillet 1840,
alors qu'il n'a pas encore 15 ans. Un an plus tard, il est sacré empereur.

Dom Pedro II est déclaré majeur le 23 juillet 1840, alors qu'il n'a pas encore 15 ans. Un an plus tard, il est sacré empereur. Cet événement ne met cependant pas fin aux révoltes : dans certaines provinces, des libéraux prennent les armes contre le gouvernement central. Appelé à la rescousse, le général Luís Alves de Lima e Silva, baron de Caxias, réprime l'insurrection avec brutalité, parvenant à rétablir l'ordre dans les États de São Paulo et de Minas Gerais. En 1845, après dix années de conflits, une paix est signée entre l'Empire brésilien et les insurgés du Rio Grande do Sul, les célèbres Farroupilhas. La dernière révolte sera étouffée seulement quatre ans après dans l'État du Pernambouc.

La paix intérieure retrouvée, lui-même libéré de ses régents factieux, Dom Pedro II gouverne seul en veillant à respecter la Constitution. Afin d'asseoir davantage sa crédibilité et sa position de monarque, il accepte d'épouser Thérèse-Christine de Bourbon-Siciles, fille du roi des Deux-Siciles François Ier, en mai 1843. Lorsqu'il la rencontre, on rapporte qu'il se serait effondré en larmes, fort déçu par le physique peu avantageux de cette princesse, magnifiée sur un portrait et épousée par procuration. Il se résout pourtant à l'épouser religieusement, le lendemain de son arrivée au Brésil, le 4 septembre 1843. Sans doute finit-il par

Dom Pedro épouse Thérèse-Christine de Bourbon-Siciles, bien qu'il soit très déçu par son physique.

s'attacher, car ils auront quatre enfants – seules les deux filles parviendront à l'âge adulte. La cadette Léopoldine se mariera avec un prince allemand, Auguste de Saxe-Cobourg-Kohary, l'aînée Isabelle épousera un Français, le comte d'Eu, petit-fils du roi des Français Louis-Philippe Ier. Admiratif de l'ancien roi des Français, Dom Pedro II se comporte en monarque libéral. Il ne revêt par exemple son costume de sacre (un manteau de velours vert, une couronne en or sertie de diamants et un sceptre de deux mètres de long surmonté du dragon des Bragance) qu'à l'occasion de son Discours annuel. Les jours de fête nationale, l'empereur arbore sa tenue de maréchal, se contentant,

En 1854, Dom Pedro II inaugure la première ligne de chemin de fer, qui relie le port Maua aux premiers contreforts des montagnes.

le reste du temps, d'un vieil habit noir, y compris lorsqu'il rencontre sa cousine, la reine Victoria. Cette vie simple et dénuée de fastes surprend ses visiteurs. Au palais impérial, aucun bal somptueux n'est jamais organisé…

Il faut dire que Dom Pedro II est avant tout un intellectuel ! Ayant bénéficié de la meilleure éducation, le souverain est animé d'un goût insatiable pour l'étude et la lecture. Ses connaissances sont encyclopédiques et sa bibliothèque personnelle compte plus de 20 000 livres. Passionné par les langues anciennes, Dom Pedro étudie l'hébreu, l'arabe, le sanskrit, ainsi que le tupi-guarani, une langue indigène d'Amérique du Sud. L'empereur n'en reste pas moins attaché aux valeurs culturelles du Vieux Continent, entretenant une correspondance avec Ernest Renan et Victor Hugo. En raison de sa barbe prématurément blanchie, l'auteur des *Misérables* le surnomme le « petit-fils de Marc Aurèle ». Soucieux de favoriser l'éducation, le souverain visite en personne les écoles de Rio et ne manque jamais la cérémonie de remise des prix du collège Dom Pedro II, l'établissement scolaire le plus élitiste du pays. L'empereur s'implique aussi dans la promotion des arts et lettres, finançant avec ses fonds personnels les formations à l'étranger d'artistes et savants brésiliens. Mais sa préférence va sans doute à l'Institut historique et géographique brésilien, la seule Académie du pays, qui organise des missions archéologiques à la recherche de traces des civilisations amérindiennes, ancêtres du Brésil impérial.

Dom Pedro II s'attache aussi à développer l'activité économique de son immense pays, demeuré en grande partie à l'état sauvage. Pour ce faire, il mène une politique de grands travaux, qui voit la construction de milliers de kilomètres de câbles télégraphiques et de voies ferrées. En 1854, il inaugure la première ligne de chemin de fer, longue de 18 kilomètres, qui relie le port Mauà, au fond de la baie de Rio de Janeiro, aux premiers contreforts des montagnes. Il autorise surtout la navigation sur l'Amazone et le Rio São Francisco aux navires étrangers, encourageant l'exploration des provinces septentrionales. Attentif aux innovations agricoles et industrielles, l'empereur effectue la tournée de ses États, visitant exploitations et usines. Entre autres, il favorise le développement du café, qui prend un large essor dans la région de São Paulo. Sous son règne, le Brésil connaît une véritable explosion économique, tandis que l'immigration augmente dans des proportions considérables.

L'un des grands desseins de Dom Pedro II est d'étendre l'influence de son pays sur l'ensemble du continent sud-américain.

L'un des grands desseins de Dom Pedro II est d'étendre l'influence de son pays sur l'ensemble du continent sud-américain. En décembre 1851, le Brésil intervient militairement en Argentine, où un conflit oppose le gouverneur de la province d'Entre Ríos, Justo José de Urquiza, au dictateur Juan Manuel de Rosas. Alliés à Urquiza, les Brésiliens participent, le 3 février 1852, à la bataille de Caseros, qui se solde par la défaite de Rosas et son exil en Angleterre. L'intervention brésilienne permet au pays d'obtenir la libre circulation sur le Río de la Plata, à la frontière entre l'Argentine et l'Uruguay. Elle marque surtout le début de l'hégémonie impériale sur le continent. En 1864, le Brésil, qui a conclu une alliance avec l'Argentine et l'Uruguay, entre en guerre contre le Paraguay. Commandée par le maréchal Francisco Solano López et modernisée sur le modèle prussien, l'armée paraguayenne donne du fil à retordre à celle de la Triple Alliance. Plusieurs années seront nécessaires aux Brésiliens pour venir à bout de la résistance paraguayenne, malgré le commandement de Caxias et du comte d'Eu, gendre de l'empereur. Si la capitale du Paraguay est prise en janvier 1869, il faut attendre encore un an et l'exécution de Lopez, le 1er mars 1870, avant que le conflit ne soit définitivement terminé et un traité de paix signé.

Longue de six années, cette guerre est la plus sanglante de l'histoire de l'Amérique du Sud. Plus des deux tiers de la population paraguayenne ont péri durant le conflit, une saignée démographique dont ne se remettra jamais ce modeste pays. Un bilan qui laisse une tache sombre dans le règne de Dom Pedro, demeuré sourd aux protestations internationales, et qui a refusé de signer un protocole de paix en 1867, préférant continuer la lutte. C'est bien là tout le paradoxe : la victoire du Brésil va hâter la chute de l'empire ! Le pays ne retire aucun bénéfice de ce conflit, qui lui a coûté plus de 50 000 hommes et l'a contraint à s'endetter lourdement. Par ailleurs, la guerre a créé, chez les militaires, un esprit de corps et une conscience de classe qui n'existaient pas jusque-là. Quant aux officiers brésiliens, issus des classes moyennes, la république leur semble être le régime le plus apte à satisfaire leurs aspirations. Dans le même temps, les éléments les plus radicaux quittent le parti libéral pour créer un parti républicain dont la naissance est – pour le symbole – annoncée dans le journal *A República*, le 3 décembre 1870, soit le lendemain de l'anniversaire de Dom Pedro II, qui correspond à la fête nationale.

Cependant, la grande question qui va marquer le règne de Dom Pedro II est celle de l'esclavage. Depuis la fin de la guerre de Sécession, le Brésil demeure, avec les colonies espagnoles de Cuba et Porto Rico, le seul État du continent américain à recourir à cette terrible pratique. Les esclaves africains en particulier y sont très nombreux. Pour des raisons morales et politiques, l'empereur est un partisan résolu de l'abolition. Dès 1867, il fait référence à cette question dans son Discours annuel, provoquant un tollé au Parlement. Il faut dire que ce dernier est constitué en grande partie par l'aristocratie foncière, qui perçoit là une atteinte au droit de propriété. Aussi, craignant qu'une suppression brutale de l'esclavage n'entraîne des émeutes, les opposants préfèrent procéder par étapes. En 1871, une loi édictant l'émancipation graduelle est votée, mais c'est insuffisant. En 1880, une campagne abolitionniste est lancée, aboutissant à l'affranchissement de milliers d'esclaves. La famille impériale s'implique avec ardeur : Dom Pedro II octroie par exemple des titres de noblesse aux propriétaires qui affranchissent leurs esclaves, tandis que la princesse Isabelle organise des fêtes pour promouvoir l'événement ; quant aux petits-fils de l'empereur, ils impriment un journal abolitionniste au sein même du palais impérial de Rio. En 1887, un signal fort est aussi envoyé par l'armée, qui annonce qu'elle n'interviendra pas en cas de révolte générale des esclaves. Au début de l'année suivante, le gouvernement Cotegipe tombe, dernier rempart des esclavagistes. Le ministre est remplacé par un abolitionniste, João Alfredo Correia de Oliveira. Le 13 mai 1888, l'abolition de l'esclavage est votée et les 700 000 esclaves que comptait encore le Brésil sont libres ! En l'absence de l'empereur, c'est la princesse Isabelle qui apparaît au balcon du palais impérial pour brandir devant la foule la « Loi d'or », qu'elle vient de parapher.

Depuis la fin de la guerre de Sécession, le Brésil demeure l'un des seuls États du continent américain à recourir à l'esclavage.

Ce symbole fort n'apporte cependant pas de second souffle au règne désuet et finissant de Dom Pedro II. Depuis la guerre du Paraguay, le souverain se désintéresse de plus en plus de l'action politique, tandis que son goût pour les sciences le pousse à multiplier les voyages en Europe. Le premier a lieu en 1871. Arrivé en France en décembre, l'empereur y demeure deux mois pour assister aux séances de la Société de géographie, dont il est membre depuis 1868, ainsi qu'à celles de l'Académie des sciences. Après un passage par l'Espagne et le Portugal, il rentre au Brésil en mars 1872. Quatre ans plus tard, il entame une seconde tournée internationale qui le conduit aux États-Unis, en Italie, en France et jusqu'à Constantinople. Élu correspondant de l'Académie des sciences de Paris, puis associé étranger de l'Académie, l'empereur devient membre de l'Académie royale de Belgique et de l'Académie des sciences de Berlin. Par ses fonctions, il est amené au cours des années 1880 à réaliser de nombreux déplacements sur le Vieux Continent. Sa destination favorite reste la France, où Dom Pedro II fréquente l'élite intellectuelle du pays. En mars 1887, on diagnostique chez l'empereur une grave affection. Une rumeur se propage, prétendant qu'il serait atteint d'une maladie mentale. Dom Pedro II embarque de nouveau pour l'Europe, cette fois pour y suivre un traitement sévère, sous le contrôle du célèbre professeur Charcot.

Les nombreuses absences du souverain commencent à entamer son autorité et sa popularité, créant une sorte de vacance du pouvoir. Durant ses voyages, il a confié à regret la régence à sa fille Isabelle, appelée à lui succéder. Restée très populaire pour avoir signé, à Petropolis en mai 1988, la « Loi d'Or » [« Lei Aurea »], qui met fin à l'esclavage au Brésil, en utilisant un stylo plume d'or confectionné pour l'occasion, la régente Isabelle entre dans l'Histoire sous le surnom de « A princesa redentora », la princesse rédemptrice. Pour la remercier de cet acte de bravoure, le pape Léon XIII lui octroie la plus haute distinction, la Rose d'or. Pourtant, au Brésil, tout le monde n'est pas aussi satisfait de l'abolition. La suppression de l'esclavage a lésé les intérêts des grands propriétaires latifundiaires, piliers historiques de l'État impérial, qui vouent désormais une haine à l'égard de l'empereur et de sa famille. Le baron de Cotegipe dira d'ailleurs à la princesse régente : « Votre Altesse a libéré une race, mais elle a perdu le trône. » Si, durant son règne, Dom Pedro II a gouverné le Brésil avec la plus grande impartialité– veillant à nommer des Premiers ministres tantôt libéraux, tantôt conservateurs, en fonction des résultats des élections –, il a trop souvent rema-

Durant ses voyages, Dom Pedro confie à regret la régence à sa fille Isabelle, appelée à lui succéder.

nié l'exécutif : en 49 ans de règne, on compte pas moins de 36 gouvernements ! Cette instabilité a favorisé l'émergence des républicains. Le 14 juillet 1889, la commémoration du Centenaire de la prise de la Bastille donne lieu à d'importantes manifestations, où La *Marseillaise* est partout reprise en chœur. Dans les rangs de l'armée, on constate que l'empereur ne gouverne plus, affaibli par la maladie et détaché depuis un moment de la vie politique. Un coup d'État se prépare, conduit par des parlementaires mécontents et des officiers républicains.

La coalition est menée sans grand enthousiasme par le maréchal Deodoro da Fonseca, héros de la guerre du Paraguay, ami personnel de l'empereur, mais surtout hostile au gouvernement libéral. Le 15 novembre 1889, tandis qu'aucune émeute

Le 15 novembre 1889, n'ayant rencontré aucune résistance, les conjurés proclament aussitôt la République du Brésil.

n'a éclaté dans le pays, une frange de l'armée procède à l'arrestation des ministres et obtient l'abdication immédiate de l'empereur. N'ayant rencontré aucune résistance, les conjurés proclament aussitôt la République et Deodoro da Fonseca prend la tête du gouvernement provisoire. Le 17 novembre, Dom Pedro et sa famille quittent le Brésil à bord d'un cuirassé spécialement affrété à destination de l'Europe. L'empereur déchu débarque au Portugal le 7 décembre. À peine deux semaines après leur arrivée, sa fidèle épouse décède. Lui-même diminué, il s'installe en France, où s'est déjà fixé son gendre, le comte d'Eu. Lorsque le dernier empereur du Brésil meurt à Paris, le 5 décembre 1891, des obsèques solennelles sont célébrées à l'église de la Madeleine, en présence de têtes couronnées venues du monde entier. Sa dépouille sera inhumée, quelques jours plus tard, dans le Panthéon des Bragance, à Lisbonne.

LA COLLECTION DE PHOTOS

En 1839, Pedro n'a que 14 ans lorsqu'on annonce l'invention du daguerréotype. L'année suivante, l'abbé Louis Compte, chapelain d'un navire français qui vient d'arriver à Rio, explique le procédé au jeune empereur. Ce dernier acquiert aussitôt un appareil, devenant, en mars 1840, le premier photographe brésilien. Cette passion ne le quittera plus : il crée un laboratoire, encourage plus d'une dizaine de photographes en leur décernant le titre de « photographe de la Maison impériale » et, surtout, il devient l'un des plus grands collectionneurs du XIXe siècle. Durant toute sa vie, il reçoit mais surtout achète, au Brésil ou au cours de ses voyages, des milliers de clichés, sur les sujets les plus divers, témoignant ainsi de la diversité de ses intérêts : agriculture, archéologie, architecture, urbanisme, arts scéniques, arts plastiques, astronomie, biologie, botanique, éducation, guerre, immigration, médecine, ethnographie – couvrant aussi bien le Brésil que l'Europe, l'Afrique et l'Amérique du Nord. On y retrouve des images réalisées par les plus grands photographes, dont Nadar. L'ensemble représente une inestimable source de renseignements sur les progrès scientifiques et techniques, autant que sur la vie quotidienne au XIXe siècle. Cette collection de 21 742 photos, à laquelle il donnera le prénom de son épouse, Thereza Christina Maria, Pedro la léguera à sa mort à la Bibliothèque nationale du Brésil.

MARIE CURIE :

SA LIAISON SECRÈTE

Qui aurait pu prédire, en 1891, qu'une jeune Polonaise de 24 ans tout juste arrivée en France allait, en moins d'une décennie, bouleverser l'histoire de la science et de la médecine en découvrant la radioactivité ? Quel destin exceptionnel que celui de Maria Sklodowska, plus connue sous le nom de Marie Curie ! Elle sera la première femme à enseigner à la Sorbonne, mais aussi la première à recevoir un prix Nobel, et la première à entrer au Panthéon !

Pour se faire une place dans ce monde d'hommes, qui composaient à l'époque le milieu scientifique, la physicienne a dû déployer tout au long de sa vie une énergie et une volonté hors du commun. Veuve et parvenue au sommet de sa gloire, la divulgation de sa liaison secrète avec un célèbre homme marié provoqua un scandale qui faillit bien mettre un terme à sa brillante carrière en France.

Quelle est cette passion amoureuse qui coûta si cher à Marie Curie ? Pourquoi cette relation provoqua-t-elle un tel scandale ? Comment Marie fit-elle face à la campagne de dénigrement qui s'ensuivit ? Et comment surmonta-t-elle cette épreuve pour poursuivre son œuvre scientifique jusqu'au sacrifice de sa vie privée ?

*Pour se faire une place dans le milieu scientifique,
la physicienne a dû déployer une énergie et une volonté hors du commun.*

Maria Sklodowska, née à Varsovie le 7 novembre 1867, est la cinquième enfant d'un couple de la petite noblesse rurale désargentée.

Maria Sklodowska, née à Varsovie le 7 novembre 1867, est la cinquième enfant d'un couple de la petite noblesse rurale désargentée. Son père est professeur de physique et de mathématiques, tandis que sa mère, qu'elle perd très jeune, dirige un pensionnat de jeunes filles. Dans cette partie de la Pologne annexée un siècle plus tôt par la Russie, où les écoliers sont obligés d'apprendre la langue de « l'occupant », Maria grandit dans une ambiance patriotique, apprenant en cachette l'histoire de son pays. Dès son plus jeune âge, elle maîtrise le polonais, le russe, l'allemand et le français. Ses études secondaires achevées, elle devient préceptrice dans des familles aisées, pour aider financièrement sa sœur Bronia, partie étudier la médecine en France (les universités polonaises étant alors interdites aux femmes). Cette dernière en sera toujours reconnaissante envers Maria, qu'elle invitera à venir la rejoindre à Paris, quelques années plus tard, une fois qu'elle sera installée et mariée à un médecin. Logée chez sa sœur, la jeune Polonaise s'inscrit à la Sorbonne à l'automne 1891. Se faisant désormais appeler Marie, elle passe deux licences : elle est reçue première à celle de physique et seconde à celle de mathématiques. Au début de l'année 1894, alors qu'elle est à la recherche d'un local pour mener ses expériences, elle fait la connaissance d'un jeune scientifique de huit ans son aîné : Pierre Curie. Chercheur à la Faculté des sciences, il a découvert avec son frère Jacques la piézoélectricité et mis au point une balance ultrasensible, la « balance de Curie », dont l'exploitation lui rapporte une petite rente mensuelle. Les deux jeunes savants succombent à l'amour et se marient le 26 juillet 1895. Maria Sklodowska devient Marie Curie.

Marie fait la connaissance d'un jeune scientifique, chercheur à la Faculté des sciences et de huit ans son aîné, Pierre Curie.

L'année suivante, Marie est reçue première à l'agrégation de mathématiques. Après avoir donné naissance à sa fille aînée, Irène (qui sera connue plus tard sous le nom d'Irène Joliot-Curie et qui obtiendra elle aussi, avec son mari, un prix Nobel de chimie sur la radioactivité artificielle), elle s'inscrit en doctorat. Quelques années plus tôt, le physicien Henri Becquerel a découvert que certains minerais uranifères émettaient des rayons X. Voulant poursuivre ses recherches, Marie choisit pour sujet de thèse les substances radioactives. Durant les cinq ans qui suivent, la scientifique expérimente dans un minuscule laboratoire de l'École municipale de physique et de chimie industrielles de la ville de Paris (EPCI), où enseigne son mari. Elle découvre assez vite que d'autres corps que l'uranium peuvent émettre des rayons. Elle postule ainsi l'existence d'éléments radioactifs inconnus. Passionné par les découvertes de sa femme, son mari s'associe aux travaux. Grâce aux instruments de Pierre, le couple isole, en juillet 1898, une première substance radioactive. En l'honneur de son pays d'origine, Marie la baptise « polonium ». En décembre, ils découvrent ensemble le radium. Pour obtenir du radium pur, les physiciens achètent des tonnes de résidus de pechblende venant de Tchécoslovaquie, que Marie doit raffiner patiemment dans un hangar de l'EPCI. En 1902, elle parvient à obtenir un décigramme de cette substance inconnue et à déterminer sa masse atomique. Le 25 juin 1903, Marie soutient sa thèse et obtient les félicitations du jury, qui prend conscience des bouleversements et retombées possibles liés à une telle découverte. Six mois plus tard, l'Académie des sciences de Stockholm attribue le prix Nobel de physique à Henri Becquerel, ainsi qu'à Pierre et Marie Curie pour leurs découvertes sur la radioactivité. Refusant de déposer un brevet, le couple offre les 70 000 francs de récompense à des œuvres de charité.

Tandis que Marie met au monde leur deuxième fille, Ève, Pierre quitte l'EPCI pour la Sorbonne. Il est élu à l'Académie des sciences et dispose désormais d'un laboratoire digne de ce nom, rue Cuvier. Le savant n'a pas le temps d'en profiter : le 19 avril 1906, Pierre Curie meurt écrasé par un camion attelé de chevaux. Marie est terrassée par la nouvelle, mais elle est choisie pour succéder à son époux à la chaire de physique de la Sorbonne. Pour la première fois dans l'histoire de l'Université de Paris, une femme se voit octroyer un poste de professeur ! Son premier cours donne lieu à une incroyable ovation. Marie Curie publie bientôt un *Traité de radioactivité*, où elle dresse un bilan de ses connaissances, et réalise le premier étalon international de radium pur.

Pour la première fois dans l'histoire de l'Université de Paris, une femme se voit octroyer un poste de professeur !

Les recherches sur le radium donnent rapidement naissance à une nouvelle branche de la science : la radiologie. En novembre 1910, incitée par ses amis, Marie présente sa candidature à l'Académie des sciences de Paris, où aucune femme n'a jusqu'alors été élue. Bien qu'auréolée de gloire, sa candidature divise les académiciens, d'autant qu'un autre physicien émérite postule au prestigieux fauteuil : Édouard Branly, déjà âgé et dont les découvertes furent déterminantes pour l'invention de la radio. Quelques années après l'affaire Dreyfus, la campagne des deux scientifiques prend une tournure politique : Branly, fervent catholique, bénéficie du soutien des conservateurs, lesquels stigmatisent Marie Curie pour ses origines étrangères et attribuent à son seul mari les mérites de leurs découvertes. Le 21 janvier 1911, la physicienne est battue de deux voix. Écœurée, elle ne se représentera pas. Or, la campagne a laissé des traces et une partie de l'opinion publique suspecte Marie Curie de n'être qu'une ambitieuse et une intrigante.

Brillant scientifique, grand, doté d'un regard pénétrant, d'un sourire charmeur et de longues moustaches recourbées, Paul Langevin est un séducteur notoire.

À l'EPCI, Pierre Curie a été remplacé par un de ses anciens élèves, Paul Langevin. Ce brillant scientifique – grand, doté d'un regard pénétrant, d'un sourire charmeur et de longues moustaches recourbées – est un séducteur notoire. Il a épousé la fille d'un ouvrier céramiste, dépourvue de toute culture, avec laquelle il a quatre enfants. Le couple ne cesse de se déchirer. Soutenue par sa mère, sa sœur et son beau-frère, Jeanne Langevin reproche à son mari de se consacrer à la science en travaillant à l'université, alors qu'il pourrait obtenir un emploi beaucoup plus rémunérateur dans l'industrie. Sa belle-famille lui mène la vie dure et les scènes de ménage avec son épouse sont d'une rare violence : Jeanne ira jusqu'à le frapper à coups de chaise et lui briser une bouteille sur le crâne. Le savant évoque souvent son enfer domestique à ses proches. C'est tout naturellement qu'il se confie à Marie Curie, avec laquelle il enseigne à l'École normale supérieure de jeunes filles de Sèvres. Déjà impressionné par la physicienne, il trouve chez la femme la sensibilité et la compréhension qui manquent à son épouse. De son côté, Marie ressent de l'admiration pour les indéniables qualités intellectuelles de Langevin, de cinq ans son cadet. Peu à peu, leur sympathie mutuelle se transforme en affection, et leur amitié sincère en amour partagé.

Entre les deux scientifiques se développe une émulation spirituelle comparable à celle que Marie a connue avec Pierre

Ses amis remarquent qu'elle délaisse les austères vêtements noirs portés depuis son veuvage, pour une robe blanche.

Curie, permettant à la physicienne de revivre les meilleures années de sa vie. Ses amis la trouvent rayonnante et épanouie, remarquent qu'elle délaisse les austères vêtements noirs portés depuis son veuvage pour une robe blanche, s'autorisant même quelques accessoires frivoles, comme une rose agrafée à la ceinture. Au début de l'été 1910, Langevin loue un petit appartement au 5, rue du Banquier, près de la Sorbonne, dans lequel il reçoit les visites de sa maîtresse. Mais Jeanne Langevin intercepte une lettre de son époux et découvre leur liaison. Elle menace aussitôt de tuer sa rivale. Paul avertit Marie et lui conseille de quitter la France. Elle s'y refuse et supplie son amant de tout mettre en œuvre pour contraindre Jeanne à la séparation, lui écrivant : « *Mais tant que je te sais auprès d'elle, mes nuits sont atroces, je ne puis dormir, j'arrive à grand-peine à dormir deux ou trois heures ; je me réveille avec une sensation de fièvre et je ne puis travailler. Fais ce que tu peux pour en finir. [...] Nous ne pouvons continuer à vivre comme cela.* » Toutefois, Langevin n'arrive ni à quitter sa femme, ni à rompre. Ne supportant plus de voir Marie souffrir de cette relation, son ami le physicien Jean Perrin tente une médiation auprès de Jeanne Langevin. La tension s'apaise quelque temps.

Au moment où leur liaison est dévoilée, Marie Curie et Paul Langevin assistent au premier congrès Solvay de physique, à Bruxelles, aux côtés d'Albert Einstein, Max Planck ou Henri Poincaré.

Cependant, au printemps 1911, la garçonnière de Langevin est cambriolée et la correspondance des deux amants dérobée. Les lettres se retrouvent en possession de Jeanne Langevin, qui menace de les faire publier pour obtenir le divorce à son avantage, c'est-à-dire la garde des enfants et une conséquente pension alimentaire. Furieux, Langevin quitte le domicile conjugal avec ses deux fils aînés, tandis que sa femme porte plainte pour abandon. Tous les éléments sont en place pour que le scandale éclate. Le 4 novembre 1911, *Le Journal*, un des quotidiens les plus lus, titre en une : « Une histoire d'amour, Madame Curie et le Professeur Langevin ». L'article reproduit un entretien avec la belle-mère de Paul Langevin, Mme Desfosses, qui accuse la scientifique d'avoir brisé le couple de sa fille, qui plus est mère de famille nombreuse. L'affaire est relayée dès le lendemain par *Le Petit Journal*, qui titre « Un roman dans un laboratoire », puis par le journal d'extrême droite *L'Action française*. Au moment où leur liaison est dévoilée, Marie Curie et Paul Langevin assistent tous deux au premier congrès Solvay de physique, à Bruxelles, aux côtés d'Albert Einstein, Max Planck ou Henri Poincaré. Mal conseillée, la physicienne publie un communiqué maladroit, qui ne fait qu'aggraver la situation : « *Je considère comme abominable toute intrusion de la presse et du public dans la vie privée. Cette intrusion est particulièrement criminelle lorsqu'il s'agit de personnes qui ont manifestement consacré leur vie à des préoccupations d'ordre élevé et d'utilité générale... Désormais, je poursuivrai rigoureusement toute publication d'écrits qui me seraient attribués ou d'allégations tendancieuses sur mon compte.* »

Tandis que le préfet de police Louis Lépine essaie de mettre la fameuse correspondance sous séquestre, le député Raymond Poincaré sollicite le silence des patrons de presse pour étouffer l'affaire. Mais Jeanne Langevin, érigée en victime, continue d'alimenter les journaux avec les preuves de la liaison des deux physiciens. Enfin, elle assigne son mari en justice pour obtenir le divorce. La presse d'extrême droite s'empare du fait et présente Marie Curie comme une arrogante Polonaise cherchant à détruire un ménage français. Le 23 novembre, le journal *L'Œuvre* consacre un numéro entier à l'affaire sous le titre : « Les scandales de la Sorbonne ». Langevin est surnommé « le Chopin de la Polonaise » et des extraits de leurs lettres sont publiés, où la physicienne conseille à son amant de divorcer.

Les attaques contre Marie sont d'une telle violence qu'à sa lecture, sa fille Irène, alors âgée de 13 ans, s'évanouit. À Sceaux, son pavillon est assiégé par une foule déchaînée qui n'hésite pas à jeter des pierres dans les fenêtres en hurlant : « À bas l'étrangère, la voleuse de maris ! » La famille Curie est contrainte de déménager en hâte chez le mathématicien Émile Borel et sa femme Marguerite. À la Sorbonne, plusieurs de ses collègues et anciens amis refusent de prendre parti pour la savante. Pire, le doyen de la Faculté des sciences, Paul Appell, de concert avec le ministre de l'Instruction publique, obtient qu'une chaire lui soit offerte en Pologne et l'invite à aller enseigner dans son pays d'origine ! Marie reçoit cependant le soutien sans faille du couple Borel, de Jean Perrin et du chimiste André Debierne, qui prennent publiquement sa défense. Traité de mufle et de lâche dans *L'Œuvre*, Paul Langevin défie en duel le patron du journal, Gustave Téry. Le 25 novembre, les deux adversaires se retrouvent face à face, pistolet au poing, au Parc des Princes. Au dernier moment, les deux hommes refusent de faire feu et le duel en reste là. Le 7 décembre, Jeanne Langevin obtient du tribunal la séparation de corps, aux torts exclusifs de son mari. Le nom de Marie Curie n'apparaissant pas dans le jugement, la campagne de presse s'achève. Pourtant, la scientifique rompt définitivement avec Langevin, à qui elle reproche son indécision et son flegme. Après cette affaire, elle ne s'autorisera plus aucune liaison.

C'est en 1911, en pleine polémique, que la physicienne se voit décerner le prix Nobel de chimie pour l'ensemble de son œuvre, devenant la première scientifique récompensée à deux reprises. Or, en raison du scandale, le Comité Nobel lui déconseille par courrier d'assister à la cérémonie, se justifiant ainsi : « *Si l'Académie avait pensé que les lettres étaient authentiques, elle ne vous aurait très probablement*

Dans les années 1920, plusieurs levées de fonds sont organisées aux États-Unis dans le but d'offrir à Marie Curie un gramme de radium pur et de lui permettre ainsi de poursuivre ses recherches.

pas accordé le prix. » Marie refuse de céder et part pour Stockholm, où le prix lui est remis par le roi Gustave V. À son retour, elle est victime d'une grave dépression nerveuse et doit être opérée pour des lésions rénales. Dans le même temps, à Paris, s'achève la construction de l'Institut Curie, situé à côté de l'Institut Pasteur. Cette première institution consacrée à l'étude de la radioactivité comprend une partie dédiée à la recherche en physique et chimie, et une autre destinée à la recherche biomédicale et à ses applications.

Dans les années 1920, plusieurs levées de fonds sont organisées aux États-Unis dans le but d'offrir à Marie Curie un gramme de radium pur et de lui permettre ainsi de poursuivre ses recherches. Durant dix ans, la scientifique mobilise ses dernières forces pour diriger son laboratoire et signer des dizaines de publications. Malgré son affaiblissement physique, elle poursuit ses voyages à travers le monde, jusqu'en Chine, où elle est célébrée comme une bienfai-

Durant dix ans, la scientifique mobilise ses dernières forces pour diriger son laboratoire et signer des dizaines de publications.

trice de l'humanité. Exténuée, Marie Curie est hospitalisée en 1934. Les médecins diagnostiquent une tuberculose et ordonnent son transfert immédiat au sanatorium de Sancellemoz, en Haute-Savoie. Elle est si fatiguée qu'elle s'évanouit dès son arrivée. Très vite, on comprend qu'elle n'est pas atteinte de tuberculose, mais d'une maladie non identifiée. On ne connaîtra l'origine de son mal que bien après sa mort, survenue à Sallanches, le 4 juillet 1934. Marie Curie était atteinte d'une leucémie provoquée par son exposition prolongée aux rayonnements radioactifs. Un sacrifice pour la science...

LES PETITES CURIE

Les deux premiers mois de la guerre de 1914-1918 sont un désastre sur le plan de l'accueil des blessés. On n'a pas tenu compte des redoutables blessures causées par les armes nouvelles comme les obus, les shrapnels (obus à balles) ou les mitrailleuses. La radiologie, si précieuse pour identifier les éclats ou les lésions internes (et ainsi éviter les infections) est quasiment inexistante sur le front. Mais le service de santé des armées réagit aussitôt et Marie Curie est sollicitée par Antoine Béclère, nommé directeur du service radiologique des armées, pour lancer des formations accélérées de manipulateurs (elle en formera plus de 150), puis pour participer à la conception de voitures mobiles qui permetteront d'intervenir au plus près sur le front. Elle se dépense sans compter, récolte des subventions, récupère plus de 200 véhicules donnés ou prêtés, sollicite les constructeurs d'appareils et les carrossiers, se rend sur les zones de combat... Sur son initiative, des véhicules légers sont mis au point, équipés d'un appareil à rayons X, mais aussi de matériel photographique, des écrans nécessaires, de gants de protection pour les manipulateurs, de rideaux noirs pour occulter les fenêtres et d'une dynamo alimentée par le moteur de la voiture. En une demi-heure, tout est installé. Les soldats baptisent ces voitures les « petites Curie ». Marie Curie, dès l'obtention de son permis, en 1916, en conduira elle-même, tout comme sa fille Irène... Plus d'un million de blessés seront secourus et diagnostiqués à temps grâce à ces ingénieuses automobiles. Aussi et surtout grâce à leur célèbre conceptrice, qui paya le prix fort pour mener à bien ses recherches scientifiques !

HIROHITO,
UN CHEF D'ÉTAT AMBIGU

Le 3 mai 1946 s'ouvre à Tokyo le Tribunal militaire international pour l'Extrême-Orient, équivalent asiatique du procès de Nuremberg. Sous la présidence du procureur australien William Webb, 28 hauts responsables japonais comparaissent pour les crimes de guerre et crimes contre l'humanité dont l'empire du Soleil Levant s'est rendu coupable durant la Seconde Guerre mondiale. Parmi ces dignitaires, on compte quatre Premiers ministres, une dizaine de ministres, six généraux, un amiral, deux ambassadeurs et un grand absent : l'empereur Hirohito qui, malgré la défaite de son pays, a conservé son trône !

Dernier empereur de droit divin, Hirohito occupe une place ambiguë dans l'histoire du XXe siècle. Son règne reste associé aux dérives ultranationalistes qu'a connues l'archipel au cours des années 1930 et 1940, comparables sur bien des aspects au fascisme italien et au nazisme allemand. Pourtant, il demeure dans l'histoire du Japon sous l'appellation gratifiante de son nom de règne, « Showa Tenno », qui signifie « Paix brillante ».

Malgré la défaite de son pays en 1945, l'empereur Hirohito a conservé son trône !

Hirohito a-t-il une part de responsabilité dans la politique totalitaire de son régime ? Aurait-il mérité d'être jugé par un tribunal international ? Ou bien le Japon a-t-il été, comme on l'a parfois écrit, « une dictature sans dictateur » ? Et, si c'est le cas, Hirohito était-il un belliciste ou un brillant pacifiste ?

Hirohito épouse la princesse Nagako, qu'il a lui-même choisie parmi toutes ses prétendantes.

Petit-fils du célèbre empereur Meiji – le grand modernisateur du Japon – et fils aîné de l'empereur Yoshihito, Hirohito voit le jour en 1901. Il grandit dans un pays qui s'ouvre sur le monde. En 1921, il est le premier membre de la famille impériale japonaise à quitter le territoire, séjournant quelque temps en Europe et en particulier en Angleterre. À son retour dans l'archipel, il se voit confier la régence, son père, diminué par une méningite, se révélant incapable d'assumer ses fonctions. Cette transmission de pouvoir s'engage sous de sinistres augures : le 1er septembre 1923, Tokyo est victime de l'un des plus violents tremblements de terre de son histoire. On déplore près de 150 000 morts. Pour résoudre le chaos, le prince décrète la loi martiale. Une position qui lui vaut, trois mois plus tard, d'être victime d'un attentat lorsqu'un anarchiste tente de l'assassiner en ouvrant le feu sur sa voiture !

Après la mort de son père, le 25 décembre 1926, Hirohito devient le 124e empereur du Japon.

L'année suivante, le jeune homme épouse la princesse Nagako, qu'il a lui-même choisie alors qu'elle était venue prendre un thé avec l'impératrice lors d'une cérémonie non officielle au palais impérial. Elle lui donnera deux fils et cinq filles. Le 25 décembre 1926, son père Yoshihito décède. Hirohito lui succède, devenant empereur du Japon et, selon la mythologie impériale, le 124e descendant de la déesse du soleil Amaterasu. D'un point de vue politique, il se montre plutôt modéré et libéral, bien que ne disposant pas des pleins pouvoirs. Le Japon s'est doté d'une Constitution depuis 1889, qui fait de « ce monarque de droit divin dont la personne reste sacrée et inviolable » le chef de l'État japonais, tout en laissant au Premier ministre la tâche de gouverner. C'est là toute la difficulté, la distinction des pouvoirs entre l'empereur, le gouvernement et l'armée (dont le poids est de plus en plus important) n'est pas claire. Compte tenu de son statut de divinité, Hirohito se gardera toujours d'intervenir en public sur les questions politiques, mais il demeure le chef de l'armée impériale. Ce pouvoir en demi-teinte explique sans doute pourquoi les premières années de son règne voient l'ascension des ultranationalistes et des militaires, qui prônent une politique plus autoritaire, à l'instar de ce qui se passe au même moment en Europe.

Le peuple fête son écrasante victoire à la Chambre des représentants en février 1931.

Déjà présent en Corée depuis 1910, le Japon nourrit des visées expansionnistes, entendant asseoir sa domination sur la Chine. En avril 1930, le gouvernement nippon signe le traité naval de Londres, qui lui impose de réduire sa flotte de guerre. Cette décision est vécue comme une trahison par les ultranationalistes qui, en représailles, mettent en œuvre une stratégie criminelle à l'encontre des modérés, pour aboutir à un coup d'État. Le 14 novembre, le Premier ministre, Osachi Hamaguchi, qui a ratifié le traité de Londres, est victime d'une tentative d'assassinat à laquelle il réchappe. Le peuple fête son écrasante victoire à la Chambre des représentants, en février 1931. Il décédera néanmoins au mois d'août ne s'étant jamais remis de sa blessure. Profitant de la guerre civile qui ravage la Chine et sans même avoir reçu l'aval du gouvernement civil, l'armée japonaise se lance à la conquête de la Mandchourie. En septembre 1931, le gouvernement prétexte un sabotage contre une voie ferrée appartenant à une société nippone et envoie ses troupes envahir cette province septentrionale de la Chine. La Mandchourie est alors transformée en protectorat et prend le nom de Mandchoukouo. Les Japonais s'empressent de placer l'ancien empereur de Chine, Pu-Yi, à la tête de cet État fantoche.

La Société des Nations (ancêtre de l'ONU) condamnant avec sévérité l'annexion de la Mandchourie, le Japon quitte l'organisation en signe de protestation – cet épisode sera popularisé par Hergé dans *Tintin et le Lotus bleu*. Le 15 mai 1932, c'est un autre Premier ministre libéral, Inukai Tsuyoshi, qui est assassiné à son domicile par un commando de onze officiers de la Marine impériale japonaise. Pour déclencher un conflit avec les États-Unis, les conjurés avaient aussi prévu de tuer Charlie Chaplin, alors en visite au Japon ! Les responsables bénéficient de nombreux soutiens dans l'appareil d'État, à commencer par le frère cadet de l'empereur, le prince Chichibu, favorable à la suspension de la Constitution – ce qui le place en violente opposition avec Hirohito. Forts de ce soutien impérial, les assassins n'écoperont que d'une peine minime.

Le Premier ministre chinois Tchang Kaï-chek quitte la ville, abandonnant les soldats et la population à l'ennemi.

Le 26 février 1936, les ultranationalistes tentent un nouveau coup d'État militaire. En quelques heures, plusieurs ministres, anciens ou en poste, sont exterminés, ainsi que l'un des trois généraux en chef de l'armée. Le Premier ministre, Keisuke Okada, chef de file des modérés, n'échappe à la mort qu'en raison d'une erreur des conspirateurs, qui abattent son beau-frère à sa place ! Lorsque Hirohito est informé de la tentative de putsch, il sort pour la première fois de sa réserve, ordonnant qu'elle soit aussitôt matée. La loi martiale est décrétée et rapidement les rebelles sont maîtrisés. Mais si une partie de l'armée se retrouve purgée de ses éléments les plus radicaux, ses pouvoirs sont plus accrus que jamais et son budget augmenté. Ce qui favorise l'intensification de la censure et la traque des démocrates. Il refuse peut-être de l'admettre, mais Hirohito est désormais à la tête d'une dictature militaire.

Depuis son départ de la SDN, le Japon se retrouve isolé sur la scène internationale. En Mandchourie, la tension est palpable avec l'armée soviétique, stationnée en Sibérie. Le 25 novembre 1936, le nouveau Premier ministre Koki Hirota signe un pacte avec l'Allemagne nazie, contre l'URSS. L'année suivante, le prince Chichibu se rend en personne en Allemagne afin de rencontrer Adolf Hitler. Fort de cette alliance, le Japon mobilise une armée capable de conquérir la Chine et provoque incident sur incident pour justifier l'invasion. Le 7 juillet 1937 – baptisé depuis « l'incident du triple 7 » –, les Nippons prétextent l'enlèvement d'un de leurs soldats (qui s'est en fait endormi dans un bordel local !) près du pont Marco Polo, à une quinzaine de kilomètres de Pékin, pour déclarer la guerre à la Chine. Très vite, les Japonais se rendent maîtres d'une grande partie de l'est du pays, usant d'une politique de terreur systématique. Parvenus le 10 décembre devant Nankin, la capitale du Jiangsu, ils envoient un ultimatum aux troupes chinoises.

Le Japon signe un pacte tripartite avec l'Italie et l'Allemagne, le 27 septembre 1940, à Berlin.

Le Premier ministre chinois Tchang Kaï-chek et ses officiers quittent aussitôt la ville, abandonnant les soldats et la population à l'ennemi. Lorsque, trois jours après, les Nippons pénètrent dans Nankin, les Chinois se rendent sans condition. Cette reddition n'empêchera pas le tristement célèbre « viol de Nankin ».

Craignant d'être submergé par la masse des prisonniers, le prince Yasuhiko Asaka, oncle de l'empereur et commandant en chef des forces d'invasion, ordonne – en violation de toutes les conventions militaires internationales – leur exécution. Des dizaines de milliers de soldats chinois sont passés par les armes. L'armée japonaise se livre ensuite à d'odieux crimes de guerre sur la population civile : pillages systématiques, exécutions sommaires, viols. Durant cet épisode, la ville est pillée et brûlée et près de 200 000

Chinois perdent la vie. Des milliers de femmes sont enlevées pour devenir les esclaves sexuelles des soldats nippons en mouvement, qui les appellent avec cynisme leurs « femmes de réconfort ». Après avoir mis en place, à Nankin, un ersatz de gouvernement, les Japonais poursuivent leur conquête de la Chine. Or face à la résistance du nationaliste Tchang Kaï-chek, allié pour l'occasion avec les communistes, leur avancée commence à piétiner.

C'est pour cela qu'en septembre 1939, lorsqu'éclate en Europe la Seconde Guerre mondiale, le gouvernement japonais hésite à s'engager aux côtés de l'Allemagne nazie, par crainte de la réaction des Alliés. Hirohito y est hostile, à l'inverse de son frère, le prince Chichibu. L'empereur reconnaît cependant que, pour soumettre de façon définitive l'empire du Milieu, il lui faut couper ce dernier de l'Indochine française et priver Tchang Kaï-chek de tout approvisionnement. Profitant de la défaite française de juin 1940, le Japon envahit le nord de l'Indochine, et dans le même temps, se range officiellement dans le camp des puissances de l'Axe en signant un pacte tripartite avec l'Italie et l'Allemagne, le 27 septembre 1940, à Berlin. Après l'invasion du sud de la péninsule indochinoise, les Américains décident de geler tous les avoirs japonais aux États-Unis dès juillet 1941 et décrètent, dans le même temps, un embargo sur les matières premières. Pour les militaires nippons, cela ne fait plus aucun doute : la poursuite du conflit impose la conquête de l'Asie du Sud-Est et l'entrée en guerre contre les États-Unis !

Le 18 octobre 1941, le général Hideki Tojo est nommé Premier ministre, il se maintiendra à son poste pendant presque toute la durée du conflit. Le 7 décembre, la flotte américaine stationnée à Pearl Harbor (Hawaï) est bombardée par surprise par l'aviation japonaise, qui provoque de

Le 7 décembre, la flotte américaine stationnée à Pearl Harbor est bombardée par surprise par l'aviation japonaise.

lourds dégâts et cause la mort de près de 2 500 Américains. La guerre entre les deux États est déclarée. Profitant de son avantage, le Japon envahit l'île de Guam trois jours plus tard. En quelques semaines, Singapour, Hong-Kong, les Philippines, la Malaisie et l'Indonésie tombent aux mains des Nippons, désormais maîtres de tout le Sud-Est asiatique. Dans les territoires conquis, le sort réservé aux populations civiles et aux prisonniers de guerre est effroyable. Utilisés comme des esclaves, les captifs sont soumis aux travaux les plus pénibles et participent à des marches forcées, surnommées « marches de la mort ». La plus terrible sera celle de Bataan, dans les Philippines : en avril 1942, elle causera la mort de 10 000 prisonniers américains et philippins, soit un captif sur sept. Dans les camps de prisonniers japonais, les

Les Américains débarquent le 1er avril 1945, sur l'île d'Okinawa. La bataille fera plus de 100 000 morts.

conditions de détention insalubres et la famine sont telles que le taux de mortalité avoisine les 30 %. Mais le comble de l'horreur sera sans nul doute atteint en Mandchourie, où une unité militaire spécialisée dans la guerre bactériologique, l'Unité 731, inoculera à la population civile, pendant des années et en toute impunité, les virus mortels de la peste, du choléra ou encore l'anthrax, condamnant des centaines de milliers de personnes. Dirigée par le médecin Shiro Ishii – dont les méthodes ne diffèrent guère de celles du sinistre Dr Mengele à Auschwitz –, cette unité se livrera à des expérimentations sur des cobayes humains pour tester diverses armes chimiques et bactériologiques. Ishii fera même des démonstrations de vivisection sans anesthésie, auxquelles assisteront plusieurs dignitaires japonais, dont le propre frère de l'empereur, le prince Chichibu.

Cependant, dès la bataille de Midway, en juin 1942, le rapport de force entre Américains et Japonais s'inverse. Supérieurs en armement, les États-Unis reprennent une par une les îles du Pacifique, obligeant l'ennemi à se replier à partir de 1943. Le 7 juillet 1944, les Américains regagnent l'île de Saipan (Mariannes du Nord), plaçant le Japon à portée de l'aviation

Le 6 août 1945, une première bombe est lâchée sur Hiroshima.

alliée. Cette défaite conduit à l'éviction du général Tojo, remplacé par un ultranationaliste, Kuniaki Koiso. Bien que le Japon ne possède presque plus de matières premières, il continue sa guerre à outrance. Les Japonais n'ont, semble-t-il, plus rien à perdre. C'est à cette époque que sont pensés les avions-suicides, surnommés « kamikazes ». Ceux-ci infligent des pertes sévères à l'armée américaine et créent un choc psychologique certain. Mais ils ne peuvent empêcher les États-Unis de débarquer, le 1er avril 1945, sur l'île japonaise d'Okinawa, à la pointe sud de l'archipel. La bataille dure 82 jours, faisant plus de 100 000 morts et presque autant de pertes civiles. Au même moment, Tokyo et les grands centres industriels du pays sont ravagés par des bombardements incessants, qui rendent la défaite japonaise inéluctable.

Le nouveau Premier ministre, Kantaro Suzuki, plus lucide que ses prédécesseurs – il était depuis toujours opposé à l'entrée en guerre de son pays contre les États-Unis –, cherche à obtenir la médiation soviétique afin d'entamer des négociations de paix avec les Alliés. Or, Staline, qui vient de vaincre l'Allemagne nazie, lorgne sur les possessions japonaises et diffère les discussions. De son côté, Hirohito se garde bien d'intervenir. Les pourparlers restent au point mort. L'entrée en guerre de l'URSS contre le Japon est fixée au 8 août, car les États-Unis veulent à tout prix accélérer la défaite nippone. C'est dans cet état d'esprit que le président Truman décide l'utilisation de la bombe atomique. Le 6 août 1945, une première bombe est lâchée sur Hiroshima, suivie le 9 août par une seconde sur Nagasaki. Le jour même, l'URSS envahit la Mandchourie. Hirohito, qui s'était jusque-là tenu en retrait, du moins officiellement, exige l'arrêt immédiat des combats. Le 14 août, il enregistre un discours destiné à être radiodiffusé, dans lequel il annonce la capitulation sans condition de son pays. Dans la nuit, un groupe de militaires opposé à la reddition tente de subtiliser les bandes de l'enregistrement avant sa diffusion et de placer l'empereur en résidence surveillée. Or, la conjuration échoue. Et le 15 août, à 11 heures du matin, les Japonais entendent pour la première fois la voix de leur empereur sur les ondes de la radio nationale. Mais la population ne comprend pas son discours, puisque Hirohito s'exprime dans un japonais archaïque, utilisé dans l'ancienne Cour impériale. Un commentateur est obligé de traduire son message, qui annonce la fin de la guerre. Deux jours plus tard, l'empereur ordonne aux soldats de déposer les armes.

La capitulation japonaise est signée le 2 septembre, en présence du général Douglas MacArthur, commandant suprême des forces alliées, sur le pont du cuirassé américain *Missouri*, ancré dans la baie de Tokyo. Maîtres de l'archipel, les Alliés traduisent, dès janvier 1946, les hauts responsables et officiers japonais devant un tribunal international pour « crimes contre la paix, crimes de guerre et crimes contre l'humanité ». Pour éviter les troubles d'ordre public et préserver l'unité nationale, le général MacArthur

Dès janvier 1946, les Alliés traduisent les officiers japonais devant un tribunal international à Tokyo.

accepte de maintenir Hirohito sur le trône japonais et de donner l'immunité totale à l'empereur et sa famille. C'est pourquoi, durant les procès de Tokyo, aucun membre de la famille impériale – dont certains se sont pourtant lourdement compromis avec le régime – ne répondra de sa responsabilité dans la guerre, au grand regret du président du tribunal, qui ne se privera pas de s'en plaindre. Lors de sa première audition, l'accusé principal, le général Tojo, met pourtant en cause Hirohito dans l'attaque de Pearl Harbor et la poursuite du conflit, avant de se rétracter. Il ressortira du procès l'impression que tous les accusés ont accepté d'endosser la responsabilité de leurs crimes pour mieux épargner l'empereur.

La nouvelle Constitution de 1947 réduit Hirohito à un simple rôle honorifique.

Si Hirohito a échappé au procès et à l'abdication, il doit en contrepartie abandonner la totalité de ses pouvoirs temporels. Le 1er janvier 1946, il annonce lui-même à ses sujets qu'il renonce à son statut de « divinité incarnée » *(akitsumikami)*. La nouvelle Constitution de 1947 le réduit à un simple rôle honorifique, faisant de lui le « symbole de l'État et de l'unité du peuple ». Si l'empereur demeure populaire dans son pays, ses visites au Royaume-Uni, aux Pays-Bas ou aux États-Unis dans les années 1970 lui valent un accueil beaucoup plus froid, compte tenu de sa position douteuse pendant la guerre. N'intervenant plus dans la vie politique, il se consacrera à sa passion pour la biologie marine, publiant divers articles scientifiques, avant de s'éteindre le 7 janvier 1989. Aujourd'hui, si la responsabilité de l'empereur fait encore débat, il est avéré depuis les années 1990 que Showa (son nom en japonais) était un opportuniste, directif et interventionniste, qui n'a en aucune manière été un témoin passif des exactions commises en Asie par l'armée japonaise. Même si, par la suite, lui et son fils, l'actuel empereur Akihito, n'ont cessé de demander pardon pour les crimes du passé accomplis en temps de guerre.

UNE PASSION POUR LES MÉDUSES

Sa passion pour la biologie marine pousse le jeune Hirohito à se faire construire un laboratoire dès ses 24 ans. Il le fait agrandir lorsqu'il devient empereur. En contraste avec le palais impérial, l'endroit est peu meublé, mais Hirohito s'y réfugie chaque fois qu'il peut s'esquiver, le samedi après-midi et parfois le jeudi, pour y rencontrer d'autres biologistes. Il se tiendra au courant toute sa vie des avancées scientifiques dans ce domaine. Attiré par les polypes et les méduses, l'empereur leur consacrera davantage de temps après la guerre, se lançant à la recherche de nouveaux spécimens, qu'il ramasse avec précaution, en veillant à ne pas endommager les colonies. Il dirigera aussi une enquête approfondie sur la biodiversité dans la baie de Sagami et décrira ainsi plusieurs douzaines d'espèces jusqu'alors inconnues, surtout des hydrozoaires, ainsi que vingt-trois espèces d'ascidies, huit d'étoiles de mer, six de pycnogonides... Certaines portent d'ailleurs son nom. Elles sont toutes rassemblées dans une trentaine de livres de planches qu'il a publiés. Il a même essayé de faire préparer quelques nudibranches par son cuisinier, avec l'idée que ces mollusques pourraient se révéler comestibles, mais le résultat fut désastreux...

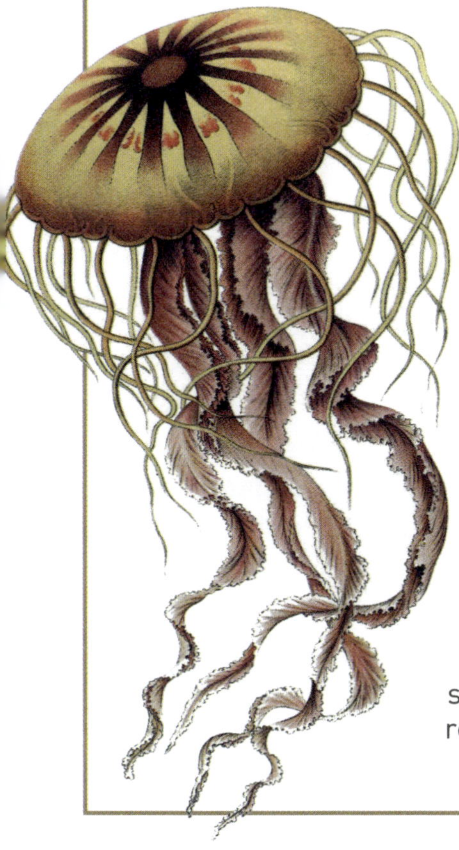

LORD MOUNTBATTEN,

LE TIGRE DES INDES

Lord Mountbatten aurait pu se contenter de mener une agréable vie de dandy. Il n'en fut rien. Apparenté à presque toutes les têtes couronnées d'Europe, arrière-petit-fils de la reine Victoria et oncle par alliance d'Élisabeth II, cet aristocrate britannique a marqué l'Histoire, d'abord en contribuant à la victoire des Alliés durant la Seconde Guerre mondiale, puis en jouant un rôle de premier ordre dans l'indépendance de l'Inde.

Membre le plus séduisant et le plus glorieux de la famille royale d'Angleterre, Lord Mountbatten est devenu une figure légendaire, dont la notoriété a largement dépassé les frontières de l'ancien Empire britannique. Mais une bombe de l'IRA mettra fin prématurément à l'une des vies les plus extraordinaires du XXe siècle. Amiral pendant la Seconde Guerre, puis vice-roi avant l'indépendance de l'Inde, enfin martyr de la guerre civile irlandaise, il n'aura manqué aucun de ses rendez-vous avec l'Histoire, pour sa gloire et aussi son malheur.

Amiral pendant la Seconde Guerre, puis vice-roi des Indes, Lord Mountbatten n'a manqué aucun de ses rendez-vous avec l'Histoire.

Comment cet homme charismatique et ambitieux s'est-il élevé aux plus hautes fonctions de l'Empire britannique ? Par quelles actions a-t-il gagné l'admiration des plus grands, de Churchill à Roosevelt et de Gaulle ? Enfin, l'indépendance de l'Inde et du Pakistan auraient-elles pu se faire si tôt sans son incroyable détermination ?

Lord Mountbatten, de son nom de naissance Louis François Albert Victor Nicolas de Battenberg, voit le jour à l'aube du XXe siècle, le 25 juin 1900 au château de Windsor. Son père, Louis de Battenberg, est un prince allemand, amiral dans la Royal Navy et proche du futur roi Édouard VII. Sa mère, Victoria de Hesse-Darmstadt, est la sœur aînée de la tsarine Alexandra et la petite-fille de la reine Victoria. Cette dernière est d'ailleurs la marraine de l'enfant. En 1912, le prince de Battenberg est nommé « Premier Lord de la Mer », soit commandant en chef de la Marine britannique. Quand éclate la Première Guerre mondiale, il doit abandonner ses fonctions, en raison de ses origines allemandes. La germanophobie est si forte dans l'île qu'en 1917, l'amiral prend une décision radicale : il renonce à ses titres allemands et anglicise son nom de famille en Mountbatten. C'est ainsi que le prince de Battenberg devient prince Mountbatten et marquis de Milford Haven. Le roi d'Angleterre George V, qui appartient lui-même à une maison d'origine allemande, les Saxe-Cobourg-Gotha, fait un choix similaire et se rebaptise du nom plus anglais de Windsor.

Le jeune Mountbatten suit les traces de son père. À 13 ans, il rejoint le Royal Navy College. Il participe très jeune à la Première Guerre mondiale, combattant à la bataille navale du Jütland, le 31 mai 1916, alors qu'il n'est pas encore majeur ! Tandis qu'il débute comme simple *midship* (aspirant officier), Louis termine le conflit au grade de commandant en second d'un patrouilleur. L'aristocrate poursuit ses études

En 1922, cet inlassable séducteur épouse une aristocrate, Edwina Ashley, qui lui donnera deux filles.

à Osborne, puis à Cambridge. Celui que sa famille surnomme avec affection « Dickie » devient un bel homme, raffiné et distingué, doté d'un humour féroce et d'un charme ravageur. Il affiche une confiance déconcertante, et c'est un fait, tout lui sourit. « *J'ai la faiblesse congénitale de penser que je peux tout faire* », aime-t-il déclarer. En 1922, cet inlassable séducteur épouse une aristocrate, Edwina Ashley, qui lui donnera deux filles. Si leur noce est l'événement mondain de l'année, leur vie de couple est assez extravagante. La séduisante Edwina est une femme libérée qui multiplie les amants, qu'elle choisit dans les milieux les plus divers. Lorsque son mari découvre ses infidélités, au bout de trois ans de mariage, il est horrifié. Il finit par accepter son infortune avec dignité. Quand il se consolera à son tour dans d'autres bras, Edwina fera preuve de moins de complaisance. Leur couple restera néanmoins toujours soudé.

Nommé après la guerre aide de camp du prince de Galles, qu'il accompagne en voyage officiel à travers l'Empire, Mountbatten est un intime du fils aîné de George V. Ce dernier succède à son père en janvier 1936 sous le nom

Le 19 août 1942, Mountbatten lance la première tentative de débarquement allié en France, face au port de Dieppe.

d'Édouard VIII, mais abdique moins d'un an plus tard pour être libre d'épouser une Américaine deux fois divorcée, Wallis Simpson. Aucun membre de la famille royale n'assistera à leur mariage le 3 juin 1937, au château de Candé, près de Tours. L'héritier de la Couronne, qui n'est plus que duc de Windsor, ne pardonnera pas son absence à Mountbatten, à qui il avait proposé d'être son témoin. De son côté, l'aristocrate continue sa carrière dans la Royal Navy et se spécialise dans les questions de transmission par radio. Quand éclate la Seconde Guerre mondiale, il commande la Ve flottille de destroyers, avant d'être nommé à la tête d'un porte-avions, le *HMS Illustrious*. Louis multiplie les actes de bravoure en mer du Nord et en Méditerranée, affrontant les situations les plus périlleuses avec un flegme tout britannique. De telles qualités lui valent d'être nommé vice-amiral et propulsé à la tête des Opérations combinées, qui associent marine, aviation et armée de terre. Sa mission l'amène à conduire des raids en Europe de l'Ouest pour ouvrir un nouveau front. C'est à ce titre qu'il lance, le 19 août 1942, la première tentative de débarquement allié en France, face au port de Dieppe. C'est un échec total : sur 8 000 hommes engagés (des Canadiens pour la plupart), un quart périt dans le raid !

Mountbatten assume la responsabilité de ce revers cinglant et exige que toutes les erreurs commises soient étudiées, afin d'en tirer les conclusions qui s'imposent et de préparer une seconde opération de plus grande ampleur. Alors que les Alliés projettent de débarquer dans le Pas-de-Calais, il suggère la Normandie et conçoit des solutions aux problèmes logistiques, tels que l'absence de ports et de couverture aérienne. La suite lui donnera raison. Son audace n'a d'égale que sa force de travail, démesurée ! Désormais amiral, il est nommé par Winston Churchill commandant suprême des forces alliées en Asie du Sud-Est en octobre 1943, poste qu'il conservera jusqu'à la fin du conflit. Son rôle est de coordonner les opérations des forces britanniques, américaines et chinoises pour enrayer la progression japonaise. L'année précédente, l'armée nippone s'est emparée de la colonie anglaise de Birmanie, menaçant les Indes. Chargé de défendre le joyau de l'Empire britannique, Mountbatten établit son quartier général à Ceylan. Pour les Alliés, la priorité est de reconquérir la Birmanie, route stratégique entre l'Inde et la Chine. L'amiral entame des négociations avec le chef de l'armée nationale birmane, Aung San (père d'Aung San Suu Kyi), et obtient son soutien. Forts de cette alliance, les Britanniques parviennent à libérer la colonie du joug japonais en juillet 1945. Mountbatten y gagne un immense prestige, se voyant auréolé du titre de comte de Birmanie (Burma). Alors qu'il prépare un débarquement en Malaisie, le Japon capitule le 2 septembre 1945.

La guerre à peine terminée, le Royaume-Uni doit résoudre un épineux problème : la décolonisation de l'Inde. Depuis les années 1930, les Britanniques ont compris que l'indépendance de leur plus grande colonie était inéluctable. La grande question réside dans la forme que prendra le nouvel État indien indépendant. Il rassemblait jusqu'alors l'Inde,

Gandhi est quant à lui partisan de la création d'un État multiculturel, rassemblant musulmans et hindous.

le Pakistan et le Bangladesh. Or la colonie est divisée en deux communautés qui se vouent une haine mortelle. Les plus nombreux sont les hindous – avec pour chefs de file Gandhi et Nehru – qui dominent le parti du Congrès, première force politique du pays. Face à eux, et représentant un quart de la population, les musulmans sont regroupés dans une ligue dirigée par Mohammed Ali Jinnah. Si les deux communautés exigent chacune leur indépendance, elles diffèrent quant aux conditions. Jinnah refuse toute idée d'une confédération où les musulmans seraient minoritaires. Il réclame la création de deux pays, l'un hindou, et l'autre musulman (le Pakistan), qui regrouperait tous les États où l'islam est majoritaire. De leur côté, certains hindous veulent transformer l'Inde en Hindoustan, où leur culte serait élevé en religion d'État. Enfin Gandhi est quant à lui partisan de la création d'un État multiculturel, rassemblant musulmans et hindous. Pour tenter de trouver un compromis, les Britanniques organisent à Simla une conférence, qui se solde en juillet 1946 par un échec. Jinnah appelle alors les musulmans à une journée d'action, le 16 août, pour réclamer la partition du pays et la création du Pakistan. La manifestation provoque de violents heurts entre les deux communautés et occasionne plusieurs milliers de victimes.

Après avoir confié la direction d'un gouvernement intérimaire à Nehru, les Britanniques convoquent une assemblée constituante. Celle-ci est aussitôt boycottée par la Ligue musulmane, tandis que les affrontements s'amplifient. Pour empêcher la guerre civile et trouver une issue pacifique, le Premier Ministre anglais Clement Attlee fait appel à l'amiral Mountbatten. Ce dernier possède l'avantage de bien connaître la colonie et d'être considéré par les élites indiennes comme un interlocuteur légitime, compte tenu de son appartenance à la famille royale et de sa brillante carrière militaire. Conscient de la complexité de sa mission, mais convaincu du prestige qu'apporterait son succès à la monarchie, il accepte. Nommé en février 1947 vice-roi des Indes, Lord Mountbatten s'embarque avec son épouse pour Delhi, avec la lourde tâche de négocier les modalités de l'indépendance tout en évitant la partition du pays.

Accusé par Churchill de vouloir « brader l'Empire britannique », le vice-roi des Indes multiplie les entretiens avec Nehru et négocie avec les maharadjahs. Les pourparlers sont difficiles car les partis campent sur leurs positions. Devant l'intransigeance de Jinnah, Mountbatten comprend que la division entre les deux communautés est trop vive. Il se résigne donc au partage des territoires, seul moyen d'éviter la guerre civile. Après avoir convaincu Nehru, jusque-là partisan d'un État unitaire, il décide d'accélérer le processus d'indépendance de la colonie. Le 3 juin 1947, il annonce le plan de partition des Indes, qui sera acté un mois plus tard par un vote du Parlement britannique. Deux États sont ainsi créés : l'Union indienne et le Pakistan. Le 15 août, se déroule au Fort rouge de Delhi, ancien palais des empereurs moghols, la passation officielle des pouvoirs entre le vice-roi et le nouveau Premier ministre Nehru, au cours d'une cérémonie d'un faste incroyable.

Nommé en février 1947 vice-roi des Indes,
Lord Mountbatten s'embarque avec son épouse pour Delhi.

Absent de marque, Gandhi boycotte la cérémonie pour protester contre cette nouvelle division du pays.

Mountbatten quitte donc ses fonctions de vice-roi, mais il demeure en Inde, où Nehru l'a nommé gouverneur général. Les relations entre les deux hommes sont excellentes. Lorsque le Premier ministre indien devient l'amant de Lady Mountbatten, en 1948, l'aristocrate anglais accepte cette liaison avec une extraordinaire complaisance. Les amants s'écriront chaque nuit et se retrouveront un mois par an jusqu'au décès d'Edwina, en 1960. Si, d'un point de vue politique, il a réussi sa mission en maintenant l'Inde et le Pakistan dans le Commonwealth, cela se complique d'un point de vue humain, car on assiste alors à l'un des plus vastes transferts de population de l'Histoire : plus de douze millions d'hindous et de musulmans doivent quitter leur terre d'origine pour gagner leur nouveau territoire de rattachement. Des centaines de milliers de personnes mourront durant cette migration désorganisée. À peine l'indépendance obtenue, une guerre éclate entre les deux pays pour la possession du Cachemire, un État à majorité musulmane, mais dont le prince hindou a choisi le rattachement à l'Inde. Le 11 septembre 1948, Jinnah, dont l'intransigeance a été à l'origine de la scission, meurt de la tuberculose. Mountbatten avouera plus tard que, s'il avait connu, durant les pourparlers, la maladie du leader musulman, il aurait retardé le processus pour tenter d'éviter la partition.

Lorsque le Premier ministre indien devient l'amant de Lady Mountbatten, en 1948, l'aristocrate anglais accepte cette liaison avec complaisance.

L'épisode indien s'achève. Lord Mountbatten a quitté ses fonctions de gouverneur général de l'Inde depuis mars et regagné l'Europe. Durant son séjour indien, son neveu le prince de Grèce, Philip Mountbatten, a épousé la fille aînée de George VI, Élisabeth. Lorsque celle-ci devient reine d'Angleterre en 1952, l'oncle plaide pour que la Maison royale prenne le nom du nouveau prince consort du Royaume-Uni : Mountbatten. Mais il se heurte au double veto de la reine Mary, épouse du roi George V, et de Winston Churchill. L'amiral n'en poursuit pas moins sa carrière militaire, enchaînant les postes les plus prestigieux. Commandant des forces navales de l'OTAN en Méditerranée, Mountbatten est nommé en 1955 Premier Lord de la Mer, poste qu'occupait son père quarante ans plus tôt, avant d'être élevé, l'année suivante, à la dignité d'amiral de la flotte, grade le plus valorisant de la Marine britannique. Opposé au débarquement de Suez en 1956, il termine sa carrière comme chef d'état-major de la Défense britannique, de 1959 à 1965. Louis prend ensuite une retraite bien méritée pour se consacrer à ses passions : le polo, le cricket, les voyages, le cinéma et les voitures de sport. Et le lord anglais n'a rien perdu de sa superbe.

En 1972, alors qu'il est l'un des derniers visiteurs de l'ex-roi Édouard VIII, dans son hôtel particulier parisien, le duc de Windsor ne manque pas de lui rappeler combien il a été

déçu de son absence à son mariage. Depuis sa retraite, Lord Louis Mountbatten se montre proche de son petit-neveu Charles, prince de Galles, dont il est le mentor et à qui il transmet la direction des Collèges du Monde Uni le 1er juillet 1979. Mais les années 1970 sont surtout marquées par le conflit avec l'Irlande du Nord. L'Armée républicaine irlandaise provisoire, une des branches de l'IRA, procède à des attentats meurtriers au Royaume-Uni. Le 17 février 1978, une bombe incendiaire explose dans l'hôtel de La Mon House à Belfast, tuant par erreur douze civils. Ces morts obligent l'organisation terroriste à présenter ses excuses, mais aussi à cibler désormais des personnalités de premier plan. Un an plus tard, c'est l'ambassadeur britannique aux Pays-Bas qui est assassiné. Durant l'été 1979, Lord Mountbatten se trouve à Mullaghmore, au nord de l'Irlande, dans sa propriété surplombant la baie de Donegal, où il aime pêcher. En tant que membre de la famille royale et symbole de l'autorité britannique, il n'ignore pas qu'il constitue une cible privilégiée pour les nationalistes de l'IRA. Mais il croit en sa bonne étoile et fait fi du danger.

Le 27 août, en fin de matinée, il part en cabotage sur son bateau de pêche vert et blanc, le *Shadow V*, pour relever ses casiers à homards. Six personnes l'accompagnent, parmi lesquelles son petit-fils Nicholas, âgé de 14 ans, tandis que des officiers de sécurité les suivent à la jumelle. Au moment où l'amiral s'apprête à couper le moteur, une charge de 25 kilos de gélinite explose. L'esquif est soufflé. Celui qui avait commandé la flotte britannique disparaît en mer d'Irlande, tué sur le coup. Trois de ses passagers décèdent avec lui, dont son petit-fils. Le même jour, 18 soldats britanniques trouvent aussi la mort dans un

Depuis sa retraite, Lord Mountbatten se montre proche de son petit-neveu le prince Charles, l'héritier du trône.

Les funérailles de Lord Mountbatten ont lieu le 5 septembre 1979 à Westminster.

attentat à Warrenpoint, en Irlande du Nord. Dans le monde entier, l'émotion est partagée. Cet assassinat abject d'un héros de 79 ans et de son petit-fils jette le discrédit sur l'IRA et les journaux britanniques vont jusqu'à titrer : « Bastards ! » (Salauds !) Les funérailles de Lord Mountbatten ont lieu le 5 septembre à Westminster. Toute la famille royale est présente, ainsi que les représentants de nombreux États. Meurtri par le drame, le prince Charles peine à contenir sa colère lors de la cérémonie. En hommage au dernier vice-roi des Indes, le gouvernement de New Delhi décrétera sept jours de deuil national. Car, au-delà de l'amiral de sang royal que tout portait au conservatisme le plus intransigeant, l'Inde saluait là le premier homme, issu d'une longue lignée de colonisateurs, à avoir compris que le temps était venu de donner la liberté aux peuples sous tutelle. Modeste consolation, la seule, Lord Mountbatten a péri là où il l'avait toujours souhaité… en mer. Là où repose, depuis 1960, la dépouille de son épouse tant aimée.

LE ROSE MOUNTBATTEN

En 1940, alors qu'il escorte un convoi, Lord Mountbatten remarque qu'un des bateaux a disparu de son champ de vision beaucoup plus vite que les autres. Or ce cargo appartient à l'Union Castle, dont tous les navires ont la particularité d'être couleur lavande. Mountbatten en déduit que cette couleur serait très efficace pour camoufler les navires, surtout à l'aube et au crépuscule, moments dangereux par excellence car propices aux attaques aériennes. Il propose donc que tous les navires de la Royal Navy soient peints de cette couleur de gris tirant sur le mauve. Au début de 1941, elle commence à être adoptée. Ce « rose Mountbatten » connaît son heure de gloire lorsqu'on lui attribue le succès du croiseur *HMS Kenya* – dès lors surnommé « Pink Lady » – qui couvre, en mars 1942, l'attaque d'un commando sur l'île de Vågsøy, au large de la Norvège. Le navire ayant supporté sans dommages les tirs de l'artillerie ennemie, on en conclue que c'est grâce à sa couleur ! Les obus allemands étant peints d'un bleu qui s'en rapprochait, cela a dû les gêner. À l'usage cependant, le rose Mountbatten ne se révèle pas plus efficace que le gris. Et le mélange de bleu et de rouge dont il est composé accroîtrait même la visibilité des navires en plein soleil, à cause de l'effet « Purkinje », qui veut que l'œil humain perçoive mieux le rouge quand la luminosité est forte. Le rose Mountbatten sera vite abandonné. Cette couleur originale, à mi-chemin entre le gris et le rose, gardera le nom de son ingénieux inventeur.

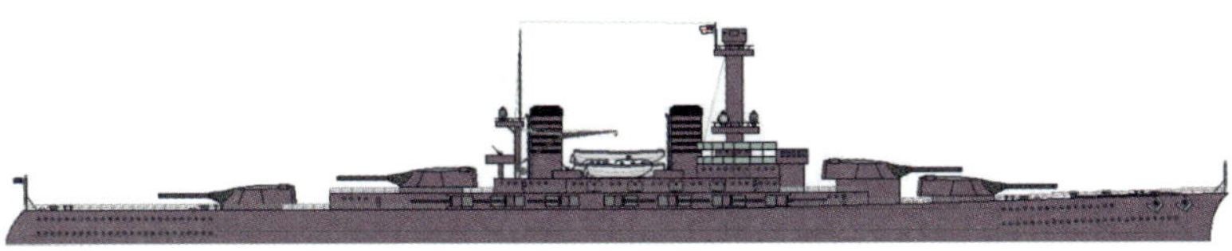

DE GAULLE,

LE DERNIER DES GÉANTS

Élu « plus grand Français de tous les temps », Charles de Gaulle est sans conteste l'homme qui a le plus marqué l'histoire de France au cours du XXe siècle. S'il imprègne à ce point la mémoire collective, c'est bien sûr en raison de l'ampleur des services qu'il a rendus à notre pays, alors que celui-ci subissait sa plus grave défaite militaire, mais aussi en raison de sa personnalité exceptionnelle, et de ses formules, qui ne laissaient personne indifférent et dont beaucoup sont passées à la postérité.

Dans une grande partie du monde, il fut perçu de son vivant comme le libérateur des peuples et l'opposant aux impérialismes, et la plupart des Français le considèrent comme le dernier « grand homme » de notre Histoire. De l'appel du 18 Juin à sa démission de la présidence de la République, le parcours du général de Gaulle est l'illustration parfaite de ce que peut accomplir la volonté d'un homme face aux déterminismes.

Comment cet homme est-il parvenu à se tailler une stature historique ? Par quels actes de bravoure ce militaire éclairé au patronyme prédestiné a-t-il réussi à hisser une France vaincue au rang des vainqueurs alliés ? Enfin, pourquoi Charles de Gaulle est-il à jamais inscrit au panthéon de nos gloires nationales ?

De Gaulle, le dernier « grand homme » de notre Histoire.

Avec des résultats qui n'ont rien d'exceptionnel, le Saint-Cyrien sort de l'école au 13ᵉ rang, en 1912.

Né à Lille le 22 novembre 1890, Charles de Gaulle est issu d'une famille catholique d'origine aristocratique. Il grandit à Paris où son père, professeur dans un établissement privé, lui inculque une solide culture historique et littéraire. Alors que l'armée française se remet à peine de l'affaire Dreyfus, le jeune Charles choisit d'embrasser une carrière militaire et se voit admis à Saint-Cyr en 1910. Si l'apprenti officier est un lecteur assidu d'écrits militaires et de littérature (il est abonné aux *Cahiers de la Quinzaine*, la célèbre revue de Charles Péguy), ses résultats n'ont rien d'exceptionnel. Le Saint-Cyrien sort de l'école en 1912 au 13ᵉ rang, tandis que la place de major échoit à un certain Alphonse Juin, futur maréchal de France. Optant pour l'infanterie, de Gaulle est affecté à Arras, au 33ᵉ régiment, alors commandé par le colonel Pétain. Il est tout juste nommé lieutenant lorsqu'éclate la Première Guerre mondiale. Le jeune officier participe en août 1914 à la bataille de Dinant (Belgique), puis en septembre 1915 à la seconde bataille de Champagne. Promu capitaine, il fait face au feu ennemi avec vaillance, blessé à deux reprises. En mars 1916, durant la bataille de Verdun, il est grièvement touché à Douaumont, puis capturé par les Allemands. Transféré dans cinq camps d'internement différents, l'officier français tente de s'évader plusieurs fois, mais échoue, handicapé par sa grande taille. Il finira la guerre dans l'Oflag d'Ingolstadt, réservé aux récidivistes de l'évasion. Il met néanmoins à profit sa captivité pour assouvir sa soif de lecture et donner des conférences à ses codétenus.

Libéré après l'armistice, de Gaulle est envoyé en Pologne, où un détachement de l'armée française aide ce pays ressuscité à refouler les attaques de l'Armée rouge. Il rejoint ensuite la Rhénanie et le Liban, avant d'être affecté en 1931 au secrétariat général de la Défense et de la Sécurité nationale. Élevé commandant puis colonel, il s'impose surtout comme un érudit parmi les militaires. D'abord nommé professeur d'histoire à Saint-Cyr, il est appelé en 1925 au cabinet du maréchal Pétain, alors vice-président du Conseil supérieur de la guerre, devenant son « officier de plume ». Le vainqueur de Verdun le prend sous son aile et favorise son ascension en patronnant ses conférences à l'École de guerre. Dans le même temps, de Gaulle publie des ouvrages qui attirent l'attention des spécialistes : *La Discorde chez l'ennemi* (fruit de ses observations durant sa captivité), *Le Fil de l'épée*, ou encore *La France et son armée*, publié en

En 1925, de Gaulle est appelé au cabinet du maréchal Pétain, devenant son « officier de plume ».

1938 et qui provoque sa rupture avec Pétain, qui entendait signer l'ouvrage. Mais son livre le plus remarqué est *Vers l'armée de métier*, écrit en 1934, dans lequel de Gaulle en appelle à une refonte en profondeur de l'armée de terre et fait campagne pour l'usage massif des blindés. Son calcul est le suivant : si l'Allemagne venait à agresser ses voisins orientaux (Pologne, Tchécoslovaquie), la France, étant alliée à ces États, devrait mener une guerre offensive, ce qui plaide en faveur d'un équipement plus conséquent en chars d'assaut. Relayé par des journalistes et des parlementaires, son plaidoyer suscite de vives critiques au sein de l'armée française, mais vaut à de Gaulle l'appui de Paul Reynaud, un des hommes politiques les plus influents de l'époque. Pourtant, malgré ce soutien de poids, l'état-major français s'entête à mettre en place une tactique défensive, symbolisée par la ligne Maginot, laissant ainsi le champ libre à Hitler pour dépecer la Tchécoslovaquie...

En septembre 1939, l'invasion de la Pologne marque le déclenchement de la Seconde Guerre mondiale. Après dix mois d'une « drôle de guerre », l'Allemagne passe à l'offensive en mai 1940. Comme l'avait prédit de Gaulle, rien n'arrête leurs blindés, qui contournent la ligne Maginot et déferlent sur l'Hexagone. L'armée française est débordée. Le 17 mai, à la tête d'une unité blindée (la 4e division cuirassée), le colonel de Gaulle affronte les Allemands à la bataille de Montcornet. Il s'illustre en tenant tête au redoutable général Guderian et en s'emparant de plusieurs points stratégiques, avant d'être contraint à la retraite, faute de renforts et de soutiens aériens. En pleine débâcle, cette semi-victoire rapporte à de Gaulle la nomination (à titre provisoire) au grade de général de brigade. Onze jours plus tard, il tient de nouveau en échec l'armée allemande à

Le 6 juin 1940, de Gaulle est nommé sous-secrétaire d'État à la Défense nationale et à la Guerre.

Abbeville. Mais ce succès isolé ne permet pas de renverser le cours de la guerre. Le 6 juin, le président du Conseil Paul Reynaud l'appelle à ses côtés et nomme le général de Gaulle sous-secrétaire d'État à la Défense nationale et à la Guerre. Il retrouve ainsi le maréchal Pétain, qui occupe la vice-présidence du Conseil depuis le 18 mai.

Sur le terrain, les Allemands ne cessent de progresser, ce qui oblige le gouvernement à se replier à Bordeaux. Jugeant la défaite inéluctable, une partie de l'exécutif envisage de demander l'armistice. Le général de Gaulle s'oppose à cette issue et multiplie les contacts avec le Royaume-Uni et son Premier ministre, Winston Churchill. Il défend l'idée de concentrer toutes les forces combattantes en Bretagne ou encore de transférer le pouvoir politique français en Afrique du Nord. Il plaide même pour

Le 18 juin, au micro de la BBC, le général français lance l'appel qui le fera entrer dans l'Histoire.

une union d'États entre l'Angleterre et la France. Dans la nuit du 16 au 17 juin, Paul Reynaud démissionne de la présidence du Conseil, aussitôt remplacé par le maréchal Pétain. À peine nommé, celui-ci se prononce pour la fin des combats et un armistice avec l'Allemagne. Refusant cette solution, de Gaulle s'embarque en secret à bord d'un avion mis à sa disposition par Churchill et rejoint Londres. Le lendemain, 18 juin, au micro de la BBC, le général français lance l'appel qui le fera entrer dans l'Histoire et qui se conclut par ces mots : « *La flamme de la résistance française ne doit pas s'éteindre et ne s'éteindra pas !* »

Grâce au travail de Jean Moulin, les mouvements de résistance sont unifiés et placés sous son autorité.

Tandis que l'armistice est signé et la IIIe République dissoute, à Londres, de Gaulle, qui a été condamné à mort par le régime de Vichy, invente la France libre. L'Allemagne ayant échoué à soumettre l'Angleterre, il est convaincu qu'Hitler va perdre la guerre. Il va œuvrer de toutes ses forces pour que son pays se réveille et participe à la défaite du IIIe Reich. Outre le soutien des Britanniques, le général dispose d'un atout : le vaste empire colonial français, qui n'est pas soumis aux Allemands et qu'il appelle à le soutenir. Mais bien qu'il déploie son éloquence sur les ondes de la BBC pour insuffler à son peuple un esprit de résistance, de Gaulle ne rallie pas toutes les adhésions escomptées. Par ailleurs, le président américain Franklin Roosevelt, dont le pays vient d'entrer en guerre, le considère comme un aventurier et un dictateur en herbe : il refuse de le reconnaître comme le représentant de la France libre et lui préfère le général Giraud, qui a misé sur la reconstitution d'une armée sur le sol national et l'alliance avec les États-Unis. En novembre 1942, de Gaulle est ainsi tenu à l'écart du débarquement allié en Afrique du Nord. Mais il ne se décourage pas, parvenant à nouer des liens avec la Résistance intérieure.

Le 14 juin 1944, de Gaulle débarque en Normandie, à Bayeux, où il est accueilli en libérateur.

Grâce au travail de son délégué en France, Jean Moulin, les divers mouvements de Résistance sont unifiés au sein du Conseil national de la Résistance (CNR) et placés sous sa seule autorité. Arrivé à Alger le 30 mai 1943, de Gaulle est nommé à la tête du Comité français de Libération nationale. Si les Américains imposent qu'il en partage la présidence avec le général Giraud, ce dernier est peu à peu évincé. À la veille du débarquement en Normandie, le CFLN se transforme en Gouvernement provisoire de la République française, avec de Gaulle à sa tête. Le 14 juin 1944, l'auteur de l'appel du 18 Juin débarque en Normandie et se rend à Bayeux, première sous-préfecture libérée, où il est accueilli en libérateur.

Partout où il passe, les foules découvrent avec exaltation ce général de près de deux mètres, dont certains ne connaissent que la voix. Pour gagner du temps, les Alliés ont prévu de poursuivre l'armée allemande vers l'est en contournant Paris. Mais de Gaulle convainc Eisenhower du symbole fort que représenterait la libération de la capitale : elle permettrait de démoraliser les Allemands et de revigorer l'esprit patriotique français. Il obtient même que cette mission soit réalisée par une unité française détachée de l'armée américaine, la 2e division blindée du général Leclerc. Ce sera un triomphe ! Ainsi, le 25 août 1944, le gouverneur allemand signe sa reddition et de Gaulle fait son entrée dans la capitale. Au balcon de l'Hôtel de Ville, il prononce son célèbre discours : « *Paris outragé, Paris brisé, Paris martyrisé, mais Paris libéré !* » Le lendemain, les chefs de la Résistance et les troupes armées défilent sur les Champs-Élysées pour célébrer la Libération, acclamés par plus d'un million de personnes. Les dépassants tous d'une tête, et aussi ambitieux que charismatique, de Gaulle est le plus honoré. C'est le « sacre » du libérateur. Après avoir rétabli l'autorité du pouvoir central, il mobilise les forces françaises afin qu'elles participent à l'effort de guerre pour achever la libération du territoire et vaincre l'Allemagne nazie. Grâce à son action, la France figurera parmi les vainqueurs de la guerre, devenant l'un des cinq membres permanents du Conseil de sécurité de l'ONU.

De Gaulle crée son propre parti politique, le Rassemblement du peuple français (RPF).

Le 21 décembre, Charles de Gaulle est élu président de la République.

La paix obtenue, Charles de Gaulle abandonne son costume de militaire pour celui d'homme d'État. Réélu chef du Gouvernement provisoire en novembre 1945, il ne peut empêcher le retour du parlementarisme. Il refuse cependant d'être un simple exécutant aux ordres de l'Assemblée constituante et préfère donner sa démission en janvier 1946, espérant que les députés s'empresseront de le rappeler. Il n'en est rien ! Quelques mois plus tard naît la IVe République. Opposé à ces nouvelles institutions, de Gaulle crée son propre parti politique, le Rassemblement du peuple français (RPF), dont André Malraux est nommé porte-parole. Mais le mouvement lancé avec succès périclite peu à peu, contraignant son fondateur à quitter la vie politique. Retiré à Colombey-les-Deux-Églises (Haute-Marne), l'ancien chef de la France libre rédige ses *Mémoires de guerre*, en attendant qu'on le somme de revenir aux affaires.

L'enlisement du nouveau régime dans la guerre d'Algérie et une instabilité ministérielle permanente mettront fin à sa traversée du désert. Au printemps 1958, le climat est insurrectionnel à Alger. Le 13 mai 1958, un Comité de salut public est créé, rassemblant des partisans de l'Algérie

Sitôt investi, de Gaulle se rend à Alger, où il lance cette formule fameuse : « Je vous ai compris ! »

française. Présidé par Jacques Massu, ce comité en appelle au retour au pouvoir du général de Gaulle, seul capable à ses yeux de dénouer la crise. Depuis sa retraite, ce dernier répond qu'il se tient prêt à assumer les pouvoirs de la République. Le 19 mai, il organise une conférence de presse destinée à rassurer : « *Croyez-vous qu'à 67 ans, je vais commencer une carrière de dictateur ?* » Face aux menaces de coup d'État militaire, le président René Coty se résout à nommer de Gaulle à la tête du gouvernement, le 1er juin. Sitôt investi, celui-ci se rend à Alger, où il lance cette formule fameuse : « *Je vous ai compris !* » Sachant que l'épineuse question algérienne ne pourra être réglée sans un renforcement des institutions, il s'attelle à la création d'une nouvelle Constitution, qui est approuvée par référendum le 28 septembre 1958. La Ve République est instaurée – un régime présidentiel aussitôt accusé par ses détracteurs de revêtir un aspect monarchique, quasi dictatorial.

Le 21 décembre 1958, Charles de Gaulle est élu président de la République. Néanmoins, il lui faudra encore trois longues années, marquées par une succession de répressions sanglantes, d'attentats terroristes et de tentatives de putsch militaire, avant de pouvoir mettre fin au conflit algérien. Et davantage pour que la situation politique s'apaise. Quelques mois seulement après les accords d'Évian, le président de la République manque d'être assassiné par des membres de l'OAS lors de l'attentat du Petit-Clamart, le 22 août 1962. À la fin de l'année, pour calmer les esprits, de Gaulle instaure l'élection du président de la République au suffrage universel direct. Une première depuis 1848 ! Un signe démocratique fort qui sera salué. Et de Gaulle n'en restera pas là : durant ses deux mandats, il recevra à l'Élysée une foule d'hôtes prestigieux : de John Kennedy à Indira Gandhi en passant par David Ben Gourion, le prince Sihanouk ou encore le Shah d'Iran. Avec sa femme, Yvonne, qui prend très au sérieux son rôle de première dame de France, il mène un train de vie simple, tenant à régler lui-même les factures d'électricité de ses appartements de l'Élysée ou les repas donnés à titre privé. Par son prestige et sa stature, de Gaulle fait de la France un pays respecté sur la scène mondiale. D'autant que son grand dessein est de s'imposer entre les deux superpuissances américaine et soviétique.

C'est ainsi qu'en janvier 1963, il cosigne avec le chancelier Konrad Adenauer le traité de l'Élysée, destiné à sceller la réconciliation franco-allemande. L'année suivante, il reconnaît la Chine communiste. Pour faire entendre partout la voix de la France, le président multiplie les voyages à l'étranger. Il se rend ainsi, en 1964, en Amérique latine, puis en 1966 à Moscou. La même année, il prononce un réquisitoire contre l'intervention américaine au Vietnam, ce qui lui vaudra une immense popularité dans le monde entier. Le 24 juillet 1967, grisé par l'accueil que lui réserve

Le 13 mai 1968, plus d'un million de manifestants défilent dans la rue aux cris de : « Dix ans, ça suffit ! »

la foule de Montréal, il lance son célèbre : « *Vive le Québec libre !* », phrase qui provoque un mini-séisme politique. Or la République gaullienne va être ébranlée par une révolte estudiantine qui s'étend à l'ensemble du territoire français, entraînant la plus vaste grève générale du XXe siècle. Le 13 mai 1968, plus d'un million de manifestants défilent dans la rue aux cris de : « Dix ans, ça suffit ! » En plein désarroi, de Gaulle songe à abandonner le pouvoir. Le 29 mai, il s'envole en hélicoptère vers Baden-Baden, où il rencontre le général Massu, commandant en chef des forces françaises en Allemagne. Si sa disparition provoque l'affolement général à l'Élysée, son entretien avec Massu revigore le président qui, dès le lendemain, prononce une allocution radiodiffusée qui met fin à la crise. Mais il s'agit d'une victoire à la

Pyrrhus. Moins d'un an plus tard, le rejet d'un référendum sur la réforme du Sénat et la régionalisation provoquera sa démission, le 28 avril 1969.

« Le général de Gaulle est mort. La France est veuve. »

À 78 ans, de Gaulle se retire à Colombey, où il se consacre à la rédaction de ses *Mémoires d'espoir* et reçoit ses fidèles compagnons, comme André Malraux (qui tirera un livre de leur discussion, *Les Chênes qu'on abat*). L'ancien président séjourne ensuite en Irlande, puis en Espagne, et projette un voyage en Chine. Il n'aura pas le temps de s'y rendre, car le 9 novembre 1970, à 19 heures, le vieux général s'effondre, foudroyé par une rupture d'anévrisme. La nouvelle n'est rendue publique que le lendemain matin. À 13 heures, son successeur à l'Élysée, Georges Pompidou, déclare dans une courte allocution radiotélévisée : « Français, Françaises, le général de Gaulle est mort. La France est veuve. » Tandis qu'est célébrée à Notre-Dame de Paris une cérémonie rassemblant une centaine de chefs d'États, Charles de Gaulle est enterré à Colombey-les-Deux-Églises, en présence de sa famille, des Compagnons de la Libération et des habitants de son village. Le géant s'est couché. Trois jours plus tard, la place de l'Étoile est rebaptisée en son honneur, place Charles de Gaulle.

LA DS DU GÉNÉRAL

Si la DS de Citroën, dessinée par Flaminio Bertoni et commercialisée à partir de 1955, est d'une incroyable audace pour son époque, c'est bien de Gaulle qui a fait d'elle un des symboles de la République gaullienne. Compte tenu de sa grande taille, la sienne était spécialement aménagée pour lui, mais ce n'est pas la seule raison qui la lui faisait préférer à d'autres modèles. Le 22 août 1962, elle lui a sauvé la vie ! Ce mercredi, vers 19 heures 30, le Général quitte l'Élysée en voiture avec son épouse Yvonne vers l'aéroport de Villacoublay où ils doivent prendre un hélicoptère pour rentrer chez eux, à Colombey-les-Deux-Églises. Au carrefour du Petit-Clamart, la voiture est prise pour cible par plusieurs tireurs, et criblée de balles – on dénombrera 187 impacts ! Les deux pneus avant sont crevés, la vitre arrière vole en éclats. Le chauffeur du général, Francis Marroux, fait preuve d'un remarquable sang-froid en rétrogradant, puis en accélérant à fond jusqu'à Villacoublay pour mettre ses passagers hors d'atteinte. La DS 19 démontre elle aussi toute sa fiabilité en gardant la route sur deux jantes et sur une chaussée mouillée… Jusqu'à sa mort, Charles de Gaulle restera fidèle aux DS !

VACANCES ROYALES

Si les résidences officielles des chefs d'État et des têtes couronnées ont toujours fasciné, il en est de même pour leurs lieux de villégiature. Du Moyen Âge jusqu'au second Empire, les souverains ont pris l'habitude d'abandonner quelque temps leur capitale pour s'installer dans une de leurs résidences secondaires. De là, ils pouvaient continuer à gérer les affaires du royaume, tout en jouissant de fêtes, loin du protocole de cour, et en s'adonnant dans les forêts voisines à leur activité favorite : la chasse.

Au fil des siècles, on ne compte plus ces châteaux qui sont devenus leurs lieux d'agrément préférés : Compiègne, Rambouillet, le fort de Brégançon pour nos présidents de la République, le château de Balmoral pour la reine d'Angleterre, ou encore Castel Gandolfo pour le pape.

Coïncidence ou signe des temps, toutes ces résidences, riches en histoires, symboles et anecdotes, ouvrent désormais leurs portes à deux battants, permettant au public de pénétrer dans le saint des saints, au cœur des villégiatures du pouvoir. C'est une première, un des bastions de la vie privée de nos dirigeants qui tombe. Jamais « Secrets d'Histoire » n'a si bien porté son nom !

Le fort de Brégançon,
lieu de villégiature des présidents de la République française.

Les visiteurs ne se plaindront pas de cet accès désormais possible. Mais est-ce à dire qu'il n'y a plus de villégiature sacrée où se retirer à l'abri des regards une fois le devoir accompli ? Ou bien la crise économique oblige-t-elle les grands de ce monde à vendre des tickets pour entretenir ces fleurons de notre patrimoine ?

Situé dans l'Oise, sur la route des Flandres, à 80 kilomètres de Paris, le château de Compiègne est construit sous Charles V, sur un terrain acheté à des religieux, en lisière de l'une des plus vastes forêts du pays. Achevé peu de temps après la mort du roi, le château fort d'origine sera transformé au fil des siècles, mais conservera son aspect médiéval. À partir de Charles VII, tous les souverains prendront l'habitude de séjourner à Compiègne au retour de leur sacre à Reims. Se prenant de passion pour ce domaine où il vient chasser tous les étés, Louis XV décide de reconstruire le bâtiment qu'il juge trop exigu. En 1751, il confie cette réalisation à son premier architecte, Ange-Jacques Gabriel, qui dessine un palais selon le plan d'un triangle rectangle. Les travaux dureront près de quarante ans et seront achevés par Le Dreux de la Châtre, élève de Gabriel, qui réalise une aile neuve, la salle des colonnes, la salle des gardes et réaménage les appartements du roi et de la reine. Durant la Révolution, le mobilier du palais est dispersé et l'édifice transformé en école militaire.

En 1807, Napoléon souhaite redonner à Compiègne sa splendeur passée. Pour cela, il engage l'architecte Louis-Martin Berthault, qui vient d'œuvrer au château de Malmaison. Celui-ci modifie les décors et remeuble les appartements dans le style de l'époque. C'est à Compiègne que l'Empereur accueille, le 27 mars 1810, l'archiduchesse Marie-Louise d'Autriche, à l'occasion de

Mandaté par Louis XV, qui juge le bâtiment trop exigu, l'architecte Ange-Jacques Gabriel dessine un palais selon le plan d'un triangle rectangle.

leur première rencontre. Pour sa nouvelle épouse, Napoléon ordonne la construction d'une gigantesque allée traversant la forêt, afin de reproduire la même perspective éclatante que celle dont dispose le palais de Schönbrunn, résidence d'été autrichienne de la famille de Marie-Louise. Baptisée « l'allée Beaux Monts », longue de 5 kilomètres et large de 60 mètres, elle aurait selon la légende été percée en une nuit pour que l'impératrice la découvre en ouvrant ses rideaux le matin... En réalité, les travaux prennent plusieurs mois. Dans le palais, l'Empereur occupe les anciens appartements du roi, tandis que celui de la reine est réservé aux souverains étrangers. L'impératrice loge, quant à elle, à l'extrémité de la terrasse.

La fine fleur de l'Empire se retrouve pour des promenades, parties de chasse, jeux de salon, concerts et représentations théâtrales.

Sous le second Empire, Compiègne demeure le lieu de villégiature privilégié de Napoléon III. Plusieurs aménagements sont effectués et un nouveau mobilier est installé pour recevoir. Car chaque automne, l'empereur vient y passer trois à six semaines, et déploie les plus grands fastes pour accueillir sa cour. Des centaines d'invités, tous logés au palais, se succèdent ainsi dans des « séries », qui durent chacune une semaine. Parmi les prestigieux convives, on trouve des ministres, des ambassadeurs ou des maréchaux, mais aussi des artistes, des écrivains et des scientifiques, qui partagent durant quelques jours l'intimité de l'empereur et de l'impératrice Eugénie : Viollet-le-Duc, Flaubert, Mérimée, Carpeaux, Winterhalter et toute la fine fleur de l'Empire se retrouvent pour des promenades, parties de chasse, jeux de salon, concerts et représentations théâtrales, dans un respect moins strict de la pesante étiquette.

À partir de la IIIe République, les présidents de la République établissent leur lieu de villégiature au château de Rambouillet (Yvelines). L'histoire de ce lieu remonte au XIVe siècle, lorsque le prévôt de Paris Jean Bernier fait construire là un château fort entouré de douves. Il est ensuite racheté par un riche seigneur, Regnault d'Angennes, dont les descendants vont agrandir et embellir le domaine. C'est d'ailleurs dans ce palais que François Ier, qui aimait chasser à Rambouillet, s'éteint en 1547. En 1699, la propriété est revendue au financier Joseph Fleuriau d'Armenonville, qui fait creuser des canaux, des bassins et des plans d'eau. Quelques années plus tard, l'édifice devient la possession du comte de Toulouse, fils naturel de Louis XIV et de Mme de Montespan, qui y effectue à son tour de nombreux travaux. Son fils, le duc de Penthièvre, développe le réseau de canaux et fait aménager 25 hectares de jardin à l'anglaise.

Passionné de chasse et amoureux du lieu, Louis XVI rachète le domaine de Rambouillet en 1783 pour la somme de 16 millions de livres et confie les travaux à l'architecte Jacques-Jean Thévenin. Celui-ci complète l'aménagement du jardin et, à la demande du roi, crée dans le plus grand secret une laiterie de pur style anglais, pour rappeler à Marie-Antoinette le Petit Trianon de Versailles. Abandonné pendant la Révolution, le château est restauré sous Napoléon mais redevient un lieu prisé sous Charles X – qui y signera son abdication en 1830. Grâce à sa tradition de chasse, Rambouillet est de nouveau à la mode sous la IIIe République. En 1895, Félix Faure, à qui le goût du faste vaudra le surnom de « Président Soleil », le fait aménager en résidence d'été. L'année suivante, le président de la République l'élira comme lieu de villégiature privilégié. Ses successeurs le suivront dans ce choix, profitant, le temps d'une partie de chasse, de longues promenades dans la forêt – comme Valéry Giscard d'Estaing. C'est ici que décède, en 1955,

C'est à Rambouillet que décède, en 1955,
Germaine Coty, épouse du président René Coty.

Germaine Coty, épouse du président René Coty. Cadre de la première réunion du G6 en 1975, Rambouillet accueille aussi de grandes rencontres internationales. Depuis que les deux derniers présidents de la République l'ont délaissé au profit de la résidence de la Lanterne – située au bout du château de Versailles et réservée par tradition aux Premiers ministres – ces derniers ont dû se réfugier à Rambouillet.

Sous la Ve République, la résidence d'été des présidents n'est plus un palais, mais un édifice militaire : le fort de Brégançon. Situé sur la commune de Bormes-les-Mimosas (Var), il se dresse sur un îlot à quelques brasses des rivages de la Méditerranée, non loin des rades d'Hyères et de Toulon. Cette ancienne place forte appelée « Bergantium » par les Romains donnera son nom au fort de Brégançon. Construite au XIe siècle, elle était la pro-

Cadre de la première réunion du G6 en 1975, Rambouillet accueille aussi de grandes rencontres internationales.

priété des vicomtes de Marseille. En 1257, Charles d'Anjou, frère de Saint Louis et comte de Provence, en fait l'acquisition et améliore ses défenses. En 1481, à la mort de son dernier descendant, Louis XI annexe le comté et charge le gouverneur de Bourgogne de réarmer Brégançon. Jusqu'à la Révolution, aucun roi de France ne séjournera dans le fort, qui est placé sous le commandement des capitaines provençaux – à l'exception du jeune Charles IX, qui y fera une halte de quelques heures en octobre 1564 au cours de son tour de France. C'est finalement Bonaparte, nommé inspecteur des côtes après avoir repris Toulon aux royalistes en décembre 1793, qui s'y intéressera le premier, y séjournant au cours de l'hiver 1793-1794. Après sa prise de pouvoir, il fait restaurer le lieu, le dote d'une défense conséquente et y installe une compagnie de vétérans impériaux.

Durant le XIXe siècle, Brégançon demeure une forteresse militaire. Après la défaite de 1870, le ministère de la Guerre y aménage des pièces d'artillerie moderne, ainsi qu'une réserve de poudre. Protégé par une modeste garnison durant la Grande Guerre, il est abandonné après l'armistice. Faute d'entretien, le fort ne cesse de se détériorer, tandis que l'État décide de le louer à des particuliers. Son dernier occupant sera Robert Bellanger, ancien député et sénateur d'Ille-et-Vilaine et sous-secrétaire d'État à la Marine en 1930. Celui-ci restaure l'édifice, tombé dans un état de délabrement avancé, y installe l'eau, l'électricité et crée un jardin méditerranéen. Le bail de Bellanger expirant en 1963, la République française reprend possession de Brégançon. En août 1964, à l'occasion des cérémonies du XXe anniversaire du débarquement de Provence, le général de Gaulle se rend au fort. Il y passe une nuit horrible, à cause des moustiques et du lit trop petit pour lui ! Il n'y reviendra plus jamais.

Néanmoins, l'ancien résistant et député du Var, René-Georges Laurin, convainc le général de le réaménager. Après plusieurs années de travaux, réalisés pour un montant de 3 millions de francs, un arrêté du 5 janvier 1968 fait de Brégançon le lieu de villégiature officiel de la présidence de la République. Désormais classé Monument Historique, le fort est transformé en résidence par l'architecte Pierre-Jean Guth. Georges Pompidou, qui y séjourne à plusieurs reprises entre 1969 et 1971, aime y inviter ses amis de Saint-Tropez. Son successeur Valéry Giscard d'Estaing s'y rend lui aussi assez souvent – il donnera même sur place une interview télévisée en 1978. On se souvient de cette scène mémorable où il nage sous le regard agacé de Jacques Chirac ! En 1985, François Mitterrand reçoit à Brégançon le chancelier allemand Helmut Kohl. Toutefois, Jacques Chirac s'y ennuie. Et Nicolas Sarkozy y passera peu de temps, juste assez pour recevoir la secrétaire d'État américaine Condoleezza Rice en août 2008. Quant à François Hollande, il décide d'ouvrir le fort au public en 2014. À noter qu'outre Brégançon, la commune de Bormes-les-Mimosas abrite une autre résidence d'été officielle : la tour Sarrazine de Cabasson, cédée par la France au Luxembourg en 1949 en hommage au comportement héroïque de la grande-duchesse Charlotte pendant la Seconde Guerre mondiale.

Georges Pompidou y séjourne à plusieurs reprises entre 1969 et 1971.

Durant le XIXe siècle, Brégançon demeure une forteresse militaire.

Castel Gandolfo est situé à 20 kilomètres au sud-est de Rome, avec une vue imprenable sur le lac d'Albano.

Parmi tous les chefs d'État du monde, le pape est le seul à posséder un domaine de villégiature plus vaste que son propre pays ! Situé à 20 kilomètres au sud-est de Rome, à trois-quarts d'heure du Vatican, avec une vue imprenable sur le lac d'Albano, Castel Gandolfo accueille depuis des lustres les congés du Saint-Père, dans un paysage enchanteur où la fraîcheur des jardins le dispute aux parfums de la ferme papale. Le palais est bâti sur une colline qui abritait au Ier siècle une immense maison de campagne appartenant à l'empereur Domitien. Au XIIIe siècle, la famille génoise Gandolfi fait ériger sur la colline une forteresse qui prend son nom : « château des Gandolfi ». L'édifice revient ensuite à une autre famille, les Savelli, qui le conservera durant trois siècles. En 1596, le pape Clément VIII confisque le château à ses propriétaires, débiteurs d'une dette de 150 000 écus. Le 27 mai 1604, Castel Gandolfo est décrété patrimoine inaliénable de la papauté et devient la résidence d'été des papes, qui viennent s'y réfugier pour échapper à la canicule romaine. Le premier pape à y séjourner, au printemps 1626, est Urbain VIII, après quelques travaux de remise en état et d'agrandissement dirigés par l'architecte Carlo Maderno, auteur de la façade de la basilique Saint-Pierre. Alexandre VII finit quelques années plus tard de donner au bâtiment une allure de palais en lui adjoignant une grande galerie dessinée par Le Bernin.

Jean XXIII instaure deux traditions à Castel Gandolfo : l'angélus le dimanche matin et la messe à la paroisse pour la fête de l'Assomption.

Après la prise de Rome en 1870 et son rattachement au nouveau royaume d'Italie, le pape se retrouve enfermé au Vatican et Castel Gandolfo est laissé à l'abandon. Il faut attendre les accords de Latran de 1929, qui reconnaissent l'indépendance du Vatican, pour que le palais soit reconnu comme une propriété extraterritoriale du Saint-Siège et devienne le refuge estival historique des papes. De nouveaux travaux sont entrepris pour relier le palais aux villas mitoyennes de Cybo et Barberini, et l'observatoire astronomique du Vatican y est transféré. Pie XI est alors le premier pape à y revenir, mais, si l'on excepte la période de la guerre, c'est son successeur Pie XII qui y passera le plus de temps : un tiers de son pontificat ! Il y fera construire une ferme modèle, qui fournit aujourd'hui encore la table pontificale. Et il sera le premier pape à y mourir, le 9 août 1958 (Paul VI y décédera à son tour vingt ans plus tard). Jean XXIII instaure deux traditions à Castel Gandolfo : la récitation de l'angélus le dimanche matin dans la cour du palais et la messe à la paroisse pour la fête de l'Assomption. Sportif, Jean-Paul II y fait creuser une piscine, tandis que Benoît XVI préfère y organiser des réunions intellectuelles rassemblant universitaires et théologiens. Quant au pape François, celui-ci a ouvert les jardins de la villégiature, ne comptant pas s'y rendre.

À 89 ans passés, la reine Élisabeth II continue de se retirer chaque été dans la fraîcheur écossaise de son château de Balmoral, la résidence où la souveraine britannique goûte au mieux à sa passion pour le grand air et qui s'étend sur un domaine de près de 200 kilomètres carrés, comprenant plusieurs cottages et une centaine de bâtiments. Il est situé dans l'Aberdeenshire, au milieu d'une faune et d'une flore exceptionnelles. Son histoire remonte au XIVe siècle, lorsque le roi d'Écosse Robert II y installe son pavillon de chasse. Au siècle suivant, l'édifice est transformé en manoir, puis vendu au comte de Huntly, qui le conservera dans la famille jusqu'en 1662. Ce sont ensuite les Farquarson d'Invery qui en font l'acquisition, recevant le titre de comte de Balmoral. En 1798, la propriété est cédée au deuxième comte de Fife, puis en 1830 au diplomate Robert Gordon. La résidence redeviendra royale au XIXe siècle seulement, lorsque, en 1848, la reine Victoria et son mari le prince Albert louent le domaine pour leurs vacances.

Le couple royal tombe aussitôt sous le charme des lieux et achète la propriété en 1852, pour 30 000 livres. Pour en faire une demeure plus spacieuse et confortable, le prince Albert finance et supervise lui-même les travaux d'agrandissement et d'aménagement, qui seront réalisés par

Balmoral demeure le lieu de villégiature privilégié de la reine Élisabeth II et du prince Philippe.

l'architecte William Smith entre 1853 et 1856. Construit dans le style baronnial écossais, avec des pierres de grès grises, presque blanches, extraites des carrières voisines, le château de Balmoral comprend deux ailes, une pour les chambres principales, l'autre pour celles de service, disposées de chaque côté d'une cour intérieure. Au sud s'élève une tour de 25 mètres de haut, surmontée d'une grande horloge et de tourelles. Après la mort soudaine de son mari en 1861, Victoria fait dresser un obélisque à sa mémoire dans la propriété. Désormais veuve, la reine passe près d'un tiers de l'année à Balmoral. À son décès en 1901, le domaine est légué par testament à son fils Édouard VII et à ses successeurs. Balmoral demeure à l'heure actuelle le lieu de villégiature par excellence de la reine Élisabeth II et du prince Philippe. Une cinquantaine de personnes travaillent à temps plein pour l'entretien du domaine.

Highgrove House est entourée de l'un des plus beaux jardins du Royaume-Uni.

Quant au prince Charles, il jouit pour résidence d'été de Highgrove House. Située dans le Gloucestershire, à l'ouest de l'Angleterre, cette demeure fut construite à la fin du XVIIIe siècle et restaurée cent ans plus tard, à la suite d'un incendie. L'héritier du trône britannique l'a acquise en 1980, juste avant son mariage, et s'y est installé pour la première fois en 1981. Highgrove House est entourée de l'un des plus beaux jardins du Royaume-Uni. Il dispose aussi, tout près de Balmoral, d'une résidence d'été, le château de Birkhall ; ainsi qu'au nord de l'Écosse, du château de Mey, hérité de Queen Mum, dont il entretient également les jardins créés par sa grand-mère.

LOISIRS ROYAUX

Et comment les grands de ce monde passent-ils leur temps dans ces lieux de loisirs mis à leur disposition ? Le fort de Brégançon offre aux présidents français un cadre sublime, avec la mer à perte de vue, de superbes jardins, une plage cachée et des terrasses à l'abri des regards où l'on peut « farnienter » à l'aise, mais en revanche, pas de tennis, pas de piscine, et on est loin de la ville !
Si les Pompidou et les Giscard d'Estaing étaient tombés sous le charme – Valéry Giscard d'Estaing aimait toutefois plus encore les plaisirs de la chasse à Rambouillet ou à Marly –, Nicolas Sarkozy et François Hollande favorisent le pavillon de la Lanterne, avec sa piscine et son court de tennis, qui a l'avantage d'être situé à seulement une demi-heure de Paris. De même, Barack Obama rejoindrait à reculons la résidence de Camp David. Et pourtant, le lieu offre un grand choix d'activités : golf à un trou, bowling, natation, tir à l'arc, randonnées à cheval, sans compter la salle de cinéma et la bibliothèque. Le président y aurait même ajouté un terrain de basket, son sport favori. Or il préfère rester à la Maison-Blanche qui est en ville. La reine Élisabeth II, au contraire, adore son château de Balmoral : à 89 ans, elle continue à monter son poney Fell, Carltonlima Emma ; et, chaque été, elle peut y lire des romans policiers, faire des mots croisés et des puzzles ou aller à la chasse aux... mauvaises herbes. Elle a transmis à son fils, le prince Charles, la passion du jardinage : les jardins de Highgrove House lui doivent beaucoup, car il a consacré beaucoup de temps à leur agencement.
Quoi qu'il en soit, nos dirigeants partagent bien souvent les mêmes passions : voile, équitation, golf, ski et chasse pour les uns ; footing, vélo et tennis pour les autres. À chacun son époque, et son style !

REMERCIEMENTS

Me considérant avant tout comme un passeur d'histoire ou un raconteur, je tiens en premier lieu à remercier les nombreux historiens qui m'ont inspiré et dont les travaux universitaires vous permettront d'approfondir vos connaissances sur l'un des sujets traités dans cet ouvrage. J'aimerais également remercier mes producteurs Jean-Louis Remilleux et Laurent Menec qui m'accompagnent depuis longtemps dans ces belles aventures télévisées, ainsi que tous les spécialistes ou témoins qui ont accepté de participer à nos émissions *Secrets d'Histoire*, et surtout le public qui nous suit avec tant de passion depuis six saisons déjà. J'adresse ensuite toute ma gratitude à ma chère éditrice Lise Boëll, si admirable de compétence et de sollicitude. Outre ces talents, elle possède celui de savoir s'entourer : mes plus chaleureuses félicitations vont donc à Virginie Caminade, Damien Bergeret, Julien Colliat, Olivier Lebleu, Marie-Paule Rochelois, Cécile Meissonnier et Lisa Buchaudon (Studio Lino), Céline Schmitt et Estelle Capelier pour leur généreuse efficacité. Enfin, je renouvelle mes plus vifs remerciements au groupe France-Télévisions et aux éditions Albin Michel pour leur confiance indéfectible et leur fidèle collaboration.

DU MÊME AUTEUR

L'Europe des rois, Lieu Commun, 1988.
Les Couronnes de l'exil, Balland, 1990.
La Monarchie dans tous ses états, Balland, 1992.
Moi, Amélie, dernière reine de Portugal, Denoël, 1997.
Diana, princesse des cœurs, Michel Lafon, 1997.
God Save the Queen, Michel Lafon, 1998.
Rainier de Monaco et les Grimaldi, L'Archipel, 1999.
Mon royaume à moi, Albin Michel, 2000.
Diane de France, la princesse rebelle, Flammarion, 2003.
Un si joli monde, Flammarion, 2006.
Plus belle sera la vie, Plon, 2007.
Grace Kelly, Albin Michel, 2007.
Une vie de chien, Albin Michel, 2009.
Oubliez-moi, Flammarion, 2009.
Au cœur de l'Écosse, avec Franck Ferrand, Flammarion, 2009.
Le Livre Fou du Roi, Flammarion/Radio-France, 2010.
Secrets d'Histoire, Albin Michel, 2010.
Secrets d'Histoire 2, Albin Michel, 2011.
L'Histoire du mariage princier, catalogue de l'exposition au Musée océanographique de Monaco, Éditions du Rocher, 2011.
Le Destin d'une Reine, Albin Michel, 2012.
Secrets d'Histoire 3, Albin Michel, 2012.
Le Bel Esprit de l'Histoire, Albin Michel, 2013.
Secrets d'Histoire 4, Albin Michel, 2013.
Châteaux royaux de France, Albin Michel, 2013.
Les pourquoi de l'Histoire, Albin Michel, 2014.
Secrets d'Histoire 5, Albin Michel, 2014.
Les pourquoi de l'Histoire 2, Albin Michel, 2015.
Le Village préféré des Français, 2015.

CRÉDITS ICONOGRAPHIQUES

ACBahn 40

AFP/Getty Images/WPA Pool/ Chris Jackson 352

AKG images
85, 117, 119, 120, 124, 127, 158, 167, 169, 170, 173, 175, 194, 203, 223, 302 ; Album/Documenta 165 ; Archiv Peter Rühe/GandhiServe 314 ; British Library 76 ; DeAgostini 13, 348 ; Erich Lessing 57, 73, 154, 333 ; IAM 227, 263 ; IAM/World History Archive/ARPL 275 ; Interfoto/Sammlung Rauch 267 ; Rabbatti-Domingie 79, 110 ; Science Photo Library 286 ; Sotheby's 106, 180 ; Ullstein Bild 332, 351

BnF Paris 114

Bridgeman
32, 87, 89, 97, 98, 101, 108, 156, 179, 187, 205, 229, 234, 247, 265, 266, 277, 318, 324, 327, 345 ; Army and Navy Club, London 230 ; Cheltenham Art Gallery & Museums, Gloucestershire 91 ; Christie's Images 183, 264 ; DeAgostini 250 ; Illustrated Papers Collection/Look and Learn 122 ; Look and Learn 67 ; Royal Hospital Chelsea, London 88 ; Towneley Hall Art Gallery & Museum, Lancashire 92 ; Tyne & Wear Archives & Museums 93 ; Walker Art Gallery National Museums, Liverpool 231

Corbis :
AFLO/Kingendai Photo Library 305 ; Heritage image 177 ; Hulton-Deutsch Collection 316 ; Robert Harding World Imagery/G. Richardson 342 ; Science Photo Library/Library of Congress 291

Gamma-Rapho
Kaku Kurita 306 ; Keystone 294, 312, 330, 349

Getty Images
Culture Club 280 ; Hulton Archive 33 ; wjarek 44

hemis.fr/Arnaud Chicurel 341

Leemage
12, 71 ; Aisa 80, 83, 161, 193, 290, 301 ; Angelo 53 ; Bianchetti 27, 64, 66, 68, 192 ; Bouthors 296 ; The British Library Board 26, 62 ; Château de Breteuil 237 ; Costa 14, 185, 202, 303 ; DeAgostini 18, 41, 74, 84, 213, 214, 270 ; FineArtImages 95, 118, 125, 131, 142, 207 ; Florilegius 115 ; Fototeca 50, 259 ; Gusman 325, 337 ; Heritage image 103 ; The Holbarn Archive 217 ; Imagebroker 307 ; Isadora 51, 111, 196 ; Jean Bernard 105, 113 ;

Lebrecht 60, 77 ; Lee 145 ; Luisa Ricciarini 16, 219, 249, 251, 257, 261 ; MP 141, 162, 197, 206, 255, 281, 284 ; North Wind Pictures 19 ; Photo Josse 30, 38, 47, 69, 112, 128, 140, 150, 151, 155, 181, 182, 195, 198, 209, 210, 221h, 221b, 233, 239, 243, 253, 329 ; PrismaArchivo 139, 276 ; Seine-quiquere 335 ; Selva 45, 48, 54, 143, 152, 168, 200, 273

Maxppp/PHOTOPQR/Nice Matin/ Patrice Lapoirie 339, 346

RMN
BnF, Paris Dist. RMN-Grand Palais/image BnF 244 ; Grand Palais/Agence Bulloz 191 ; Grand Palais/Mathieu Rabeau 178 ; Grand Palais (Château de Versailles)/Droits réservés 36, 134, 240 ; Grand Palais (Château de Versailles)/Gérard Blot 29, 59, 137, 148, 188, 189, 220, 235 ; Grand Palais (Château de Versailles)/Hervé Lewandowski 147 ; Grand Palais (Château de Versailles)/Jean Popovitch 129 ; Grand Palais (musée du Louvre)/ Daniel Arnaudet 25 ; Ministère de la Culture - Médiathèque du Patrimoine, Dist. RMN-Grand Palais/Alfred-Nicolas Normand 42 ; Musée du Louvre, Dist. RMN-Grand Palais/Philippe Fuzeau 23

Roger-Viollet
344 ; Albert Harlingue 283, 285 ;

The Royal Collections, Oslo, Norway/Jan Haug 216

Rue des Archives
AGIP 336, 347 ; BCA 295, 323 ; CCI 65, 268 ; Collection Jean-Jacques Allevi 331 ; Granger NYC 279, 297 ; Mary Evans 20, 31, 121, 163 ; MEPL 311 ; MEPL/Tim Mercer 309 ; PVDE 293 ; RDA 328 ; RDA2 317, 320 ; Spaarnestad 289 ; Tallandier 299

Service régional de l'Inventaire/ Abbaye Fontevraud 56

DR 35, 133, 224, 321

L'éditeur s'est efforcé de trouver les détenteurs du copyright de toutes les illustrations reproduites dans cet ouvrage. S'il se trouvait d'autres personnes estimant pouvoir faire valoir des droits sur certains documents, nous les prions de prendre contact avec l'éditeur dans les plus brefs délais.

Conception graphique : ipokamp
Achevé d'imprimer en France par Pollina Luçon
N° d'édition : 21636
ISBN : 978-2-226-31909-8
Dépôt légal : octobre 2015
N° d'impression : L73521